中学化学

教学实验研究

主 编◎伏劲松　张艳华
副主编◎李英坤　翁国军　苏　林
　　　　蒋春鹏　张　斌　李　胜

四川大学出版社
SICHUAN UNIVERSITY PRESS

图书在版编目（CIP）数据

中学化学教学实验研究 / 伏劲松，张艳华主编. —成都：四川大学出版社，2024.6
ISBN 978-7-5690-6261-8

Ⅰ．①中… Ⅱ．①伏… ②张… Ⅲ．①中学化学课－教学研究 Ⅳ．① G633.82

中国国家版本馆CIP数据核字（2023）第143271号

书　　名：	中学化学教学实验研究
	Zhongxue Huaxue Jiaoxue Shiyan Yanjiu
主　　编：	伏劲松　张艳华

选题策划：梁　平　刘　畅
责任编辑：梁　平
责任校对：李　梅
装帧设计：墨创文化
责任印制：王　炜

出版发行：四川大学出版社有限责任公司
　　　　　地　址：成都市一环路南一段24号（610065）
　　　　　电　话：（028）85408311（发行部）、85400276（总编室）
　　　　　电子邮箱：scupress@vip.163.com
　　　　　网　址：https://press.scu.edu.cn
印前制作：四川胜翔数码印务设计有限公司
印刷装订：成都金阳印务有限责任公司

成品尺寸：170mm×240mm
印　　张：15
字　　数：287千字
版　　次：2024年6月 第1版
印　　次：2024年6月 第1次印刷
定　　价：68.00元

本社图书如有印装质量问题，请联系发行部调换

版权所有 ◆ 侵权必究

扫码获取数字资源

四川大学出版社
微信公众号

前　言

化学是一门以实验为基础的学科，化学实验既是化学学习的内容，也是化学学习的手段，还是化学新知识产生的源泉。在传统的应试教育中，化学实验通常作为证据使用，用以证明化学反应方程式或者化学基本理论的正确性。但是在实际的教学中，仅仅通过实验来证明知识本身的正确性，就显得很困难，同时也很奢侈。一方面教材中的很多实验，按照教材的实验方案很难成功。另一方面实验药品获取困难。易制毒、易制爆的药品要到公安局备案，还要给出各种购买、运输、保管及使用的书面方案；药品购买计划、审批、实施程序繁杂，多人多级审批，时效性差。与其费时费力地通过这种手段记住一个结论，还不如直接背诵来得准确和高效。在这种思想的指导下化学逐渐变成了理科中的文科，由此带来的结果是一些学生谈化学色变，对化学的疏离感增强。

新高考评价体系强调对学生能力的考查，强调对学生化学学科核心素养养成的考查。高考评价体系的这些变化凸显真实化学实验在教学中的重要性。这是因为真实化学实验在真实化学场景中呈现，包含丰富的化学信息。这些信息除了化学实验现象本身以外，各实验现象之间的逻辑关系也都已很好地呈现，这种逻辑关系的存在，有利于培养学生"证据推理与模型认识""变化观念与平衡思想"等化学学科核心素养的养成。真实化学实验呈现的真实化学问题情境，有利于调动学生学习的积极性和主动性，因为实验现场生成的化学问题比预设的化学问题更符合化学实际问题情境。真实化学实验中所有信息的集中呈现也能有效地锻炼学生多感官系统参与学习，同时有助于学生信息获取、分析和辨别的能力增强，有利于对信息进行加工，从而实现透过现象看本质能力的极大提高。真实化学实验有利于学生实验操作、观察时注意力的合理分配，形成学生全面的能力培养和锻炼，而不是讲解实验时仅仅锻炼学生记忆以及记忆信息提取的能力。基于真实实验的重要性，由成都市高新区教育发展中心主办，四川师范大学承办实施的成都市化学骨干教师培训计划应运而生，通过培训回应化学教育的时代主题。本次培训聚焦高考评价体系，关注化学实验在教

学中的作用、实施以及评价。

　　本书是成都市高新区2021—2022学年度中学化学骨干教师专业化成长项目培训班的化学骨干教师在参培过程中形成的培训成果，我们将培训教师的培训成果进行整理并按照一定的逻辑关系整理成书。本书依据真实实验的教育教学价值—国内外研究进展—教材实验的创新改进—创新实验在课堂教学中的应用实施—课堂评价研究—高考测评及化学实验的教育功能价值的逻辑体系进行编排和撰写。本书可以用于指导一线化学教师的化学实验教学，也可以作为化学专业本科学生以及学科教学（化学）硕、博士的参考资料。本书不仅注重理论知识阐述，更注重理论在实际教育教学中的应用实施，具有很强的实践性。

　　在本书的整理编写过程中，伏劲松负责统稿以及整本书的校对，同时负责第1、6、7章的编写；张艳华负责第2、5章的编写；苏林（四川省绵阳普明中学）负责第3、4章的编写。有关初、高中的化学实验改进方案以及改进方案在实际课堂教学中的应用得到了高新区高中化学教研员李英坤、初中化学教研员翁国军老师的指导和修订；本书的出版正值国家"碳中和、碳达峰"以及"节能减排工作"有序推进之际，化学实验教学也需要积极地回应该时代主题，因此，我们邀请了仁寿县经济和科技信息化局节能监察股的工作人员蔡良燕进行这部分内容的审核和校对；同时本书还得到了四川师范大学化学与材料科学学院学科教学（化学）专业硕士研究生蒋大川、潘康亚、邓逸晨、余霖晰、黄寒香、李佳壕、王应垚、张瑜恬、薛玉在稿件编写、审核等方面工作的支持。当然对此书出版给予关心、支持和帮助的人还很多，在此不一一列举，但一并表示感谢！

　　由于编者水平以及认知的局限，书中错误之处在所难免，恳请读者批评指正，方便我们在后续的工作中改正及提高！

伏劲松　　张艳华
2024年6月

目 录

第1章 化学实验在中学化学教育教学中的作用 …………………… (1)
  1.1 化学实验激发学生化学学习的兴趣和爱好 ……………… (1)
  1.2 化学实验为化学理论建构提供证据支持 ………………… (6)
  1.3 化学实验发挥理论实践场景的作用 ……………………… (7)
  1.4 化学实验培养学生严谨求实的科学精神和科学态度 …… (9)

第2章 中学化学教学实验国内外发展 ………………………………… (11)
  2.1 国外中学化学教学实验发展 ……………………………… (11)
  2.2 国内中学化学教学实验发展 ……………………………… (22)

第3章 中学化学实验设计及教材实验创新改进 ……………………… (36)
  3.1 铁与水蒸气反应实验改进 ………………………………… (36)
  3.2 铜与浓、稀硝酸演示实验的改进 ………………………… (39)
  3.3 "暖宝宝"测定空气中氧气的含量的实验改进 ………… (42)
  3.4 Zn与$FeSO_4$置换反应实验改进 ………………………… (46)
  3.5 证明二氧化碳与氢氧化钠发生了反应实验改进 ………… (48)
  3.6 燃烧条件的实验改进 ……………………………………… (50)
  3.7 硫在氧气中燃烧实验 ……………………………………… (53)
  3.8 粉尘爆炸的实验改进 ……………………………………… (55)
  3.9 灭火器原理实验改进 ……………………………………… (57)
  3.10 催化剂的再探究系列生活化实验改进 ………………… (59)
  3.11 硫酸与蔗糖实验现象及尾气处理的实验改进 ………… (62)
  3.12 溴乙烷的水解和消去反应对比实验改进 ……………… (65)
  3.13 针对乙烯的性质检验实验中制备乙烯问题的实验改进 … (71)
  3.14 探究比较可乐中碳酸在不同温度下的分解速率 ……… (75)

3.15　探究分子的运动现象实验改进……………………………………（80）
　　3.16　质量守恒定律的探究实验的实验改进…………………………（82）
　　3.17　针对实验验证牺牲阳极的阴极保护法中铁氰化钾与铁直接
　　　　　反应对实验干扰问题的实验改进……………………………（84）
　　3.18　针对酸的化学性质实验金属除锈问题的实验改进……………（86）
　　3.19　对"氯化钠、硝酸钾在水中的溶解"实验的改进………………（88）
　　3.20　海带提取碘………………………………………………………（90）
　　3.21　离子迁移实验改进………………………………………………（92）
　　3.22　检测菠菜中铁元素实验改进……………………………………（94）
　　3.23　粉笔分离菠菜中色素实验改进…………………………………（95）
　　3.24　小结………………………………………………………………（96）

第4章　化学实验在中学化学课堂教学中的应用示例……………………（98）
　　4.1　演示实验在中学化学课堂教学中的应用 ………………………（98）
　　4.2　验证性实验在中学化学课堂教学中的应用………………………(105)
　　4.3　探究性实验在中学化学课堂教学中的应用 ……………………(109)
　　4.4　数字化实验在中学化学课堂教学中的应用………………………(125)
　　4.5　创新实验在中学化学课堂教学中的应用 ………………………(133)
　　4.6　虚拟仿真实验在中学化学课堂教学中的应用 …………………(137)

第5章　基于真实化学实验的中学化学课堂教学实证研究示例…………(141)
　　5.1　课堂观察法…………………………………………………………(141)
　　5.2　弗兰德斯互动分析系统 …………………………………………(149)
　　5.3　视频课堂观察法 …………………………………………………(156)
　　5.4　现场观察法 ………………………………………………………(166)
　　5.5　前后测模式…………………………………………………………(172)
　　5.6　问卷调查……………………………………………………………(176)

第6章　化学实验在新高考评价体系中的作用、地位及实施特点………(185)
　　6.1　新高考评价体系内涵………………………………………………(185)
　　6.2　化学实验在高中化学课程中的地位 ……………………………(188)
　　6.3　化学实验在高中化学课堂中的地位 ……………………………(188)
　　6.4　化学实验在高考中的地位 ………………………………………(189)

6.5　化学实验在高考评价体系中的地位 …………………………（191）
6.6　化学实验在新高考评价体系中的作用 ………………………（194）
6.7　化学实验在高考中的实施特点 …………………………………（196）

第 7 章　化学实验在中学化学课堂教学中的功能价值……………（209）
7.1　教学价值 …………………………………………………………（209）
7.2　化学实验能够提高学生能力 ……………………………………（215）
7.3　育人价值 …………………………………………………………（219）
7.4　巩固与发展兴趣 …………………………………………………（222）
7.5　思想意识 …………………………………………………………（223）
7.6　劳育功能 …………………………………………………………（224）

参考文献……………………………………………………………………（226）

第1章 化学实验在中学化学教育教学中的作用

化学是一门以实验为基础的学科，化学实验是化学理论产生的基础，化学的规律和成果建立在化学实验成果的基础上；化学实验也是检验化学理论正确与否的唯一标准。对于中学化学教育教学来说，化学实验对于化学知识的学习、技能的掌握、化学学科核心素养的养成都具有其他教育教学手段不可替代的作用。因此，化学实验既是化学学习的内容，也是化学学习的手段。

1.1 化学实验激发学生化学学习的兴趣和爱好

兴趣属于个人力求接近、探索某种事物和从事某种活动的态度和倾向，与爱好是同义词，是个性倾向的一种表现形式。兴趣在人的心理行为中具有重要作用。一个人当对某事物感兴趣时，便对它产生特别的注意，对该事物观察敏锐、记忆牢固、思维活跃、情感深厚。

兴趣在需要的基础上产生，在社会实践活动中形成和发展起来。它反映人的需要，成为人对事物认识和对知识获取的心理倾向。人只有对客观事物产生了需要，才有可能对该事物产生兴趣。化学学习需要激发学生对化学产生学习需求，在此需求的基础上建立学习的兴趣和爱好。

1.1.1 化学史实验激发学生化学学习的兴趣和爱好

化学史实验是指在化学学科中，人们发现化学基本概念、基本定律时所依据的基本化学实验。化学史实验可以让学生感知科学的伟大，领略科学家的风采，可以激发学生崇尚科学、热爱科学的情感需求，从而激发学生学习化学的兴趣。

200多年前的空气组成实验，拉瓦锡用定量实验的方法测定了空气的组

成。他把少量的 Hg 放在密闭的容器中加热 12 天，发现有一部分银白色的液态汞变成红色粉末状的氧化汞，同时容器里空气的体积减小差不多 1/5[①]。然后他对剩余气体进行研究，发现该气体既不能供给呼吸，也不能助燃。他将这部分气体命名为氮气。同时拉瓦锡又把加热生成的红色粉末收集集中起来，放在另外一个容器中再加热，又重新得到汞和氧气，且产生的氧气的体积恰好等于密闭容器中减少的空气的体积[②]。他把得到的氧气通入之前的容器中，所得的气体性质和空气的性质完全相同。由此拉瓦锡得出空气是由氧气和氮气组成的，并且氧气占空气体积的 1/5，氮气占空气体积的 4/5 的结论。在该化学史实验中，结论的得出通过三个必要实验获得：一是氧气与汞作用体积减小 1/5；二是继续加热生成物氧化汞，分解产生汞和氧气，且产生的氧气体积刚好能弥补之前减少的体积；三是将两部分气体混合在一起，混合气体与空气的性质相同。由此学生领悟化学家化学实验过程以及实验结论推理的严谨性、思维方法的缜密性。由酸碱指示剂发现实验，波义耳将酸、碱滴在紫罗兰上而发现了最早的指示剂，体会化学史中化学规律及定律发现的必然性与偶然性之间的关系，看似偶然的事件实际上有其必然性。一个新奇的现象出现，对于一般人可能就是看热闹，而化学家能透过现象发现其背后的本质，从而推导出新的化学理论和规律。

教材中通过化学史实验，呈现化学规律的发现过程，学生从该过程中去体会领悟化学知识的产生过程，学习化学知识的产生方法，体会化学家化学科学研究的一般方法和严谨缜密的逻辑演绎过程，激发学生热爱化学并立志学习化学的兴趣和爱好，促进学生的化学学习。

1.1.2 生活化化学实验激发学生化学学习的兴趣和爱好

化学教材中的家庭小实验，采用日常生活中常用的物质进行化学实验。一方面解决了学生日常生活中常见的生活问题，另一方面也解决了化学学科学习的问题，从学生需求的角度调动了学生化学学习的积极性和主动性。在实验课"CO_2 的制取和性质"之后，组织学生用家庭常用的器具和物质进行 CO_2 的制取，学生采用碱面与食醋混合的办法，发现生成大量的气泡，并对生成的气体

[①] 王祥海：《教师教学情境设计力的养成策略——以化学学科为例》，载《基础教育课程》，2022 年第 1 期，第 118 页。

[②] 颜石珍、张晓艳：《基于科学本质和化学核心素养的教学——以"质量守恒定律"为例》，载《中学化学教学参考》，2022 年第 4 期，第 57 页。

利用澄清石灰水进行检验,确定生成物是CO_2。通过该家庭小实验,学生学习了碳酸盐与酸能进行反应生成CO_2的化学知识。同时通过分析,学生也知道了面粉发酵会产生大量的酸,这种酸用碳酸盐这种弱碱进行中和,除了有效地中和酸以外,生成的CO_2还能使面团疏松,改善食物的口味。这种家庭小实验将化学知识与化学知识的应用场景进行有效的结合,从解决学生的生活需求的角度解决学生的化学学习需求,从而有效地提高学生化学学习的兴趣和爱好。

化学教材中的家庭小实验,对化学仪器和设备的需求不高,难度不大。这些实验简单易做,现象明显,既能有效地让学生把课堂上所学化学知识与日常生活紧密联系起来,增强学生用化学知识解决实际问题的能力,巩固复习所学知识,又能有力地增强学生学习化学的兴趣,同时还有利于学生的知识迁移和在生产生活中的应用。在上例中,学生采用面碱与食醋制取CO_2后,发现水垢的主要成分也是碳酸盐,于是产生利用食醋除去水壶或者水杯中水垢的想法。在此想法的指导下,学生将食醋加入有水垢的水杯、茶壶中,发现水垢脱落,同时产生了气泡,验证了自己的想法,获得了成功的喜悦,同时也进一步增强了化学学习的兴趣和爱好。产生的CO_2能在面团蒸熟的过程中体积膨胀,致使面团体积增大、发泡,在此知识储备的基础上,能够有效地帮助学生理解可发性塑料聚苯乙烯的发泡过程,将苯乙烯单体、引发剂、分散剂、水、发泡剂(常用戊烷或者丁烷)制备成可发性聚苯乙烯颗粒,颗粒在使用的过程中用水蒸气进行加热发泡,其原理和蒸发泡的面团是一样的。苯乙烯、引发剂类似于面团,发泡剂类似于CO_2,蒸汽蒸的过程和面团用蒸汽熟化的过程一致。由此学生发现所学化学知识不仅能解决日常生活中的问题,同时还能有效地解决化工生产中的问题,使得学生学习的成就感增强,更有利于激发学生化学学习的主动性和积极性。

1.1.3 演示实验激发学生化学学习的兴趣和爱好

化学教材中有大量的演示实验,这些演示实验主要用于在教学中揭示化学理论,建构化学概念。教师通过对演示实验的示范,对实验中所呈现的各种现象的分析和引导,将各种现象共同指向的事物本质揭示出来,建构事物现象和本质之间的逻辑联系,从而进行化学知识的教习和化学技能的培养。

Na与H_2O的反应教学演示实验中存在各种有价值、有意义、新奇的实验现象。现象有的同时呈现,有的顺次出现,都集中指向该化学反应的本质。现

象"浮"指向 Na 的密度小，同时也为现象"响"提供条件；现象"响"指向反应放热和反应生成气体，同时也为现象"熔"和"游"提供支持；现象"红"结合反应物之一为 H_2O 为结论有碱生成提供支持；生成气体收集并点燃，从观察火焰颜色以及燃烧后生成产物是液态等证据，支持 Na 与 H_2O 的反应生成物 H_2。由此，透过反应实验的现象分析，获得该反应的化学反应本质，即 $2Na+2H_2O=\!=\!=2NaOH+H_2$，能量本质是放热反应。

在此过程中，学生在教师的引导下学会对化学现象的观察，学会对信息的捕获、对有价值信息的储存以及对信息的筛选和加工。通过多证据共同指向，以及各证据之间彼此联系、彼此支持，建构该化学反应的整体认知。这种整体认知，一方面要把握组成事物的部分，另一方面要把握事物各部分之间的联系和区别。学生在此过程中，从最初对实验现象的新奇，到建立起最直接、最简单的兴趣，满足了好奇的低层次需求。在此基础上，教师的引导、分析及示范，可满足学生高级学习、高阶思维的深层次的学习需求，在这种需求满足并衍生出新需求的过程中，激发学生对化学学习的兴趣和爱好，从而产生持续学习化学的动机倾向。

1.1.4 分组实验激发学生化学学习的兴趣和爱好

教材中大量的分组实验，能有效地培养学生动手操作的能力、驾驭实验仪器和设备的能力，对学生的操作技能培养、注意力分配培养以及逻辑协调地完成一件事情整体能力的培养具有重要的作用；同时学生在分组实验中，通过自主操作、亲身体验对仪器的性质（包括仪器的物性、质地、使用、加工及操作性质）有直观的感受，对化学物质的性状、量、取用、装填等有切实的把握。

在"粗盐提纯"的学生分组实验中，学生通过装置的搭建，理解各仪器设备之间恰当的操作距离；通过溶解从感性的角度理解物质的溶解性；通过蒸发理解加热对溶剂和溶质之间相对关系的影响；通过固体飞溅理解加热时液体体积膨胀对固体物质的影响；通过称量感知物质体积与质量之间的相对关系，同时感知称量仪器的使用性能；通过收率的计算感知操作过程对液体中溶质损失的影响。这些感性经验的获得对提升学生驾驭仪器、设备和物质的能力具有重要的价值。

在分组实验操作的过程中，学生通过实验操作理解各操作步骤在实验中的作用和地位，同时理解各步骤之间的逻辑联系，以及在操作过程中误操作和正确操作所带来的现象及结果（收率）之间的变化，建构化学操作或者反应条件对结果之间直接影响的联系。这种训练有助于培养学生系统完整地完成整体任务的能力，这种能力在以后的学习和工作中是必不可少的。

1.1.5 探究实验激发学生对化学学习的兴趣和爱好

探究实验是学生基于某一目的，自主设计实验方案，自主操作，并通过对实验所呈现的现象进行本质的分析，从而获得结论的一个活动过程。探究实验有具体的活动目标，不过这种实验对学生来说需要承担一定的风险，这种风险就是学生的实验方案虽然经过理论分析可行，但在实际操作中不一定能达成目标。这种实验需要学生在实验的过程中依据现象尝试分析带来负面现象的原因，并基于这种分析调整实验方案，从而达到目的。

这种探究实验对学生或者教师都具有挑战性，这种挑战性主要来源于对潜在问题的不可预知。这种不可预知通常会超出学生或者教师现有的知识储备，需要教师和学生通过有效的学习手段，比如进行资料查询、文献筛查等基于问题解决的学习。这有助于培养学生新知识获取、消化及利用的能力。

这种实验的另一个挑战就是操作时间长，经历失败多，对学生的等待、忍耐以及承受失败的挫折能力都是极大的考验。

在初中化学用 Zn 置换出 $FeSO_4$ 中的 Fe 的实验中，将 Zn 片插入 $FeSO_4$ 溶液中，按照教材的理论应该观察到 Zn 片溶解，同时大量的 Fe 沉积到 Zn 片上，但是学生在操作中发现并没有出现这种现象。学生观察到的现象是实验过程中产生大量的气泡，捞出液体中的 Zn 片也并没有看到大量的 Fe 的出现。基于此，将该实验设计成一个探究实验，教师和学生一起寻找实验失败的原因，并基于失败的原因给出恰当的解决策略。

在此过程中，首先想到的是"原电池反应"。这是因为在此反应中一旦 Fe 被置换出来，附着在 Zn 片上，就有活泼性不同的两个电极，同时有 $FeSO_4$ 电解质溶液的存在，满足原电池形成的所有条件，这样该体系发生析氢的原电池反应，产生氢气就从理论的角度得以解释了，同时通过对反应产生气体进行收集并检验，验证了氢气的存在。基于此，采用调整 $FeSO_4$ 浓度和反应时间的策略，控制产生原电池数量的办法来解决大量气泡产生的问题，使得产生大量气泡的现象被抑制，同时放大析出 Fe 的现象。通过探究发现，这种办法能有效地抑制产生大量 H_2，但是并没有从肉眼看到大量 Fe 的生成。在 Zn 片上看到的黑色物质与 Zn 片的刮痕很相似，很难说明问题。因此，探究的问题从控制现象转移到了物质检验的主题上了，这个问题的产生实际上是新生成的问

题。基于该问题，采用磁铁吸引反应前后 Zn 片的方法能有效地解决。这样看似问题解决了，在实际操作中发现，既然是形成原电池数量的影响，$FeSO_4$ 浓度和反应时间两个变量中只控制其中一个就可以了，基于有利于教学的目的，采用增大 $FeSO_4$ 浓度缩短反应时间的策略对该反应实验是有利的。探究结果发现，这种办法不能有效地抑制反应产生气泡现象的发生，由此可以看出之前探究的事物本质是虚假的。通过查阅资料发现产生气泡与析 H_2 超电势有关，也就是说与 $FeSO_4$ 的浓度有直接的关系，因此改变策略，调控 $FeSO_4$ 的浓度，将条件控制在析 H_2 超电势的临界点，这样能有效地控制反应时产生的大量气泡，同时通过磁铁吸引能直观地观察到 Fe 的产生。

此探究过程拓展了学生和教师的思维界限，扩充了学生及教师的知识储备，同时也打开了教师和学生的眼界。这种活动需要学生和教师具有熟练的操作技能，同时有充足的知识储备。当然这种探究活动也拓展了学生化学知识和技能创新的需求，进一步培养了学生学习化学的兴趣和爱好。

1.2 化学实验为化学理论建构提供证据支持

从认识论的角度看，化学教学过程是学生在教师指导下的一种特殊的认识过程。因此，教学过程中学生知识获取也应符合人类认识事物的规律，即从生动的直观现象到抽象的思维，并从抽象思维到实践。对于化学课堂教学而言，学生感性知识的获得很大程度上来源于化学中的演示实验，而当学生的认识从抽象的思维进入实践时，最重要的又是自己动手做实验。在化学教学中，不论是学生获得知识、培养能力、发展智力，还是培养科学方法和世界观，无不与化学实验密切相关。所以化学实验对于学生完成化学学习的认识过程起着非常重要的作用。首先，化学实验能引发学生的化学学习认知，化学实验是提出化学教学认识问题的重要途径之一。学生在学习化学时，当其已有的知识和经验（即"当前状态"）与学生目前未知但准备去探究的新知识（如物质的性质、变化、现象、化学概念、理论等"目标状态"）之间产生差距，这种差距就是化学教学中的认识问题。化学实验正是提出化学教学认识问题的重要方式之一。其次，化学实验为学生提供化学事实性知识。化学事实性知识指的是反映物质的性质、制法、用途、存在等多方面元素、化合物及其应用的知识。

一方面，化学实验能够为学生认识元素化合物知识、学习化学概念和理论提供化学实验事实。在化学新课程中许多概念、理论的形成，大多是从认识元素、化合物的性质开始的，而要感知元素、化合物的性质，则必须通过生动形象的化学实验，让学生通过化学实验中物质变化的现象感知化学事实，通过对化学事实的分析、对比、归纳、总结形成化学概念、化学理论和化学观念。另一方面，化学实验能为学生检验、巩固化学知识和理论，验证化学假设提供事实性知识。学生对知识的理解掌握程度也可以通过实验来检验。

1.3 化学实验发挥理论实践场景的作用

场景原指戏剧和电影等艺术品中的场面。在文学作品中将内容与内容呈现的场景结合在一起，将作者所要表达的思想情感与读者之间进行有效的传递。相同的内容放在不同的场景中便呈现出不同的意义，这也是学习过程中理解偏差甚至错误的来源。

1.3.1 化学实验提供知识理解场景

学生化学知识的学习和理解需要与化学知识产生的场景进行有效的结合，以达到理解知识的目的。化学知识产生的场景最主要的是化学实验，除化学实验以外，在计算化学中，计算模型也可以算是化学知识的场景。化学实验所提供场景的存在能够帮助学生理解化学反应中各现象的本质以及各现象之间的逻辑联系，这些内容构成化学知识的整体。整体性呈现的化学知识能够帮助学生进行化学知识的意义建构，相反，化学知识的学习只能靠记忆、背诵，这种学习方式不仅不能达到理解化学知识本质，还使得知识的迁移受到阻碍，同时也容易产生错误的认知。

以电解质概念为例，中学化学教材将其定义为，在水溶液状态或者融化状态下能导电的化合物就是电解质。该定义明确指出造成化合物导电的作用力是水或者热的作用力，通电的主要目的是检验是否有导电离子产生，同时教材中还给出了水或者热使化合物电离的作用原理。从教材的角度出发算是给出了充分的材料，但当学生依据所给材料进行概念理解和学习的时候，认为水或者热能提供给电解质的都是能量，因此，只要能给出能量的条件都可以使电解质发生电离，从而使其导电。在此思想的指导下，产生了"电本身也是一种能量，在化合物电离中电是最容易造成物质电离的方式之一"的错误认知，使学生对概念的理解产生偏差。还有部分学生认为，既然是能量导致化合物电离，其他

形式的能量也应该可以导致化合物的电离，比如光、机械能，甚至有学生产生了用牙咬、用棒打都可能导致化合物电离的奇怪想法。这些想法的出现最主要的原因还在于脱离了该概念形成的场景——化学实验，抛开这个场景，任由思想观念的发散，导致对概念的理解错误。

相反，对该概念进行教学时，将概念产生的场景——化学实验与教学内容相结合，学生发现在非水溶液和非液态的时候通电，并没有形成有效的电流，避免了产生电导致化合物电离的错误观念；加水后原本不导电的化合物导电了，表明是水的作用力导致化合物电离；相应地，原本不导电的固体，通过加热的办法可导电了，表明热引起了化合物的电离。同时学生想到的其他能量形式也能导致化合物电离的想法，在利用该实验进行验证后，学生发现，导致化合物电离的因素是能量，但不是所有的能量形式都能导致化合物的电离。比如，光这种能量形式，从有化学至今，就没有发现光能导致化合物发生电离的现象。光能够使化合物的共价键发生断键，但断键的形式是均裂，能形成自由基而不能形成自由移动的离子。当然电也能使化合物电离，但不是通电，而是采用电子轰击的办法使化学键发生断键，从而产生离子，比如电喷雾电离质谱中就采用这种形式使化合物电离。

从化学实验操作过程看，目前化学实验操作中常用的能量形式主要是水溶液和加热，因此基于实验真实的场景，学生依据该场景进行知识的学习和理解，有助于形成正确的化学概念。

1.3.2 化学实验提供化学知识应用场景

知识学习的主要目的是知识应用，这是教育培养社会主义建设者和接班人目标的基本要求。化学实验是化学知识应用的最简单也是最直接的应用场景，是化学化工生产实际应用的缩小版。从化学大规模的应用开发过程出发，通常的化学化工生产过程都是先进行小规模的实验，这种小规模的实验其实就是教学中常用的教学实验，包括教学演示实验、学生实验以及学生分组实验。其采用简单的实验仪器，利用少量的药品，通过各种观测技术观察反应体系中反应物和生成物及其反应条件控制之间的逻辑关系。在小规模实验取得成功的基础上，再进行逐渐放大，在放大的过程中去发现存在的问题，并进行问题的解决，直到放大规模达到产业化生产的要求为止。

从学习理论的角度出发，学生知识的学习，主要经历知识习得、知识强化和知识应用几个环节。知识习得解决知识识记、辨别并在大脑中短时记忆的问题。知识强化是指习得知识在学生头脑中反复作用,并在大脑中长时记忆储存的过程;教学中常用的知识强化的方法,包括相似场景问题的解决、多次重复相关过程或结论、习题强化训练等。知识应用,是将习得的知识应用于相似的问题场景尝试解决问题,这种应用区别于简单的重复,而是有所创新。在创新型的场景中,学生应用知识进行问题解决后会获得成功的喜悦,这种成功的喜悦对学生学习本身来说具有奖励的作用,能促使学生进行化学知识学习;同时在此过程中也会学会利用实验中呈现的新信息对原有知识进行重构和再造,将所学知识向前发展。

因此,基于化学实验的化学知识教学,一方面化可以提供学生知识学习、理解以及建构的实际场景;另一方面也为学生化学知识的应用创新提供实践场景,有利于学生知识的再生产、再创造。

1.4 化学实验培养学生严谨求实的科学精神和科学态度

化学实验是科学态度教育的重要形式、途径和方法,通过实验可以"培养学生实事求是、严肃认真的科学态度"。在化学实验中,有时产生的气体或沉淀量很少,现象不明显,这就要求学生不能粗心,要细致地进行观察;有的实验较缓慢,这就要求学生不能性急,要有耐心;有的实验不易一次成功,需多做几次,这就要求学生要有毅力,不怕困难和麻烦;有的实验结果与书本上的结论不完全一致,这就要求学生要尊重实验现象和事实,不能人为修改,并找出原因,认真解释,改进后重做或补做。学生只有认真做好实验过程的每一环节和步骤,才能培养出科学的实验态度。

在化学实验教学中,虽经反复演示,但仍会遇到一些意料之外的"反常"实验现象和实验数据。在这种情况下,教师应引导学生,不能为了追求实验结果和理论相符,做实验时就弄虚作假、捏造数据,而应该认真分析"反常"现象发生的原因,也可以做对照实验、空白实验或自行设计实验来核对。学生经历了这样的过程,再辅以教师一丝不苟、严肃认真的言传身教,在潜移默化中会逐步养成实事求是的科学态度,准确、细致等良好的科学习惯和科学的思维方法。而这些好品质、好习惯可以迁移到其他学科,使学生遇到问题时,养成多问几个为什么、善于分析问题、不浮躁、脚踏实地的良好习惯,对学生以后的发展也将产生有利的影响。

实验是化学研究的一种重要工具,在对学生进行化学实验训练时,要求学

生敢于质疑、敢于挑战权威、敢于说出自己对实验的见解及改进意见,这是培养学生创新思维的最佳途径之一[①]。同时,化学实验要求实验者秉持严谨求实的科学态度,所以在学生接触实验之初,就要告诫学生做研究要有严谨求实的科学作风,要做到真实记录现象、正确分析数据,不能篡改实验数据,同时要求学生端正学习态度,帮助学生在早期就能形成良好的科研精神,创新意识也会在润物细无声中慢慢萌芽。

总之,中学化学教学实质是将科学家经过理论及实践检验正确的化学知识和结论传递给学生,在该传递的过程中不是简单的知识灌输、结论记忆,而是科学知识的再生产过程,只有通过这个过程才能实现从知识到技能的转换,因此化学教学如果脱离实验、脱离科学知识生产的过程,就很难形成正确的化学概念,即使考试中能再现结论也很难在实际的生产生活中灵活应用。

[①] 王文静、刘全喜、孙琳等:《实验在化学教学中的地位与作用》,载《广东化工》,2021年第6期,第155页。

第 2 章　中学化学教学实验国内外发展

2.1　国外中学化学教学实验发展

2.1.1　由哲学思辨到化学教学实验的转变阶段

　　化学教育始于化学实验，最初的化学教育和化学研究是分不开的。早期的化学家都是在化学实验室中培养出来的。1824 年，著名的化学家、化学教育家李比希在从法国留学归国后，任吉森大学化学教授。他发现德国的化学教育落后于法国，当时德国大学中的化学教育，通常是把化学知识混杂在自然哲学中讲授，许多德国大学没有化学教授，化学课由医学博士讲授；同时没有专门的化学教学实验室，学生得不到实验操作的训练。李比希深知，学化学仅有哲学思辨能力是不够的，化学知识必须从实验中获得。而这种实验训练在那时的德国大学中还得不到。为了改变这种情况，李比希加强了对实验室建设和化学教学法的研究，使化学教学真正具备了实验科学的特色。李比希下决心借鉴国外化学实验室的经验，在吉森大学建立一个现代化的实验室，让一批又一批的青年人在那里得到训练，从中培养出一批化学家。他的努力得到了校方和国家的支持，经过两年努力，他在吉森大学建立了一个完善的实验教学系统，他的实验室可以同时容纳 22 名学生做实验，教室可以供 120 人听讲，讲台的两侧有各种实验设备和仪器，可以方便地为听讲人做各种演示实验。这里不仅是李比希授课的专门教室，是学生做实验的场所，也是化学研究的基地和化学产品的制造车间，还是化学、医药杂志的编辑部所在地。

　　李比希建立的实验室后来被称为"李比希实验室"。实验室建成后，它的优越性立刻显现了出来，不仅化学系列课程和实验得到了正规的化学教学规

范，化学理论研究、药理、农业等实践活动也得到了有机结合，实践又促进了化学教学，拓宽了理论研究的课题。李比希对化学教育制度和方式的改革，带来了一系列领先的化学研究和优异的化学教育成果，吉森大学立刻成为全德乃至全欧洲的化学教学与研究的中心。它的崛起引起了轰动，全德、欧洲乃至全世界的化学家纷至沓来，一时间，四面八方的学生也涌向了吉森大学。

在李比希的亲自指导下，涌现出一批化学家，其中包括世界著名燃料化学和燃料工业奠基人霍夫曼，发现卤代烷和金属钠制备烃的伍慈，提出苯环状结构学说、为有机结构理论奠定坚实基础并被誉为化学"建筑师"的凯库勒，以及被门捷列夫誉为俄国化学之父的沃斯克列先斯基等。这些学生回到自己祖国，效仿吉森大学的做法，建立面向学生的教学实验室，使吉森大学化学教学模式在全世界得到积极的推广。极具新鲜活力的吉森－李比希学派由此诞生，他们成为一代世界化学研究的有生力量。

为了发展化学教学，李比希还用新的体系编制了化学教学大纲。从 1835 年开始，他坚持实行了近 30 年。为推动化学教学体系的改革，李比希编写了一份全新的教学大纲，规定学生必须经过实验训练，从实验中学习化合物的定性和定量分析。李比希的教学大纲规定，必须学会天然物质的提纯法、新化合物的成分鉴定法、无机合成与有机合成法等技能[①]。这种经过实验系统训练后，再逐步提升到独立研究的教学体制，不仅培养出了一批真正的化学家，也为近代化学教育奠定了基础。在他的大力推动下，吉森大学的化学课及化学研究取得了显著的成果，他的学生不仅在德国、欧洲，包括在美国，都成了新一代化学技术发展的中坚力量。

2.1.2 化学教学实验发展阶段

1. 学科结构理论引导下的重理论与重实验并行阶段

20 世纪 50 年代以前，各国的化学课程基本是一门描述性课程，初、高中所开设的化学课程多以元素化合物为主，理论知识和化学实验很少。随着布鲁纳学科结构理论的出现，美国首先开始了新一轮的课程改革运动。1957 年，苏联首颗人造卫星的发射促使美国实施《国防教育法》，要求政府增加教育经

---

① 何振海、王璇：《学派勃兴与学科崛起——李比希学派对吉森大学化学学科兴起的历史贡献及现实省思》，载《河北大学学报（哲学社会科学版）》，2020 年第 1 期，第 73 页。

费，大力培养科学家和工程师，确保国家安全。自此，美国中等教育迎来了真正意义上的化学课程改革。在美国国家科学基金会赞助和新的化学教育思想指导下，一些著名大学教授和优秀中学教师根据他们不同的教育观点，分别形成了以化学键和分子结构为重点的化学键方法教学研究会（CBA）和以偏重于以实验为基础的化学教学的化学教材研究会（CS）。CBA认为，化学键是化学学科教学的逻辑中心，师生应用理性的逻辑思维方法来理解化学键，强调化学知识在结构上的连贯性。基于此纯理性的结构主义学科倾向，CBA编写了教材《化学体系》，其主要内容包括：化学变化的本质，化学体系的电本质，帮助解释化学体系的模型，化学体系里的键，有序、无序和变化。CS则认为化学学习应以实验为基础，强调实验在学生获得化学知识中的重要性。基于此，CS编制了教材《化学——一门实验科学》，其主要内容包括：科学活动导论、基本化学概念、化学反应的宏观研究、物质的微观研究及描述化学。此外，该课程还设计了39个化学实验供学生选做[①]。

《化学体系》课程的教学目的主要体现在以下三个方面：第一，使学生掌握科学知识观在科学认识中的重大意义，拓展并激发学生的思维及想象力；第二，使学生通过实践探索掌握科学思想和科学途径，并了解其对建立化学理论所起的巨大作用；第三，帮助学生建立论证化学知识的思路，从而有效解释和说明错误产生的原因[②]。由此可见，《化学体系》偏重于理论学习，将教学的重点着眼于化学键和分子结构，主要目标是培养学生的逻辑思维能力，使学生能运用化学理论理性地解释他们观察到的化学现象。这种以学生为主体、旨在培养学生的创造思维能力与逻辑思维能力的教学理念得到科学家的高度评价。但由于其过分强调化学键理论而忽视元素化合物知识，很少将化学知识与生产生活、社会实际相结合，大部学生难以接受。因此，CBA教材并未在美国广泛普及，其推行后不久美国各州即停止使用。

CS课程则将教学目的主要体现在以下四个方面：第一，缩小科学与师生之间的距离；第二，为输送高中生进入大学进行基础训练；第三，激励教师进行课程内容与教学方法改革；第四，在情感态度上培养学生对化学知识意义的理解。化学课程不仅要培养化学专才，而且要让那些将来不再继续进行化学研

---

① Zhixin Su, Suzanne Goldstein: Teaching and Leaning Science in American and Chinese High Schools: A Comparative Study, Comparative Education, 1994（30）: 524—526.

② Abd-El-Khalick Fouad, M Waters: Representations of Nature of Science in High School Chemistry Textbooks over the Past Four Decades, Journal of Research in Science Teaching, 2010, 45（7）: 835—855.

究的学生认识到化学在过去、现在和未来生活中所起的巨大作用，并能够运用所学化学知识解决生活中的化学问题。可见，CS 更偏重于学生的实践探究，将学生置身于化学情境中，在亲历化学变化中产生认知冲突，并通过创造性的思维认知化学知识的意义。在此课程的学习中，学生将花费一半的时间做实验，并将实验与讨论、思考适当配置，采用发现学习法，培养学生发现问题、提出问题及解决问题的意识和能力。由于 CS 教材对化学实验的重视，强调对科学调查的本质及科学知识产生过程的认知，受到化学家和大部分中学教师的认可，然而仍有部分教师对此提出批评，认为该课程对学生的科学探究能力要求偏高，较适用于优等学生的学习。

尽管《化学体系》和《化学——一门实验科学》两套教材在教育目标和内容选择上都有所侧重，但本质上其均受到布鲁纳的结构主义教育思想的影响。布鲁纳强调任何学科都有其基本的知识结构，反映了该学科的内在规律性，使学生掌握学科的基本结构是教育过程的核心。因此，本次化学课程改革的特点之一就是强调化学内容的知识结构化，主要表现为学问化、专门化、结构化，但理论性过于突出，超出一般学生的理解水平，课程虽广受好评但普及难度较大。这一时期课程改革以培养精英为目的，强调"学科结构"，注重基础，强调理论知识的重要性。

2. 化学跨学科理论指导下的重视化学实验教学阶段

受美国开始的世界范围内的科学课程改革运动的影响，英国理科教师协会和理科女教师协会于 1961 年共同发表了革新《文法中学》理科教育的声明——《科学与教育》，并在纳菲尔德财团的资助下，开始编制以《文法中学》通用教育证书考试（General Certificate of Education，GCE）的 O-Level 考试为对象的物理、化学和生物课程方案。1962 年，其编制出了纳菲尔德普通水平的物理、化学和生物课程方案。如同美国这个时期开发的 CBA 化学课程一样，纳菲尔德普通水平化学课程方案（The Nuffield O-Level Chemistry Project）也具有强烈的科学主义倾向以及重视利用科学方法进行训练和探究活动的浓厚色彩。纳菲尔德普通水平化学课程方案有实验和理论材料两部分内容。

实验部分：目的是培养学生在备有各种设备的实验室中进行实际操作的技能。这一部分的内容学习两年。实验室中的操作技能对学生具有特殊的意义，因为在这个阶段，学生必须在研究物质的属性中积累一定的经验，学会观察并作出结论。该课程十分重视培养学生在做完每一项实验室作业后进行综合和作出结论的技能。为此，学生需要回答很多问题，解决一些简单的课题，最后认真仔细地写出实验报告。

理论部分：这一部分以"化学所使用的一些概念"为标题，学习时间为2~3年，每周3学时。其内容除了一些描述性化学知识外，还有如定量分析、化学反应动力学、化学反应中的能量变化、原子结构、电解、放射性等理论知识；另外还有与生产相联系的知识（如电化学、放射化学、高分子聚合、腐蚀过程等），以及化学与社会的知识（如化学与营养问题等）。

纳菲尔德普通水平化学课程的特点是：①以化学键理论为基础；②化学理论所占的比例大，尤其是物理化学理论较多，如原子结构理论——原子的电子结构、原子轨道理论、原子中电子的排布，气体动力学理论等；③以化学科学理论的最新发展充实课程，如用现代原子结构理论替代旧的原子-分子学说；④利用数学工具的要求有所增加。

20世纪60年代中到70年代初，美国社会动荡不安，经济危机爆发，失业与再就业问题成为威胁美国社会稳定的主要问题。为解决该问题，美国的教育成了改革的急先锋，着重于培养学生的个性及解决现实问题的能力。该改革思想反映在课程中即要求充分尊重学生的个性，增加选修课的比例，为学生提供多样化的课程，加强课程的实用性、职业性和现实生活问题的联系。由于旧的课程仅将教育重心放在学生的认知发展与智力发展上，限制了学生完整人格的培养。基于此，以单科学科知识为中心的课程已无法满足学生与社会的需要，急需多学科知识融合的课程体系。为弥补CBA与CS课程的不足，美国化学教育家提出了"化学跨学科研究法"（IAC）课程模式。课程开发者认为，当今社会问题远非单科学科知识所能解决，应将科学知识整体化。基于此，IAC课程内容涵盖了引论、有机化学、物理化学、环境化学、无机化学、生物化学、核化学等，其目的是使学生理解化学并不仅仅是一门学科课程，而是与物理、生物、核科学、环境科学、地学等学科紧密联系的，使学习者认识到化学是解决社会问题的一项人类活动。其教学重点也由注重知识的认知转向培养学生的学习兴趣与潜能的发掘。同时，分别设置必修和选修单元，学生可根据自身兴趣和需求进行选择，实行个性化教学，重视化学实验的作用。然而，人本化课程的实施并没有有效地提高学生的综合科学素养，培养学生的社会化、生活化能力；相反，拖累了学校的教学质量，助长了反理性主义风潮，造成学习纪律松弛与学业水平低下，仅着眼于个人需求而忽视了社会需求。

3. 综合课程指导下的化学实验教学阶段

20世纪70年代初，美国科技教育危机爆发，同时科学技术的重大发展带来了一系列的重大社会问题。为解决这些问题，科学－技术－社会（STS）教育改革运动应运而生，科学、技术和社会三者之间的相互关系成为研究的主要议题。化学作为自然科学的重要组成之一，其理论知识已然成为公众科学素养中不可或缺的部分，公众需要掌握一定的化学知识并能够通过有效运用这些知识对日常生活中乃至全球与化学有关的问题作出判断和决策。自此，STS理念成为美国中学化学课程改革的重要趋势。

基于此，美国化学委员会于1988年针对高中学生出版了STS课程教材《社会中的化学》(CC)。其具有两个明显的特点：一是突破了传统课程中以化学知识的逻辑性为脉络而将社会问题作为线索来组织课程内容。为加强课程内容与生活实际的联系，设置了八个与社会生活有关的化学学习主题，让学生通过参与调查、讨论、探究等实际活动来学习与之相关的化学知识。这八个主题分别为：①水的供给；②维护我们的化学资源；③石油：用于建设还是燃烧；④了解食物；⑤在世界上的核化学；⑥大气化学与气候；⑦化学与健康；⑧化学工业：希望与挑战。CC中的问题与内容均来自社会生活，因而较易引起学生兴趣。每个单元后都有针对性地附有各种资料卡片，知识覆盖面广，不仅囊括了所有传统教科书中的重要化学概念，而且涉及生物化学、高分子化学、材料化学等当代化学发展新领域。二是决策活动的引入，包括"化学中的困惑、自己决定和综合探索"三类。CC中的知识学习原则不同于以往强调线性逻辑知识的学习，而是当问题、情境等需要化学知识时才引入，真正体现了提高公众科学素养的目标。例如，CC的第1章就是从两个中学生在流经他们居住的小镇的河流中发现死鱼群开始提出问题的。在研究致鱼死亡的原因时，学生就自然地学习了相关的化学仪器和化学知识，如混合物与纯净物的概念、水的组成与性质、溶液、离子、溶解度、溶解氧、重金属离子、无机物、有机物等一系列概念[①]。

CC被认为是当代公众科学素养教育的典范之作，由于其贯彻了科学素养的培养这一教学理念，受到国际科学教育界的极力推崇。但由于CC教材内容

---

① Michael J Sanger, Thomas J Greenbowe: Science－Technology－Society (STS) and Chem Com Courses versus College Chemistry is There a Mismatch, Journal of Chemical Education, 1996, 73 (6): 532－536.

较少涉及化学工业应用和生活实际，偏离了技术和日常应用而使其广泛应用受到限制。以 1963 年版 CC 教材为例，只有 25 幅图片与学生的实际生活和工业应用有关。此外，仍有人认为 CC 对化学学科知识的要求偏低，仅适用于中低水平的学生学习，一些大学甚至拒绝承认 CC 的课程成绩。

随着科学技术的发展，人们对环境、能源以及周围生活问题的关注越来越多，对人类生存与环境、科学技术与社会等问题需要加以综合研究的必要性的认识迅速提高。20 世纪 60 年代初的科技精英教育理念受到了怀疑。1971 年，英国理科教育协会发表了《科学与普通教育》的文章，建议理科课程应根据学生对物理、化学和生物的兴趣与能力来妥善有效地设置，而不要以将来专门化的要求为依据。15～16 岁以下的学生不宜分成文科班和理科班。此外，由于单独设置物理、化学和生物课程，学生从中选择一两门进行学习容易破坏"均衡的理科教育"，所以不宜再强调自然科学各学科的专门性。这篇文章指出了理科教育应实施综合课程。促使英国实施综合理科教育的另一个重要因素是：20 世纪 60 年代中期的中等教育综合化改革运动以后，综合中学的大量出现。在此期间，英国学校理事会曾拨款 110100 英镑用于开发新的理科课程。1969 年，学校理事会推出了以 13～16 岁的学生为对象的综合理科计划（the School Council Integrated Science Project，SCISP）。它的目的是开发符合以下要求的综合理科课程：①传授自然科学主要领域的内容；②获得参加普通教育证书考试的资格；③课时占总课时的 1/5；④为学习高级水平的物理、化学、生物或同等水平的学习打下基础；⑤与纳菲尔德综合理科的"5～13 岁儿童的理科"相衔接。

SCISP 课程由四部分构成。

第一部分：构成要素。

图和问题，银河、行星、地球，社会和人口，生物，细胞，分子，原子和巨大结构，电子，离子和巨大结构。

第二部分：相互作用和构成要素。

生存竞争与捕食，粒子的相互作用，电的相互作用，地球、水、有机体的相互作用，运动，构成要素的分类，构成要素的分布。

第三部分：能量。

能量的转换、粒子的能量和相互作用、能与电、能源、能的有效利用。

第四部分：相互作用及其变化。

变化的确认、变化的种类、稳定性。

从以上 SCISP 课程的内容看出，SCISP 课程试图通过自然界的构成要素

和能量及其相互作用来统一把握自然界的变化规律。这与过去普通理科重视科学知识的实际应用价值不同，它把原来自然科学各领域的概念通过环境、社会和人类有机地结合在了一起。在 SCISP 课程中，虽然化学知识也以专题的形式出现，但化学学科原有的知识体系被打破后与其他自然科学学科知识完全融合在了一起。

4. 科学－技术－社会（STS）相结合指导下的化学实验教学阶段

自 1985 年以来，由于美国中学生在国际教育成就评估中表现欠佳，加之大部分美国人表现出对科技知识的缺乏，美国科学教育急需改革。"2061 计划"随之出现，目的是使美国儿童适应彗星再次靠近地球时（2061 年）科学技术的快速发展带来的社会生活变化。该计划由 3 个明确而连贯的阶段组成：第一阶段，确立普及科学的基础知识与基本内容，尝试为教育改革建立概念基础，规定学生在校学习时（K－12 阶段）所需掌握的知识、技巧与解决问题的方法。《普及科学——美国 2061 计划》即为此阶段的结晶，其中的一个重要观点是将实验探究作为科学课程的重要组成部分。第二阶段，将"2061 计划"中提出的意见与方案总结归纳为几种不同课程形式，让各教育学区和各教育州自行选择，并制定一套配套的教育改革蓝图，作为课程的补充。第三阶段，花费 10 年或更长时间，把第一阶段和第二阶段的研究成果付诸实践。虽然美国并未设立统一的课程标准，但各州在制定其课程标准时，均将"2061 计划"中的系列研究成果作为课程改革的重要参考。

"2061 计划"为美国全体公众科学素养的提升提供了方向和要求。基于此，在 1993 年，美国科学促进会制定了《科学素养基准》，规定了从幼儿园到 12 年级阶段学生在科技领域中应达到的科学素养水平，共包括 12 个领域。

在 20 世纪 70 年代的综合理科课程改革中，英国就非常重视科学、社会和环境的相互关系。随着 20 世纪 80 年代世界范围内的 STS 教育运动的高涨，1984 年英国科学教育协会（Association for Science Education）提出 SATIS（Science Technology in Society，社会中的科学和技术）课程改革计划。与传统学校科学课程中问题的答案经常是封闭的、唯一的情况不同的是：SATIS 课程中有些问题的答案是不确定的，有的不止一个答案，还有些问题是有争议的。从建构主义的观点看，由于每个人都基于自己与外部世界相互作用的独特经验以及赋予这些经验的意义来建构自己的知识，所以每个学生的观点、价值观和看问题的角度等不同，对问题最终的解决结果也是不一致的。例如，对于污染问题、核能的利用等问题，不同的学生可能有不同的回答。这与现实社会生活中的情况是一致的，而这些正是 SATIS 课程期望做到的。

SATIS 课程有 10 个单元，每个单元又有 10 个各自独立的专题，整个课程共有 100 个专题，涉及化学、物理学、生物学、医学、心理学、天文学、地理、农业、信息科学、音乐、食品、建筑、通信、采矿机械、计算机等社会中几乎所有的科学和技术领域。在这 100 个专题中，与化学有关的专题有 39 个，分布在每一个单元中。每个问题都是先给出一些背景知识或信息，然后让学生进行讨论或实地调查活动，最后学生提出自己对于问题解决的见解。涉及的化学知识在背景材料中进行介绍。例如，第三单元的化学专题"食盐的化学产品"就是先介绍食盐化学产品的背景知识，包括食盐在电的作用下的解离过程、食盐化学产品的用途等，接下来通过角色扮演讨论一个模拟的 SALCHEM 食盐化工公司常常需要解决的一些问题。对于这些问题的解决没有固定的方案，学生们要在讨论中提出自己的观点，这些观点可能大部分是不相同的，但能充分显示他们对社会中科学和技术的关心。

5. 科学素养引导下的化学实验教学阶段

为了更好地提升学生的科学素养，美国在 1998 年推出了《国家科学教育标准》，目的是使公民掌握基本的科学观念和科学方法，更充实地生活和高效地工作。为此，美国规定学校的科学教育应围绕科学素养使学生达到四个目标：①由于对自然有所了解和认识而产生充实感和兴奋感；②在进行个人决策之时恰当地运用科学的方法和原理；③明智地参与那些就与科学技术有关的各种问题举行的公众对话和辩论；④在自己的本职工作中运用一个具有良好科学素养的人所应有的知识、认识和各种技能，能提高自己的经济生产效率。据此，该标准所涉及的化学知识具有以下特点：①与生产生活实际结合密切，如在保健、烹调、化妆品和汽车等方面都有化学知识；②体现了化学向其他科学的渗透，如化学向生命科学、材料科学的渗透；③体现了现代化学的发展，如环境化学、核化学、飞秒化学等；④通过化学与其他科学共用概念，体现了化学与其他科学的综合。此外，基于不同年龄段青少年的知识水平和认知能力，该标准将教学内容分为三个程度，分别针对幼儿园至四年级（K-4）、5 至 8 年级（5～8）和 9 至 12 年级（9～12），规定了其应掌握的基本能力与基本概念。

在《科学素养基准》与《美国国家科学教育标准》中，化学内容的变化主要体现在四个方面：①强调提高学生的科学观念和探究实践；②强调学生应以科学探究、技术、科学历史与本质角度来学习；③强调学生对科学概念的学

习；④强调学生在学习中以科学探究为主要学习方式。以美国高中主流化学教材《化学：概念和应用》为例，作为科学素养的重要组成部分，美国中学既重视化学概念的教育，又重视化学探究能力的培养，更重视化学实验的问题发现和知识的自我生成功能。作为人们认识和改造世界重要手段之一的化学，已经渗透到人们生活的衣食住行等各个方面。认识、理解并能运用化学知识解决生活中的化学难题，不仅能为人们的生活提供便利，使人类与自然和谐地相处，而且能使学生正确地理解科学的含义，去伪存真，进而形成从科学的视角去认识世界的思维方式，提升公众的科学素养。

1989年，英国在公立中小学开始实施统一的国家课程。在国家课程中，义务教育被分为四个阶段：5～7岁为第一阶段，7～11岁为第二阶段，11～14岁为第三阶段，14～16岁为第四阶段。当时制定的国家课程既有综合理科课程，也有化学分科课程。课程内容主要根据GCSE和A-level考试的标准来确定。

1999年，英国教育和就业部颁布了在英格兰实施的国家课程，其中，在科学课程中，每一阶段学习计划中的知识、技能和理解力与学生要学习的科学的四个领域是一致的。英国义务教育的第三和第四阶段属于中学阶段，在这两个阶段中物质及其性质领域涉及的主要是化学知识，包括物质的分类（Classifying material）、物质的变化（Changing material）、物质变化的类型（Patterns of behaviour）三个方面。

2.1.3 化学实验发展成熟阶段

跨入21世纪以后，新一轮的化学课程改革兴起，各国都开始追求"通过实验学习化学"，把化学实验作为学习的重点内容。美国中学化学课程进一步落实《美国国家科学教育标准》，着力培养民众认识科学、理解科学、掌握科学及运用科学解决生活中实际问题的能力，并力求通过革新课程和教学方式来实现。基于此，美国高中化学课程的发展呈现出以下特点：第一，课程结构日趋合理，设置核心课程与一般课程；第二，课程弹性增大，选修课比例增大，注重学生学习兴趣的培养；第三，课程的培养目标为提高公民的科学素养；第四，计算机技术得到广泛使用。

在实验实践中，学生能认识科学研究的过程，掌握科学研究的方法，获得科学认知，提升自我学习能力，培养创新思维精神。在化学"教"与"学"的活动中，进一步强调学生的主体性地位，轻知识的机械传授和记忆，重知识的自我生成和意义理解，培养学生的创新思维能力。例如，1993 年版《社会中的化学》共 8 个单元，而"你决定"的探究性内容就有 21 个，平均每个单元 2.5 个；对每个这样的开放性问题，学生都可以根据自己的认知水平提出自己的解决方案，并通过探究活动得到各异的结果。

作为一门实用性很强的学科，化学已经渗透进人们生活的各个方面，为人类的生产生活和面临的多种难题的解决提供了方便。因此，课程内容应紧贴生产生活和社会实际，这不仅能让学生感觉化学很"熟悉"，与自己的生活经历很接近，激发其学习兴趣，而且能让学生更深刻地理解化学的无处不在及化学知识之于社会、生产、生活、环境、安全等方面的重要意义，发展对周围社区涉及化学的社会问题作出判断、反思或决策的能力，培养对社会、经济、环境等的责任感和使命感，成为现代社会具有科学素养的合格公民。例如《社会中的化学》都是以社会问题为主线引出相关的化学知识，并通过决策活动环节，为学生提供应用化学知识的实践。又如第一单元就是通过设计"用作小镇饮用水源的河里的鱼的死亡，引起供水紧张"这一真实的社会问题引出水及其相关性质知识；在第八单元的化学工业中，提供了在河望镇（Riverwood）附近建立化工厂问题，让学生通过讨论作出决策等。

芬兰《核心课程 2014》规定的化学内容主题中，"科学研究"这一主题根据学生的兴趣，由学生自主设计、实施实验并对结果进行自我评价。日本对化学实验的课程目标是：联系生活实际，有目的地进行观察与实验，发展学生的化学探究能力与态度。德国对中学生的"实验方法能力"也提出了明确的要求，尤其注重在实验中培养学生的定量思维，促进学生思维能力的发展。印度的化学教学实验都比较贴近学生的生活，在教学实验中培养学生的实验技能和运用实验方法解决实际问题的能力。英国的科学课程将科学探索作为学生学习的核心内容，在教学中主要培养学生对实验的计算、推理和反思，学生可以根据实际实验中的问题，适当提出改进方法。

在各国的化学课程中，化学实验都占了不小的比重。如美国开设的 AP 课程，通过实验的手段来激发学生的化学学习动机；英国化学实验教学多采用来源于生活的研究课题，围绕漂白粉、修正液等生活用品来展开研究；日本教材增加了趣味实验，重视绿色实验，强调环保意识和安全意识。

在教学时间方面，实验的时间基本与课堂教学时间持平，国外的化学实验内容也更贴近生活实际，重视实验的探索过程，国外的化学教学实验重点培养学生的实验操作能力、实验设计能力，课堂采用以学生为主体进行实验的教学方式，实验内容上侧重于创新观念和科学探究的引导，因此对教学实验的改进

也很常见。

总的来讲，国外化学实验大多强调学生的主体性，并在化学实验的教学中形成了一定的特点：①化学教材中提供了数量较多的学生实验，学生可以亲自动手完成实验；②化学实验类型丰富，且化学实验多偏向探究性实验，学生可以通过这些实验培养探究能力和创新能力；③注重渗透 STS 教育思想；④教学内容丰富，实验手段现代化。可以看出化学实验在各国的化学课程中起着越来越重要的作用。

从世界化学教育的发展来看，化学实验教学正在发生深刻的变化。从理论上来讲，教育界对化学实验的功能认识更加全面和深刻，实验教学不仅能为学生提供直观、感性的认识，还能激发兴趣、锻炼技能、培养科学的思维和态度。从实践形式上看，逐步由演示实验向以学生为主的学生创新实验转变，增加的探究实验活动更好地发挥了实验在化学教学中的功能和价值，充分调动了学生的主动性和创造性。另外，随着科技的进步，化学实验的仪器、设备和条件更加完备，尤其电化教具的引入，为实验在化学教学中的作用的充分和有效发挥提供了基础。

2.2 国内中学化学教学实验发展

2.2.1 引入西方体系的化学教学实验成形阶段

结合我国科学教育的发端和实践来考察，19 世纪末至 20 世纪 20 年代是化学教育的成形期，这一时期由于我国科学教育落后于西方，因此化学教育的理念和教材均从西方引进，教材多采用日本译文课本，少数使用美国课本。由于这一时期国内合格化学教师极少，学校各科虽已分班授课，教师在台上照书讲解，学生在座上默坐静听，教师于讲演时提问题令学生思索答复者甚少，做实验以助学生了解者更难一见。可见这一时期国内化学教学基本以讲演背诵为主，很少或几乎没有实验辅助教学，学生更没有任何接触实验的机会。

20 世纪 20—30 年代，化学教育进入实质性发展阶段，这一时期的主要特征是化学教育的目的不仅限于传授化学基础知识，而且关注培养学生的观察力和思考力以及良好的生活习惯，化学实验开始进入课堂。实验设备得到充实，如城市高中使用滴定管和精确天平较为普遍，初中较多为教师演示，实验法较为普遍地进入课堂教学。在 1923 年颁布的《高级中学公共必修的科学概论课程纲要》强调"求真、尚实、贯确、存疑"的科学精神，从伦理和实施上具体提出了"归纳、演绎、观察、推理"等科学方法，同年颁布的《高级中学第二组必修的化学课程纲要》还确定了实验纲要，规定了课堂教学需完成的 20 个实验内容[①]。1929 年颁布的《初级中学自然科暂行课程标准》和《高级中学普通科化学暂行课程标准》首次提到"养成观察，考查及实验的能力和习惯"，如初中学生实验要求注意手眼及做明确之记录图画等实验技能，在实验操作方面加入了制作简易标本与仪器；高中实验内容增加到 34 个，包括玻璃改造实验用具等技能的训练以及常见化学物质的性质实验。对比 1923 年的课程标准，1929 年颁布的初中课标首次明确提出学生实验能力养成的要求，强调学生实验记录技能的训练。同时颁布的《高级中学普通科化学暂行课程标准》对学生实验的要求更为严格，涉及实验完成、实验过程、实验方法、实验结束药品处理。除此之外，1929 年课程标准再次加入了实验纲要，内容较 1923 年颁布的更为丰富。在实验操作知识方面，提及玻璃用法与改造法，这一实验知识的添加，为当时化学实验教学中所面临的实验教具短缺问题提供了改进和变革思路。

  1932 年，我国相继公布中学会考的方法，由于各类大学新生入学考试科目中都添加有化学科目，使得我国中学化学的教学水平得到较大的发展。1934 年，我国又颁布了《中学化学设备标准》，其中规定了初、高中学生用仪器和药品的普遍标准和最低标准等内容，加强了各地化学实验的重要性。与此同时，由于设备的改善，化学教学法除了讲演法外，还规定了实验法，依据学校实际情况，各学校安排学生进行学生实验。此外，通过暑期讲习讨论，教师还能学习到化学实验设备研究的相关内容。1932 年和 1934 年颁布的《初级中学化学课程标准》《高级中学化学课程标准》分别提到"训练观察、考察与思想之能力""养成学生敏捷之观察力与准确之思考力"。课程目标的变化反应在教材内容上，如高中化学教材分为讲授教材和实验教材，实验内容趋于丰富，涉及物质的制取、过滤、鉴别以及性质验证等。1936 年颁布的《初级中学化学课程标准》提出了化学实验教材，实验内容较为基础，涉及物质的制取和过滤、物质的性质显示、物质的鉴别等内容，在实验内容的选取角度上趋于丰富。对比前期颁布的初中化学课程标准，1945 年颁布的《初级中学化学课程

---

① 课程教材研究所：《20 世纪中国中小学课程标准·教学大纲汇编：化学卷》，人民教育出版社，2001 年，第 15~29 页。

标准》更具有代表性，对教学目标做了一定补充，除了学生观察等能力的培养，还加入了实验情意和品行的部分。另外还附有详细实验教材说明，对实验内容的选择详列细目，包含 15 种实验。其中一种为实验仪器和操作的认识和训练。1948 年颁布的《修订高级中学化学课程标准》修订于新中国成立前夕，提出"启发对本科实验之兴趣并养成实验时应有之态度与习惯"，教材中学生实验增加到 36 个，要求自始至终由学生单独或分组完成[①]。对于实验有助于学生基本学科观念的养成加以说明，重视实验地位。这是继民国期间理科教学在我国不断兴盛，教育者在化学教学中逐步对实验教学加以重视的象征。

总体来看，从 19 世纪末到新中国成立之前的化学实验教学，主要是简单移植西方体系，实验仪器多模仿国外。教学实验初始阶段，教师的教学方法多以讲演实验为主，学生实验近乎没有；受经济发展水平不高以及教学实验欠缺等因素的影响，实际制备很少，质量也不高。1923 年以后中学化学教育改革的动力主要来自高等院校，为了适应专业人才培养的需要，逐渐使化学成为一门学术性的学科[②]。实验作为化学的基础和学科象征，实验纲要不断增加，实验教材相应出版，化学实验的重要性不断凸显。学生实验素养的培养要求在新中国成立前的近 30 年间变化较多，受学科本位的思想影响，学生实验多趋向知识强化和理论探索，缺乏综合的科学探究活动。尽管如此，这一阶段的化学教学奠定了化学实验的重要地位，为当时化学教学实验中所面临的实验教具短缺问题提供了改进和变革思路，为高等院校培养了许多专业基础扎实的人才。

2.2.2 模仿借鉴苏联以"双基"为特点的教学实验初创阶段

1949 年 9 月 29 日，中国政治协商会议通过《中国人民政治协商会议共同纲领》，其中提出要改进教育制度和教学内容以及教学法。新中国成立初期，全国各地使用的教科书大多不同，由于东北区解放较早，在东北人民政府教育部的领导下，早在 1948 年便开始组织力量研究编译苏联十年制学校自然科学各科教材[③]。

对于新中国成立前中学理科课程标准里知识过于繁杂的情况，教育部分别于 1950 年的 2 月、7 月和 8 月召开精简会议，公布《化学精简纲要（草案）》

---

① 刘知新：《化学教学论（第四版）》，高等教育出版社，2009 年，第 4 页。
② 刘知新：《化学教学论（第四版）》，高等教育出版社，2009 年，第 6 页。
③ 《中国化学五十年》编辑委员会：《中国化学五十年：1932—1982》，科学出版社，1985 年，第 332 页。

和《中学暂行教学计划（草案）》。其中，化学授课年级修改为初二、高二、高三，合计400课时。同时，人民教育出版社的教材编译专家也积极听取各地一线使用教材教师的投稿意见。1952年12月，教育部颁布全国统一的《中学化学教学大纲（草案）》，大纲强调化学是一门以实验为根据的科学，教师必须做好演示，并指导学生进行实验。大纲将新中国成立前初中教学中的实验教材纲要，改为讲授及表演实验教材，设计实验共44个，提倡讲授与实验互不冲突，讲完即做、做完即讲均可。大纲对实验室的筹备做了明确细致的规定，其中初中实验仪器中玻璃仪器18种，其他用品28种，标准皆为使用最低限度，仅供教师演示使用；另外，药品中消耗药品66种，标本药品24种。高中教学要训练学生有化学实验的基本技术和良好习惯。高中大纲设有实验教材大纲，其中，前两项分别是基本认识和基本操作，实验教材内容排布与讲授教材同步。实验设备内容更为具体，分为实验室、仪器、药品和挂图及标本四个方面，其中实验室具体描述了学生实验室的分布图、学生实验桌图、药品仪器柜图和教师表演桌、通风橱、精细天平台；仪器列有92种，药品列有145种，每种附有类别和数量；挂图和标本用于辅助教学，以增加学生兴趣。1952年的实验设备的说明，对照民国期间颁布的各版本课程标准，反映出"设实验室、学生实验"这样的词句不再以口号形式出现，而确实详细地出现在教学大纲的要求中，可见实验在教学中正逐渐被重视起来。

  此后，在近10年间，大纲逐步进行修订。一方面当时我国中等教育受苏联影响，强调学科逻辑和体系；另一方面受新中国成立前初、高中教材知识分界不清晰，化学知识内容重复繁杂的影响，大纲一直在对中等教育中化学知识分布和编写进行重新划序而不断精简。1954年，教育部重新颁布《中学化学教学大纲（草案）》，此次大纲基于1952年的教学大纲修订而来。大纲说明分别从学生和教师角度阐述学生需要掌握的技巧以及教师需要遵守的原则。对学生的要求较之前有所提升，对学生记录总结实验、解决实际问题和实验技能的掌握都有明确阐述。此外，对于学生实验习惯和品行的要求在说明中都有阐述。在介绍初中和高中化学具体教学内容中，大纲首次以教师演示和学生实验分别列出，对两者进行了明确的划分。1956年颁布的《中学化学教学大纲（修订草案）》对初三至高三各个年级中学生应该获得的技能做了详细的说明，学生实验又进一步划分，可划分为与教师讲解教材结合的实验作业和在教师指导下可独立或分组完成的实习作业。两种实验形式在不同年级的配比不同，各自发挥不同的功能作用。1961—1962年间，根据党中央制定的"调整、巩固、充实、提高"方针，教育部在总结新中国成立以来教育经验的基础之上，初步

建立了一套适合我国国情的社会主义教育体系。1963 年，教育部颁布《全日制中学化学教学大纲（草案）》。首先，在对学生的培养中，大纲除了延续之前爱国主义及国际主义精神外，开始注重培养学生辩证唯物主义观点。其次，大纲首次将"实验"单独列出，提到"实验是保证教学质量的重要环节"。其中，初、高中对学生掌握的实验技能做了不同要求，强调学生应理解巩固基础知识，掌握实验基本技能，将原有的实验作业定义为边讲边做的实验，希望借演示实验和实验作业培养学生观察、分析、综合等能力，借实习作业巩固知识培养实验技能、实事求是的科学态度和严谨认真的工作方法。最后，在实验的形式中，按照实验主体不同，结合之前修订成果，实验划分为教师演示和学生实验，学生实验划分为实验作业和实习作业。除此之外，大纲要求要注意学生的安全教育以及培养良好的实验习惯，对于培养的每一项化学实验技能在不同年级都以"学会"和"熟练"做了层级划分。

从新中国成立到 1966 年，中学化学实验教学得到了极大发展。受苏联学制影响，国内教学注重"双基"训练，对实验技能的培养从最初的简单模糊的要求，细化为各年级具体的掌握技能细目及层级分类，强调演示实验与学生实验不同的教学目标要求，由关注实验技能的达成逐步开始关注学生观察、分析能力的培养。实验室建设从设备到管理形成了一套制度，包括设施高度、宽度、布置方向、大小等，药品和仪器都有具体细目分类表。这些都是在新中国成立前所不具备的，学生实验终于可以在标准的实验室进行，学生实验操作有培养目标的层级划分。尽管如此，在这一时期内，受学科本位影响，实验功能多为教学做辅助，学生实验的设置比较单一，演示实验多且繁杂，化学教学实验的功能仅限于训练技能和强化知识，削弱了学生综合实验能力和科学思维的培育。

2.2.3 从注重"双基"到"全面发展"要求的改革发展阶段

1976 年，我国社会进入了新的发展时期。在邓小平同志的指导下，教育部组织各级专家着手编写教材。与前期不同，为了教材编写对接国际轨道，邓小平同志提出由我国驻外机构直接购买英、美等国的教材资源，用于开阔教材编写人员的眼界。1978 年召开的全国科学大会和全国教育工作会议都明确提及教育对科技发展、人才技术培养的关键作用。1978 年颁布的《全日制十年制学校中学化学教学大纲（试行草案）》除了坚持贯彻"双基"要求之外，受国情影响，本着"多出人才、快出人才"的原则，加强了实验教学，加入了一些应用新方法和内容先进的实验，注重实验的应用，坚持理论联系实际，精选一些现象明显、效果良好、操作安全的实验。除此之外，此次教学大纲颁布，加强了实验教学，除了充实学生实验和课堂实验之外，还增加了部分定量实验。在实验功能的问题中，明确实验"能够帮助学生形成化学概念，理解和巩固化学知识；能够培养学生观察现象、分析问题、解决问题的能力"[①]，通过实验教学，可以使学生熟练技能，培养实事求是、严肃认真的科学态度。在学生实验中要求学生实验前要预习实验，实验后有小结、实验报告。

1978 年颁布施行的大纲及教材都代表着国内教材、课程、教育管理的统一和恢复，但由于时间仓促，所以颁布的计划多为过渡性计划，其中不足之处较多。根据当时全国各地使用教材的具体情况，基于一线教师的投稿意见，1980 年开始，国家对教学大纲、教材做了部分修改和删减，适当降低了实验要求。在 1980 年修订的化学教学大纲中，高二的学生实验改动较多，一共安排了 15 个学生实验，对比 1978 年，1980 年大纲删除了 6 个实验，新增加了"原电池金属的电化腐蚀""铝和氢氧化铝的化学性质"两个实验；在实验操作的技能中修改了部分技能的掌握程度，并且删除了"升华"和"目视比色"两个操作技能。

从 1982 年开始，面对国内教学资源、师资配比不均的情况，国内高中化学教材经历了五年制、六年制教材编写，随后改定为甲种本、乙种本。1985 年，全国人民代表大会通过《中华人民共和国义务教育法》。作为过渡，教育部于 1986 年颁布《全日制中学化学教学大纲》，其中，教学目的由之前的强调"双基"走向了注重学生能力培养发展，在教学要求中首次提出"要逐步培养和发展学生的观察能力、思维能力、实验能力和自学能力，重视科学态度和科学方法的教育，培养学生的创新精神，激发学习兴趣"[②]。可以看出，从教学目的和教学要求来看，在"双基"培养机制下，对学生的培养已不再满足于基础知识和基本技能的掌握，转而为上一级的能力培养，在唯物客观的影响下，力求学生具有创新力。大纲除了注重科学方法的训练，还注重科学态度的养成。在实验内容的选择上，以选编有助于理解巩固基础理论、元素化合物知识和学生技能的实验为原则。同时，在大纲教学要求注意问题中，首次提及化学是一门以实验为基础的科学，要关注通过实验培养学生的科学方法和态度。其

---

① 课程教材研究所：《20 世纪中国中小学课程标准·教学大纲汇编：化学卷》，人民教育出版社，2001 年，第 227 页。

② 课程教材研究所：《20 世纪中国中小学课程标准·教学大纲汇编：化学卷》，人民教育出版社，2001 年，第 326 页。

次，化学实验明确划分为演示实验、边讲边实验（随堂实验）和学生实验，要重视学生实验技能的培养，注重安全教育。另外，大纲开始从学科本位转变为关注学生本位，在不影响正常授课环节的基础上，为了便于通过实验培养学生的兴趣和实验技能，在初、高中都添加了选做实验。

从1988年开始，初中化学教学大纲改为《九年制义务教育全日制初级中学化学教学大纲》，其中，1988年颁布初审稿，1992年颁布试用稿。我国义务教育在摸索中前进，对比两次大纲，1992年的大纲除了培养学生的科学态度方法及创新精神之外，还添加了培养学生关心自然、关心社会的情感。可以看出，在注重"双基"后，情感、联系社会与自然也逐步跃入大纲要求中。为响应国家教委提出的"一纲多本"的精神，1988年颁布的《义务教育化学教学大纲》将教学内容分为"化学基本概念原理""元素化合物知识""化学基本计算"和"化学实验"四大块。在化学实验部分，只列出演示实验和学生实验两种；教学要求修改为使用仪器的技能和实验操作的技能[1]。除此之外，对于学生应该掌握的实验知识原理、必须学会的实验方法、实验过程需注意的地方，大纲都有明确标出。教师的演示实验不再为辅助教学，而是要能提升学生从感性的直观思维上升为理性抽象的思维，实验不再是可做可不做，而变成教学活动不可或缺的一部分。

1992年的《九年义务教育全日制初级中学化学教学大纲（试用）》提及了重视学生情感、态度等方面的培养，加强学校实验室的建设，不断充实实验仪器设备，实在做不了的实验可以通过改为微型实验完成教学任务等要求。同期，配合初中化学教学大纲的修订，高中化学教学大纲也做了部分调整，从1990年开始，大纲要求高中化学课程分为必修和选修。1996年颁布的高中教学大纲首次提出要提高全体学生的素质，为此"实验与活动"作为发展学生素质的主要教学活动在教材中进行了科学设计，学生实验增加到61个，在技能层级要求中分为"练习""初步学会"和"学会"三个层级。对学生实验首次提出要能够根据实验课题设计实验方案，依照实验方案进行实验操作，并能通过实验方案分析方案设计的优缺点及改进意见。

在2000年颁布的教学大纲中，初中实验的教学要求分为掌握8种使用仪器的技能和8种实验操作的技能。除此之外，大纲要求学生需了解相关仪器的名称、图形、用途和操作原理，学会用实验方法鉴别部分物质，初步学会观察

---

[1] 课程教材研究所：《20世纪中国中小学课程标准·教学大纲汇编化学卷》，人民教育出版社，2001年，第348～350页。

和记录实验现象，如实填写实验报告，遵守实验室规则等。高中教学大纲从"知识技能、能力方法、情感态度"三个方面规定化学课程目标，体现了时代变化对人才培养的新需求。为此，实验的重要性进一步彰显，课程目标将化学仪器和实验操作的技能分为 a、b、c 三个层级：a 指在教师的指导下，进行实验操作；b 指在教师的指导下，能够正确地进行实验操作；c 指能够独立、正确地进行实验操作[①]。除此之外，在此要求的基础上，还要求学生初步学会根据实验课题设计实验方案，并按照实验方案进行实验操作和小结。

回顾这一时期，受国际科学教育发展学生科学素养的趋势和 STS 理念的影响，化学实验教学从之前培养学生掌握基本实验知识和基本实验技能逐渐向培养学生科学思维和科学态度转变。从义务教育开始，初、高中对化学实验要求有了明确的划分。初中以掌握基本技能、培养科学态度、科学方法为主。而高中的实验要求则更高，需要学生掌握部分复杂技能，如了解仪器名称、图形、用途和操作原理，初步学会绘制简单仪器装置图等；除此之外，还要求学生能够通过实验结果分析实验过程，改进实验方案，对以前化学学生实验"照方抓药"的过程设计进行改进，以便有利于培养学生的科学方法，提高实验能力。此后，受科学教学 STS 理念的影响，化学课程对学生实验能力培育从只重视实验技能到逐渐追求实验思维和方法。从新中国成立前的励精图治、创建科学学科教育，到新中国成立后的自我探索、学科本位，及至改革开放后逐渐以人为本，探寻科学本质的教育，实验要求的变化基本融合了每个时期的育人理念和科学教育的实质。至此，我国中学实验教学体系趋于成熟，实验发展也逐步步入正轨。

2.2.4 自主建构化学教学实验体系阶段

世纪之交，受国际科学教育的影响，化学教育被归入科学教育的范畴。紧跟国际课改局势，我国也不断在化学教育上逐步突破。在第八次课程改革后，受国际科学教育改革的影响，义务教育阶段和普通高中阶段的化学课程标准各颁布两次。教育部于 2001 年颁布《全日制义务教育化学课程标准（实验稿）》，立足于提高学生的科学素养，首次设置探究主题，增设活动探究建议，逐步淡化演示实验和学生实验的界限，让教师通过多层次多角度的教学，使学生能够

---

① 课程教材研究所：《20 世纪中国中小学课程标准·教学大纲汇编：化学卷》，人民教育出版社，2001 年，第 413~414 页。

充分体验化学实验探究过程，发挥实验的教育功能。2012年又颁布了《义务教育化学课程标准（2011年版）》，在课程性质上定义了化学是一门以实验为基础的学科，需要创设以实验为主的科学探究活动，通过化学实验激发化学学习的兴趣和终身学习的意识和能力[1]。课标提倡通过以实验为主的科学探究，培养学生掌握实验技能，设计实验方案，自主完成简单实验的能力。两版课标都将初中阶段化学的课程理念定位为"以提高学生的科学素养为主旨"，明确实验是科学探究的主要方式，知道科学探究可以通过实验、观察等多种手段获取事实和证据，在三维目标中关于实验部分进一步做到总结和细化，旨在培养学生学习化学的兴趣，建立学生科学的物质观，能够让学生关注与化学有关的社会热点问题，增强安全意识，初步形成勤于思考、敢于质疑、严谨求实、乐于实践和善于合作、勇于创新等科学品质；详列学生学习的7个基本实验技能和须做的8个基础学生实验，将实验过程融入科学探究过程并提出相应的要求。

2003年，教育部颁布《普通高中化学课程标准（实验）》，化学实验除了分布于必修一和必修二以外，专门设置《化学实验》选修教材，系统提高学生的实验能力。2018年，教育部颁布《普通高中化学课程标准（2017年版）》，这是在党的十九大提出"立德树人"基础上对前一课标的修改，更具有典型性。2017版课标在课程性质上重新界定了化学学科概念，课程理念变更为"以发展化学学科核心素养为主旨"，提出5个学科核心素养。在必修阶段，设置"化学科学预实验探究"主题，强调化学科学研究中的实证推理的思维方式和实验、假说、模型、比较、分类等方法的运用。每个主题都附有学生必做实验，实验技能较前面各时期要求都更加综合。在选修阶段加入"实验化学"系列，内容更为丰富，分为"基础实验、化学原理探究、化工生产过程模拟实验和STSE综合实验"四个主题，每个主题都力求对学生实验探究能力进行综合培养，引导学生掌握科学探究的一般过程与方法，建立学生解决化学实验问题的特定思路，促进学生动手能力和高阶思维能力的发展[2]。

21世纪以来，国内基础教育得到极大发展，在改革发展的成果之上，本着以人为本的教学理念，化学课程改变化学实验"照方抓药"模式，在规定各学段必做学生实验的基础上，以科学探究作为化学的主要学习方式，强调化学

---

[1] 中华人民共和国教育部：《义务教育化学课程标准（2011年版）》，北京师范大学出版社，2012年，第2页。

[2] 中华人民共和国教育部：《普通高中化学课程标准（2017年版）》，人民教育出版社，2018年，第15页。

实验有利于形成学生的科学本质观和实践、价值观。化学课程实施通过多种手段和途径创设化学教学实验情境，除了传统的课堂演示，加入了手持技术，增强了化学实验定量化和探究化，创新了教学实验模式，使化学教学更加生动有趣。教学实验从训练技能到掌握方法再到培育能力，不断促进学生全面发展，体现了科学教育培养学生全面发展的本质。

2010年1月至2022年6月期间，中国知网上关于化学教学实验方面约1132篇发文量，其发文量年度分布图见2.2.4-1。从图2.2.4-1可知，近十年来化学教学实验研究年发表论文数量总体呈上升趋势。

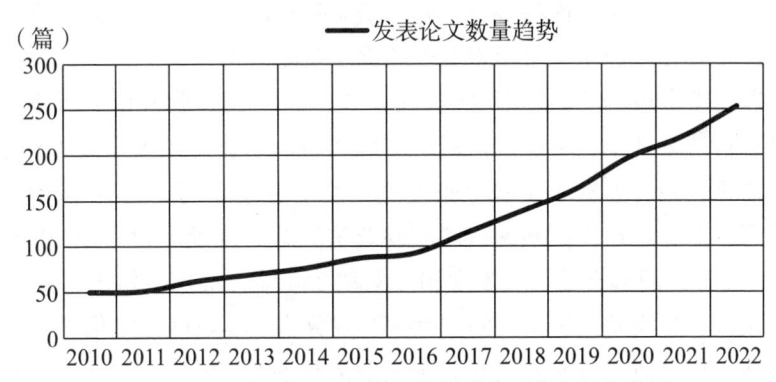

图 2.2.4-1　2010—2022 年化学教学实验发文量变化图

新课程新高考改革下化学工作者对高中化学实验教学改革开展了广泛研究。宋倩雯在《高中化学演示实验教学现状调查与优化策略研究》一文中以156名不同职称的化学教师为研究对象，考察了高中化学实验的发展。值得注意的是，教师进行实验的积极性也得到了提高，有效地促进了高中化学实验课程的开展。此外，该文针对课堂教学中教学理论与实践的冲突、忽视学生实践技能的培养、演示实验效果不佳等相关问题，提出了相应的改进策略，值得广大一线教师借鉴[1]。

卢宏茜在《高中化学实验教学现状及优化对策研究》一文中，以汉中市第八中学师生为研究对象，提出了优化化学实验教学的策略，即重视实验室的配置、提高实验室的利用率、提高化学教师的素养、调整化学实验项目、改进化学实验、改变评价方法等[2]。

---

[1] 宋倩雯：《高中化学演示实验教学现状调查与优化策略研究》，华中师范大学硕士学位论文，2016年，第38页。

[2] 卢宏茜：《高中化学实验教学现状及优化对策研究》，陕西理工大学硕士学位论文，2018年，第23页。

叶红等在《"线上线下"结合的化学实验教学模式改革》中探讨了如何解决教学条件有限的问题，使学生能够更加独立思考，牢固掌握化学知识和实验操作技能[①]。

蔡秀慧、李平对美国洛杉矶及中国天津的数十所中学进行了调研。美国中学的化学课堂是促使学生从小有一个能发现问题，通过实验验证问题的良好思维方法，从小培养学生的创造性和独立发现问题、思考问题、解决问题的科研能力。中国应加强这方面的工作，使更多的学生参加实验课堂的活动[②]。

朱征通过在英国曼彻斯特的一所中学学习、听课、授课，对比了英国与我国中学化学实验教学方面的差异，介绍了实验在英国中学化学教学及评价中的重要地位及其在培养学生科学素养中的重要功能[③]。

随着化学实验的功能逐渐受到重视，学者和一线教师开始全面开发和利用实验来进行课堂教学，主要包括对于实验本身、实验手段及实验方法的改进，利用生活化实验、家庭小实验等来促进学生的化学学习，培养学生的科学素养，等等。例如，在中国知网以"实验改进"等为主题，检索2010年1月至2020年12月期间的文献，可发现相关文献246篇，根据实验内容知识点所属的知识领域，将实验改进研究的文献主要划分为三类，即无机化学实验、有机化学实验、化学概念及原理实验。论文的数量对比如图2.2.4-2所示，相关的实验改进内容如表2.2.4-1所示。

---

① 叶红、何苏萍、陈云等：《"线上线下"结合的化学实验教学模式改革》，载《化学教育（中英文）》，2018年第22期，第37～41页。

② 蔡秀慧、李平：《我国天津和美国洛杉矶中学化学实验教学的调查报告》，载《化学教育》，1995年第6期，第44～46页。

③ 朱征：《英国中学化学实验教学的体会与启发》，载《化学教育》，2014年第15期，第76～80页。

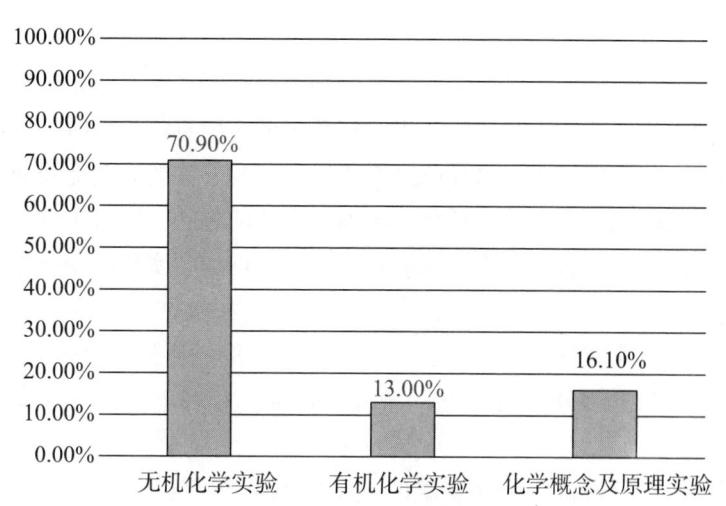

图 2.2.4-2　实验改进论文数量变化对比图

表 2.2.4-1　实验改进内容

类型	实验改进内容
无机化学实验	铜与浓、稀硝酸的反应,喷泉实验,氢氧化亚铁的制备,焰色反应,钠与氧气的反应,钠与水的反应,氯气的制备和性质,吸热反应,氯气的漂白性实验,铝热反应,海带提碘
有机化学实验	乙醇的催化氧化、乙醇与金属钠的反应、石蜡油的分解、脂肪烃的来源及其应用、乙炔的制备与性质实验、卤代烃的消去实验、乙酸乙酯的制备实验、银镜反应、检验淀粉水解的产物、甲烷与氯气的反应、苯的取代反应
化学概念及原理实验	化学反应速率的影响因素、锌铜原电池、铁的吸氧腐蚀反应热的测量、化学平衡的影响因素、氢氧燃料电池、水溶液凝固点、沸点测定实验、丁达尔效应

何艳琼将"铝的化学性质"实验改为"探究镁与铝的金属活动性强弱"。将元素化合物的性质实验以探究的方式进行了实验方法的改进,将复习旧知识改为探索新知,有利于激发学生的学习兴趣,使学生对新知识的记忆更加深刻[①]。

孙晓琴研究了实验装置的微型化改进,将"氯气的制备和性质检验"放在同一装置中完成,既能达到实验目的,使实验操作简便,又能启发学生的实验

---

① 何艳琼:《少数民族中学化学验证性实验改为探究性实验的实践研究》,华中师范大学硕士学位论文,2018年,第40页。

设计思维①。

肖彬将"铜与浓硝酸的反应"在实验装置上进行了改进,在青霉素瓶中放入铜片,利用注射器加入浓硝酸,当红棕色气体充满青霉素瓶时,再用注射器吸出浓硝酸,使反应停止。这样改进既节约了药品,又能有效地控制反应的发生和停止,实验装置也比较生活化,增加了实验的趣味。同时,这一实验采用密闭装置,产生的有害气体不会逸散在空气中,增加了实验的安全性,便于在教学中实施②。

李昕将氢氧化亚铁的实验制备方法进行了改进,用注射器隔绝氧气,使原本极易被氧化的$Fe(OH)_2$在简易的条件下得到,有利于学生对$Fe(OH)_2$性质的深入了解③。

冯雪琦提出了设计生活化实验的五条原则并开发和设计了6个生活化实验,发现这些实验能够提高学生的科学素养以及运用化学知识于实践的能力④。

实验的微型化也是实验研究的重要方面,如王生艳等探讨了微型实验的优点以及在中学化学教学中实施的意义,并提出了微型化学实验的案例⑤。

有学者和教师在实验教学手段方面利用数字化实验促进学生知识的理解,如刘禹利用数字化实验促进学生对于电解质概念的理解。也有研究者对数字化实验进行了改进,如陈秋伶等利用手持技术数字化实验促进学生原电池概念认知,利用ChemLab虚拟化学实验室来进行虚拟实验等⑥。此外,还有实验教学方法上的研究,主要包括设计探究式的实验教学、渗透绿色化学理念教学以及开发趣味性的实验教学等。

综上所述,从1919年起的百多年间我国中学化学实验发展逐渐完善,第一阶段(1919—1948年)是引入西方体系和初步成形期,在实验教学中注重

---

① 孙晓琴:《高中化学教学中微型实验的改进开发与实践研究》,内蒙古师范大学硕士学位论文,2019年,第32页。

② 肖彬:《人教版中学化学教材中部分演示实验的实验探究与教学设计》,湖北师范大学硕士学位论文,2019年,第38页。

③ 李昕:《人教版高中化学演示实验的改进》,东华理工大学硕士学位论文,2018年,第14页。

④ 冯雪琦:《中学生活化学实验开发及教学应用研究》,南京师范大学硕士学位论文,2012年,第18页。

⑤ 王生艳、王升文、杨华:《微型实验在中学化学教学中的应用》,载《中学化学教学参考》,2018年第14期,第36页。

⑥ 陈秋伶、钱扬义、麦裕华:《利用手持技术数字化实验促进学生原电池概念认知——Zn-Cu-稀硫酸原电池与Zn和稀硫酸反应的比较》,载《化学教育(中英文)》,2020年第1期,第67~73页。

学生的实验基本操作，发展动手能力；第二阶段（1949—1977年）是模仿借鉴苏联和体系初创期，注重训练学生的实验技能训练，强化化学基础知识；第三阶段（1978—2000年）进入改革发展期，实验教学开始注重实验思维和方法，发展综合的实验能力；第四阶段（2001年至今），随着国际科学教育改革的发展和我国第八轮基础教育课程改革的实施，我国中学化学课堂教学充分彰显实验教学的核心地位，借鉴国际化学教学实验改革的成果，继承和发扬我国中学化学教材编写和教学实验改革的有效经验，注重实验探究，培育科学的世界观和方法论，逐步建构出适合于中国学生的实验能力发展体系。

第 3 章 中学化学实验设计及教材实验创新改进

化学实验是科学探究的重要途径之一，针对中学化学实验的改进与创新设计是帮助学生认识并体会科学探究的思路与方法，培养创新意识与问题解决能力的重要环节。本章将介绍中学阶段诸多代表性的化学实验如 CO_2 的制取、铜与浓（稀）硝酸反应等 18 个实验，具体内容包括原文重现、存在问题、创新改进和改进意义等；着重突出启迪思维的价值和作用，设计创新性的化学探究性实验激发学生的学习兴趣，也让学生通过科学实验的方式去提高认识、找寻规律和解决问题，培养科学实验思维和能力，更好地满足培养学生的化学学科核心素养的要求。

3.1 铁与水蒸气反应实验改进

3.1.1 原文重现[①]

铁不能与冷、热水反应，但能否与水蒸气反应？

请设计一套简单的实验装置，使还原铁粉与水蒸气反应。这套装置应包括水蒸气发生、水蒸气与铁粉反应、检验产生的气体等部分（也可用干净的细铁丝代替还原铁粉进行实验）。

（1）给你提供 3 支试管、水槽、蒸发皿、胶塞、导管、酒精喷灯及其他必要的仪器和物品，请画出你设计的装置简图。

（2）有人设计了如图 3.1.1-1 所示的装置，用一支稍大一些的试管代替 3

[①] 王后雄、黄郁郁：《人教版化学新课标教科书新增实验的要素分析》，载《化学教育》，2007 年第 4 期，第 13~16+21 页。

支试管就能完成实验,想想其中的原理,你愿不愿意试一试?

(3) 任选一种方案进行实验。

(4) 记录实验现象。

图 3.1.1-1　铁与水蒸气反应的实验装置

3.1.2　存在问题

该实验存在问题:重现性差;容易造成试管炸裂;在加热时低温就开始供水,在反应所需的高温时没有水蒸气供应。针对上述问题,采用不同供水剂的方式来解决。

3.1.3　创新改进

(1) 实验仪器和药品。

高温传感器、低温传感器、数据采集器、电脑、托盘天平、钢锉、酒精灯、带铁夹的铁架台、具支试管、普通试管、脱脂棉、水晶泥、铁粉、Ca(OH)$_2$、CuSO$_4$·5H$_2$O、西红柿、洋葱、CuO。

(2) 实验方法。

基于文献研究的结果[①],将众多的供水剂分成三类:①能吸附水的材料作供水剂,如棉花、水晶泥等,这类供水剂主要依靠材料与水的分子间作用力结合在一起,加热时水较容易释放出来;②用分解释放水的无机材料作供水剂,如 Ca(OH)$_2$ 和 CuSO$_4$·5H$_2$O 等,这类材料由于化学键的存在,需加热到一定的温度发生化学反应才能释放出水;③植物富水材料作供水剂,如西红柿、洋葱等,这类供水剂的水储存在细胞液和维管束等植物组织中,其作用力较

---

① 伏劲松、张艳华、王丽丽等:《对"铁与水蒸气反应"实验中供水剂共性的研究》,载《化学教育(中英文)》,2017 年第 21 期,第 68~72 页。

强,水的释放与前两种材料有区别。每种材料选取两种具有代表性的物质进行实验:棉花和水晶泥、$Ca(OH)_2$ 和 $CuSO_4 \cdot 5H_2O$、西红柿和洋葱。

选择用钢锉去掉底部的具支试管作为实验发生装置,将插有低温传感器的单孔胶塞塞入去掉试管底部的一端;低温探头要插入供水剂与试管接触的界面,用于监测供水剂温度的变化;具支试管口用插有高温探头的橡胶塞塞紧,高温探头插入铁粉中。具支试管的支管朝下有两个作用:一是氢气的出口;二是如果产生较多的水蒸气,冷凝水可以从此处排出。氢气的检验采用还原 CuO 的方式进行。因为这种方式不需要在实验中反复地收集、验纯、点燃等,操作工艺要简单些,同时还原出的铜的亮红色也容易观察。

加热方式,采用酒精灯(带防风罩)加热。供水剂除 $Ca(OH)_2$ 与铁粉混合加热外,其余供水剂距离铁粉 1~2 cm,利用余热对供水剂进行加热。具体的实验装置见图 3.1.3-1。

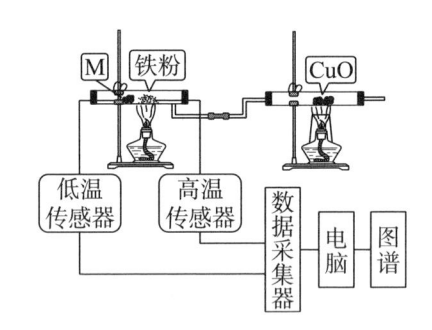

图 3.1.3-1 铁与水蒸气反应实验装置

注:M 为湿棉花、水晶泥、$CuSO_4 \cdot 5H_2O$、西红柿、洋葱等供水剂。

实验现象:吸附水材料供水剂、植物供水剂以及加热分解产生水的供水剂,在温度 100℃时,能明显地观察到铁粉颜色变黑,同时 CuO 的颜色变成砖红色。对于 $Ca(OH)_2$ 类 100℃时不能分解产生水蒸气的物质,观察不到铁粉颜色的变化以及 CuO 颜色的变化。

3.1.4 改进意义

供水剂棉花、水晶泥、$CuSO_4 \cdot 5H_2O$、西红柿和洋葱,在 80~100℃ 之间能够提供稳定的水蒸气,该水蒸气能够与铁粉反应产生 H_2,使得试管中的 CuO 被还原。而在较高温度才分解产生水的物质 $Ca(OH)_2$ 不能在 80~100℃ 产生稳定的水蒸气,导致实验失败。因此供水剂的共性表现为:在 80~100℃ 能产生稳定的水蒸气。

该改进实验为铁与水蒸气反应提供了更广的供水剂物质选择范围,为教材实验的有效开展提供了更多选择。

3.2 铜与浓、稀硝酸演示实验的改进

3.2.1 原文重现[①]

在橡胶塞侧面挖一个凹槽,并嵌入下端卷成螺旋状的铜丝。向两支具支试管中分别加入 2 mL 浓硝酸和稀硝酸,用橡胶塞塞住试管口,使铜丝与硝酸接触,观察并比较实验现象,如图 3.2.1-1 所示。

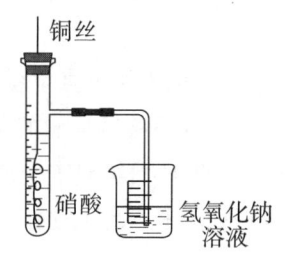

图 3.2.1-1 铜与浓、稀硝酸反应

3.2.2 存在问题

该实验上下移动铜丝可以控制反应的进程,既可节约药品又可提高实验的安全性,NaOH 溶液可以吸收产生的氮氧化合物,如 NO_2 等。

但实验仍然存在一些不足:①存在有毒气体逸散的风险,不能体现绿色化学的实验思想。首先,抽动铜丝可能导致反应装置的气密性不好;其次,虽然铜与浓硝酸反应产生的 NO_2 溶于 NaOH,但铜与稀硝酸反应产生的 NO 并不溶于 NaOH,容易逸出液面,造成空气污染。②只能通过铜与浓、稀硝酸反应分别制得 NO 与 NO_2,不便进行 NO 与 NO_2 相互转化实验。

[①] 殷小茹、陈泽慧、马镜等:《铜与浓、稀硝酸反应一体化实验的改进》,载《教育与装备研究》,2022 年第 5 期,第 52~55 页。

3.2.3 创新改进①

针对教材实验的缺陷，采用袋式输液器代替原教材实验装置。

(1) 实验用品。

①实验药品：铜丝、浓硝酸、稀硝酸、氢氧化钠溶液。

②实验仪器：袋式输液器、5 mL 与 50 mL 注射器各一个、1000 mL 与 500 mL 烧杯各一个、铁架台。

(2) 实验装置说明。

将两根铜丝从输液袋上端塞入袋式输液器中，将袋式输液器挂在铁架台上，如图 3.2.3-1 所示。并将袋式输液器的上下两个阀门关闭，输液器下端软管裁剪到合适长度后，通入装有 NaOH 溶液的大烧杯中。

(3) 实验步骤和现象。

①用 50 mL 的注射器将输液器抽为接近真空状态。

②用 5 mL 的注射器抽取适量浓硝酸后从输液器的上端橡胶塞口处缓慢注入浓硝酸，如图 3.2.3-2 所示。此时铜丝遇浓硝酸后迅速反应，铜丝表面有气泡产生，溶液变为绿色，输液袋中有红棕色气体生成，说明反应生成了 NO_2 和 Cu^{2+}。

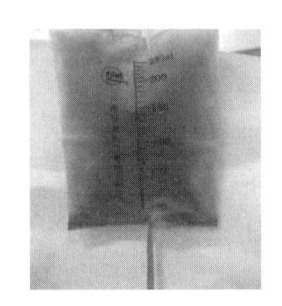

图 3.2.3-1 反应装置   图 3.2.3-2 Cu 与硝酸反应现象

③输液器开始膨胀，待收集到一定量的气体后，打开输液器下端的阀门，将输液袋中的液体排出，通入 NaOH 溶液中，待溶液基本排出时及时关闭阀门。

④用 50 mL 注射器抽取适量的水，从输液器上端橡胶塞口处注入，轻轻

---

① 张梦烨：《用袋式输液器改进铜与浓（稀）硝酸反应的创新实验》，载《新课程导学》，2022 年第 8 期，第 68~69 页。

晃动挤压输液袋中的水，注意输液器的下端软管不要移出烧杯，以避免软管上的 NaOH 溶液溅出。此时输液袋中的红棕色气体变为无色，说明 NO_2 能溶于水。由于实验前输液器处于近真空状态，并且此时输液器中也无 NO_2，但输液袋依然膨胀着，并没有完全被水填充，说明此时输液袋中存在着一种不溶于水的无色气体。

⑤用 50 mL 注射器从输液器中抽取 10 mL 的气体后拔出，显示为某种无色气体，再抽适量的空气，针筒中无色的气体立刻变为红棕色，如图 3.2.3-3，说明 NO_2 与水反应后生成的无色气体为 NO。

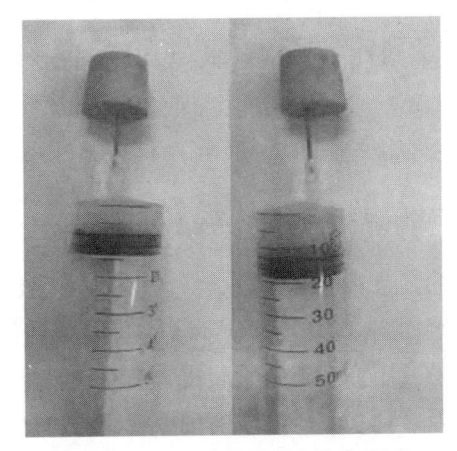

图 3.2.3-3　产物及其与氧气反应

⑥将针筒中的气体与输液器中的溶液缓慢排入 NaOH 溶液中，再在输液器中注入适量空气和 NaOH 溶液来吸收尾气后排出，最后用适量水洗涤输液器（输液器可以多次重复利用）。

此装置也可用于探究铜和稀硝酸的实验，将步骤②中的浓硝酸换成稀硝酸，可观察到铜丝表面有气泡产生。与铜和浓硝酸的反应相比较，铜与稀硝酸的反应明显缓慢了许多，并且能观察到产生的气体为无色。由于袋式输液器具有良好的耐热耐腐蚀性，必要情况也可将装置的输液袋置于水浴中以加快铜和稀硝酸的反应速率。

3.2.4　改进意义

整个实验装置简单、可操作性强，安全性高，不仅能控制反应进程，实验现象也更为直观。利用生活中的袋式输液器学习铜与浓、稀硝酸的化学反应，让学生通过该实验体会化学与实际生活之间的联系，可激发学生的创新能力和

学习兴趣。

该实验能够简便地实现真空环境，排除空气对实验的干扰，并可以在"零排放"的条件下完成实验操作，试管中的 NO、NO_2 全部被 NaOH 溶液吸收，不会对环境造成污染，可发展学生的"绿色化学"理念，树立安全意识和环保意识。

此实验过程实现硝酸与氮氧化物转化的整合，也为学生对含氮化合物的循环认识提供了比较完整的实验事实依据。

3.3 "暖宝宝"测定空气中氧气的含量的实验改进

3.3.1 原文重现[①]

测定空气中氧气的含量实验是人教版（2012）九年级化学上册第二单元课题 1 的实验，实验装置如图 3.3.1-1 所示。在集气瓶内加入少量水，并将水面上方空间分为 5 等份。用弹簧夹夹紧胶皮管。点燃燃烧匙内的红磷后，立即伸入瓶中并把塞子塞紧，观察红磷燃烧的现象。待红磷燃灭并冷却后，打开弹簧夹，观察实验现象及水面的变化情况。

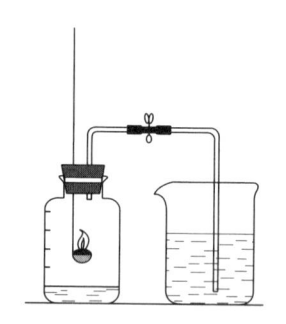

图 3.3.1-1 测定空气中氧气的含量

实验"测定空气中氧气的含量"是定量研究空气组成的一个基本实验，这个实验对于认识空气的组成起着重要的作用，同时也是初中阶段第一次通过定量的方法来研究物质的组成，为培养学生定量研究的化学思维打下基础。

[①] 胡尚生、赵玉珍：《认知心理编码对化学实验优化的启示》，载《中学化学教学参考》，2018 年第 1 期，第 31～33 页。

3.3.2 存在问题

利用红磷消耗反应器中的氧气，使得密闭装置内气体体积减小，减少的体积就是氧气的体积。从设计原理上是没有问题的，但在实验操作中存在红磷燃烧过程中产生大量的热，使得密闭反应容器中的剩余气体体积膨胀，增大密闭容器内的压强，增大的压强增加实验的危险性，同时气压过大容易造成气体泄漏，气体泄漏后，减少的体积远远大于实际氧气的体积，使得实验误差增大。

3.3.3 创新改进[①]

利用缓慢氧化，一方面避免放热导致密闭容器压强过大造成的气体泄漏；另一方面有利于空气中的氧气被消耗殆尽，使得氧气的体积能准确测量。采用生活中"暖宝宝"里的还原铁粉作为实验药品，借助铁的吸氧腐蚀消耗空气中的氧气，从而进行测定。

（1）实验1。

①取一支 50 mL 容积的注射器，拔去注射器前端的针头，连接一段"静脉输液器"中的输液管作为导管，如图 3.3.3-1 所示。

图 3.3.3-1 空气中氧气含量测定的实验装置

②连接装置后，添加药品前先检查装置的气密性。请思考如何检查该装置的气密性。

③现象：＿＿＿＿＿＿＿＿＿＿＿＿＿＿＿＿＿＿＿＿＿＿＿＿＿＿＿＿

结论：该装置的气密性好。

④实验时，向注射器中加入少量"暖宝宝"中的还原铁粉等药品，插入活

[①] 俞佳、曲喜欢：《利用生活用品测定空气中氧气的含量》，载《实验教学与仪器》，2018年第10期，第36～37页。

塞并推至 50 mL 刻度处,用一夹子夹住注射器前端导管,形成密闭环境。

⑤氧气不断地被消耗,压强降低,活塞自动缓慢推进。经多次平行实验,3~4 min 后注射器活塞最终均能停留在_____mL 刻度处。

数据处理:氧气在空气中的体积分数=_____(详细计算过程)。

实验现象:反应结束后的实验结果如图 3.3.3-2 和图 3.3.3-3 所示,注射器活塞向内移动了 2 mL,占总体积 10 mL 的 1/5。

图 3.3.3-2 加入铁粉后的实验现象　　图 3.3.3-3 反应完成后的实验现象

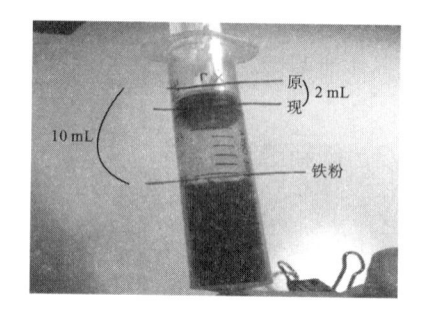

(2) 实验 2。

①准备两支 30 mL 的注射器,先测量一下 30 mL 注射器的整个容积是_____mL(请思考一下如何测出该注射器的容积)。

②拔去两支注射器前端针头与后端活塞,用输液器导管连接,形成如图 3.3.3-4 所示的 U 形管装置,并加水至刻度线 10 mL 处。

问题:如何知道该装置是否漏气?

_____

③实验时,往一小气球中装入铁粉,尽量装满,并将小气球套在一支注射器上,使左边注射器形成密闭体系。经事先测量,30 mL 注射器的整个容积其实为_____mL,左边注射器扣除 10 mL 水,反应的空气总体积为_____mL。

④随着反应的进行,左右两端的液面发生变化。当实验结束且小气球里的铁粉冷却到室温时,移动右边注射器,将两端液齐平读取数据,便能测得左边注射器的读数_____mL。

数据处理:氧气在空气中的体积分数=_____(详细计算过程)。

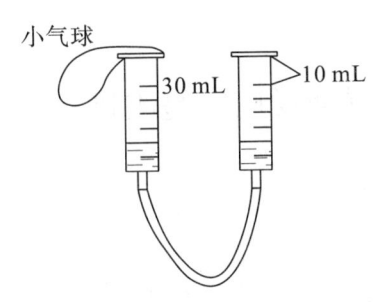

图 3.3.3－4　双注射器测量空气中氧气含量的实验装置

实验现象：反应装置的气密性检验良好，如图 3.3.3－5 所示；反应实验完成后，联通大气一侧的液体下降体积占总体积的 1/5，如图 3.3.3－6 所示。

图 3.3.3－5　装置气密性检验　　　图 3.3.3－6　反应完全后的实验现象

3.3.4　改进意义

方案改进后，实验的安全性得到了极大的提高，学生动手做实验的热情高涨，在实验的过程中，学生克服了许多操作中的困难。由于静脉输液管受国家管控，市面上很难买到，因此学生采用热熔胶、保鲜膜、橡皮擦封住针孔等办法来解决。对于想挑战自我的学生选择实验 2，无论是原理还是操作都是有难度的。但当这些学生成功后，他们在给全班同学分享和汇报实验过程、数据处理以及如何解决困难最终收获成功时，能感受到他们的喜悦不仅仅来自实验的成功，更是来自挑战自我、战胜困难的自豪。

3.4　Zn 与 FeSO$_4$ 置换反应实验改进

3.4.1　原文重现[①]

把一根用砂纸打磨过的条状锌片浸入硫酸亚铁溶液中，过一会儿取出，观察（如图 3.4.1-1 所示），有什么现象发生？

把一根洁净的铜丝浸入硝酸银溶液中，过一会儿取出，观察（如图 3.4.1-2 所示），有什么现象发生？

把另一根洁净的铜丝浸入硫酸铝溶液中，过一会儿取出，观察，有什么现象发生？

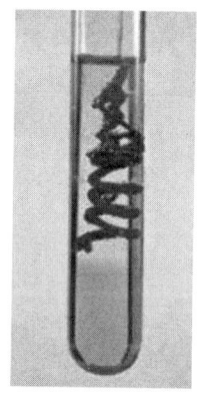

图 3.4.1-1　锌与硫酸亚铁溶液的反应现象　　图 3.4.1-2　铜与硝酸银溶液的反应现象

3.4.2　存在问题

人教版初中化学教材金属活动性顺序表的教学强调 Zn 能从 Fe^{2+} 的溶液中置换出 Fe。但教师演示实验时发现，将 Zn 片插入 Fe^{2+} 溶液中，产生大量气泡成了主要实验现象，以至于一部分教师认为 Zn 不能置换出 Fe^{2+} 溶液中的 Fe，给教师的课堂教学带来困惑。对一线教师及教研员进行访谈，发现大家

---

①　吴丽：《创设多元实验活动，提升学生核心素养》，载《学苑教育》，2022 年第 24 期，第 65 页。

都知道大量气泡产生的事实,并且都很习惯了这种情况,因此在教学该部分内容时教师直接用口头讲述来代替演示实验,给出直接的结论。

3.4.3 创新改进

在 $FeSO_4$ 溶液浓度为 0.54 mol/L、pH=3.58,Fe^{3+} 的浓度在 KSCN 检测不出的条件下,可以观察到 Zn 置换出的黑色 Fe 附着在 Zn 的表面,同时观察不到气泡的产生,具有更佳的演示实验效果。对置换出的 Fe 的检验采取直观观察黑色物质和采用磁铁吸引相结合的方法,在实验前对实验材料 Zn 用磁铁吸引以检验 Zn 片是否被 Fe 污染。实验结果如图 3.4.3-1 所示[①]。

磁铁间接吸引　　磁铁直接吸引　　黑色物质

图 3.4.3-1　Zn 置换出 $FeSO_4$ 中的 Fe 的实验现象

3.4.4 改进意义

该演示实验能明显地观察到反应置换出的 Fe 的存在,同时看不到气泡的产生,有利于教师进行该实验的演示,帮助学生进行金属间置换反应概念的建构;金属间置换反应时,时常伴有大量气泡的产生,针对其他金属间的置换反应仍然可以采取该方法进行实验条件的优化,使得产生气泡的实验现象得到有效的抑制,从而有利于课堂教学实验的演示。优化后的演示实验条件,解决了教师在化学课堂中遇到的困惑,同时也有利于学生对置换反应概念的学习。

---

① 蒋大川、邓逸晨、苏林等:《探究锌与硫酸亚铁置换反应中无气泡产生的演示实验方案》,载《化学教育(中英文)》,2023 年第 7 期,第 106~107 页。

3.5 证明二氧化碳与氢氧化钠发生了反应实验改进

3.5.1 存在问题

由于二氧化碳与氢氧化钠溶液的反应没有伴随明显的实验现象,因此教科书上只是给出有关的化学方程式,没有设计有关的化学实验。

3.5.2 创新改进

针对二氧化碳与氢氧化钠是否发生反应,设计了课堂实验"二氧化碳的性质探究问题的实验改进"。

(1) 方案一:瘦身塑料瓶(实验装置如图 3.5.2-1 所示)。

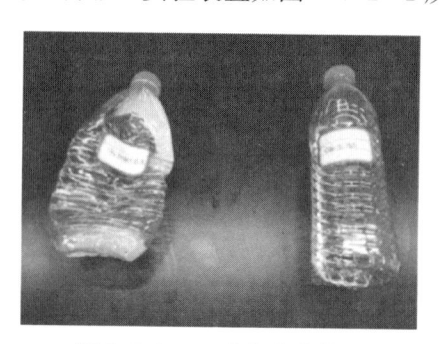

图 3.5.2-1 瘦身实验装置

①取两个大小相等的软塑料瓶,分别收集满二氧化碳气体。
②快速向其中一瓶中倒入一定量的氢氧化钠溶液,向另一瓶中倒入等体积的水,盖住瓶盖,振荡。

(2) 方案二:变形的气球(实验装置如图 3.5.2-2 所示)。
①用大小相等的两个锥形瓶分别收集满二氧化碳气体,用带玻璃管的橡胶塞塞紧瓶口。
②将两个分别装入等体积的氢氧化钠溶液和水的小气球套在玻璃管的另一端。
③将气球中的液体同时倒入锥形瓶中。

图 3.5.2－2　变形实验装置

（3）方案三：分离的曲线（实验装置如图 3.5.2－3 所示）。

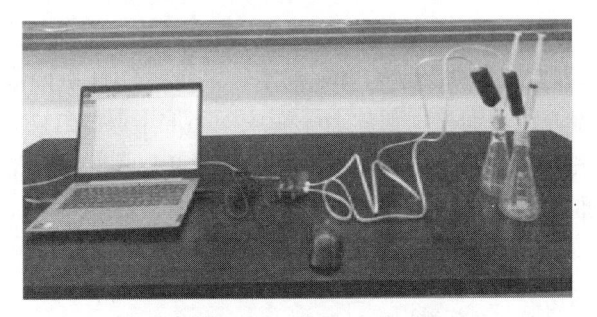

图 3.5.2－3　数字化实验装置

①用两个注射器分别吸入等体积的氢氧化钠溶液和水。
②将注射器和压强传感器固定在橡胶塞上。
③用大小相等的两个锥形瓶分别收集满二氧化碳气体，用固定好装置的橡胶塞塞紧瓶口。
④连接好数字化仪器，开始记录数据。
⑤同时将两个注射器内的液体快速注入锥形瓶中。

3.5.3　改进意义

本实验所用的器材简单，选用的矿泉水瓶方便易得；实验操作简单易行，现象明显，实用性强，便于推广应用。

综上所述，我们需要在课堂上加强培养学生的综合能力，并在实验探究、深度体验过程中，多观察、归纳和反思，从而更好地提高学生化学学习水平。鼓励学生设计，特别是在初始阶段，学生应明确实验设计的意义，以提高实验的能力。数字化实验是当下考试的一个热点，将传统实验与数字化实现相结

合，既能让学生感受到传统实验的魅力，也能体会到数字化实验的严谨，学生以后在面对类似的科学探究题时，才能有理有据，从容应对。通过严谨的实验防范，强化了控制变量法在科学学科教学中的重要作用。

3.6 燃烧条件的实验改进

3.6.1 原文重现

探究物质燃烧的条件是人教版（2012）九年级化学上册第七单元课题1的实验：在 500 mL 烧杯中加入 400 mL 热水，并放入用硬纸圈圈住的一小块白磷。在烧杯上盖一片薄铜片，铜片上一端放一小堆干燥的红磷，另一端放一小块已用滤纸吸去表面上水的白磷所示（如图 3.6.1-1），观察现象。

用导管对准上述烧杯中的白磷，通入少量氧气（或空气，如图 3.6.1-2），观察现象。

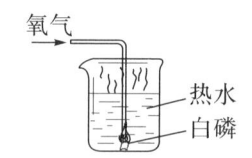

图 3.6.1-1　白磷燃烧实验　　图 3.6.1-2　水中白磷通入氧气的燃烧实验

3.6.2 存在问题

该实验由于磷燃烧会生成大量的 P_2O_5 细小固体，可以看到大量的白烟产生。要求实验教师在有通风橱或者抽风设备的条件下进行，如果条件不具备，可以直接观看实验录像。在中学实际教学中，很难在实验室的通风橱中进行该实验，而如果直接看实验视频，学生的直观感觉不深刻，对问题的理解有一定困难。

在实际教学中，往往会直接在教室里做该实验，选择在 Cu 片上放少量的白磷，同时白磷与红磷之间的距离尽可能远。存在的问题是由于铜片是良好的导热体，常常使白磷燃烧产生的热传递给红磷使得旁边的红磷，温度也达到着火点，从而引发燃烧。这种情况不能很好地向学生阐释燃烧的条件，同时造成大量的白烟逸散到空气中，对环境污染较大。由于磷燃烧很剧烈，也具有一定的安全隐患。

另外，燃烧的条件有三个（可燃物、氧气或空气、温度达到着火点），但本实验只探究了燃烧是否需要氧气或温度是否需要达到着火点，并没有探究可燃物的问题。

3.6.3 创新改进

针对上述问题，结合实际教学情况，同时保证演示实验效果，减少环境污染，可采用以下实验方案进行实验。

（1）改进实验方案一。

取四支试管。1号试管装白磷，系气球；2号试管装红磷，系气球；3号试管装大理石；4号试管装少许水，放入白磷，然后通入氧气。将试管均放入装有用80℃热水的烧杯中，观看现象。实验装置如图3.6.3-1所示，实验现象如图3.6.3-2所示。

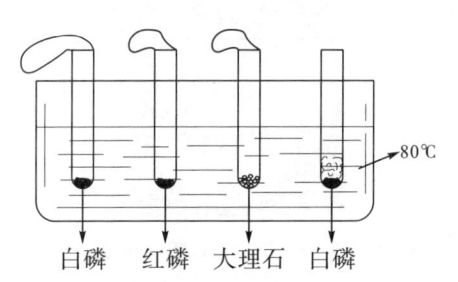

图3.6.3-1 燃烧条件改进实验装置

图3.6.3-2 燃烧条件改进实验现象

实验现象：1号试管白磷燃烧，产生大量白烟。2号、3号、4号试管均无明显变化。4号试管通入氧气后，白磷燃烧。将2号试管和3号试管在酒精灯

上加热，2号试管中红磷燃烧，3号试管中大理石不燃烧。

该改进方案将所有装有白磷或者红磷的试管放入同一温度的水域中，能够有效地呈现温度达到着火点条件的重要性；不用铜片而是采用玻璃试管，有效地解决了白磷燃烧时产生的热传递给红磷使得红磷也达到着火点，从而干扰实验的事情发生；采用能够燃烧的试管套气球的办法能够有效地解决产生的 P_2O_5 逸散在空气中的问题；引入 $CaCO_3$ 能够有效地说明是可燃物的燃烧实验条件。2号升温燃烧，进一步佐证温度达到着火点的重要性，4号通氧气燃烧佐证氧气是燃烧的条件之一。

（2）改进实验方案二。

实验过程：在 500 mL 烧杯中加入 200 mL 热水，并在烧杯底部放一粒绿豆大小的白磷。在两个细口瓶中分别加入少量红磷和少量已用滤纸吸去表面水的白磷，瓶口都套上气球，同时放入 60℃ 热水中，看白磷和红磷会不会燃烧（图 3.6.3－3）。将热水倒出一部分至刚好没过水中白磷，用一支空的试管罩住水中的白磷（图 3.6.3－4），观察现象。

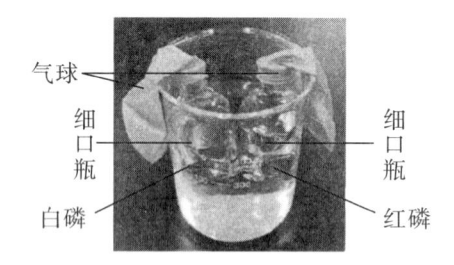

图 3.6.3－3　白磷、红磷燃烧实验条件实验

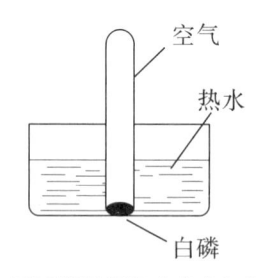

图 3.6.3－4　用试管通氧气或者空气与热水中的白磷

实验现象：图 3.6.3－3 装置中烧杯中的白磷并未燃烧，细口瓶中的白磷燃烧，红磷未燃烧，升高温度细口瓶中的红磷燃烧；图 3.6.3－4 中之前不燃烧的白磷再通入氧气或者空气后重新燃烧。

3.6.4 改进意义

通过改进实验，白磷燃烧都是在密闭环境中进行，有效防止了白烟逸出，保护了环境。细口瓶中的白磷与热水距离更近，传热更快，加热效果更好，节约了时间。白磷和红磷分别装在两个细口瓶中，避免了白磷燃烧对红磷的影响。热水需求量减少，节约了资源和能源。不需要向热水中的白磷通氧气或空气，操作更加简便，现象也更明显。能很好地探究燃烧需要满足的相关条件，现象明显，污染小，效果非常不错。

3.7 硫在氧气中燃烧实验

3.7.1 原文重现

在燃烧匙里放少量硫，加热，直到发生燃烧，观察硫在空气里燃烧时发生的现象。然后把盛有燃着的硫的燃烧匙伸进充满氧气的集气瓶里（如图3.7.1－1），再观察硫在氧气里燃烧时发生的现象。比较硫在空气里和在氧气里燃烧有什么不同[①]。

图 3.7.1－1 硫分别在空气和氧气里燃烧

[①] 刘永霜：《人教版九年级化学实验编排"瑕疵"探析》，载《实验教学与仪器》，2011年第1期，第59页。

3.7.2 存在问题

硫在空气或氧气中燃烧时产生的 SO_2，在教室有限的空间内会使空气中 SO_2 的含量升高到人体呼吸能感受到不愉快的浓度。同时该实验承载信息单一，不利于学生综合能力的培养。

3.7.3 创新改进

（1）实验改进方案一。

采用碱液饱和的棉花堵塞反应瓶口，吸收硫燃烧后生成的 SO_2。

硫燃烧的产物 SO_2 属于有毒有害气体，可利用化学反应将其吸收，可选 NaOH 溶液进行吸收。

在实验操作过程中，先将燃烧匙中的硫粉在瓶外点燃，观察硫在空气中燃烧的现象：发出淡蓝色火焰，生成有刺激性气味的气体，直观感受其火焰颜色和生成物气味之后，再用碱液吸收，可参照图 3.7.3-1 所示装置进行实验，既不削弱学生的实验体验，又可减少有害气体的逸散，顺势进行安全环保教育，也可根据学情适当拓展 SO_2 与碱溶液的反应。

图 3.7.3-1 硫在氧气中燃烧实验

（2）实验改进方案二。

设计综合实验，将硫燃烧后生成的 SO_2 在同一反应系统中消耗掉，即将实验与后面酸雨的形成和危害的模拟实验同时完成。排水法收集一瓶氧气（瓶底留少量水），将废旧电池的金属片、少量鸡蛋壳和一片新鲜的树叶放入瓶底。橡胶塞上插入一个燃烧匙，燃烧匙内放少量硫粉，燃烧匙底端黏一张用水润湿的滤纸条，点燃硫，塞紧瓶塞，如图 3.7.3-2 所示。

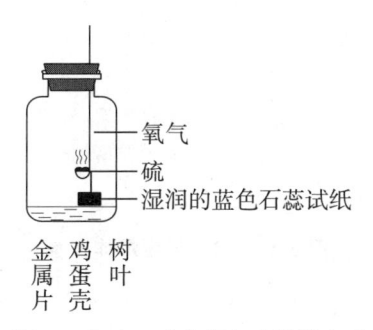

图 3.7.3-2　硫在氧气中燃烧实验

观察硫燃烧的现象，与在空气中燃烧的火焰颜色进行对比。待熄灭后振荡，可以观察到试纸变红，说明 SO_2 溶于水并生成了酸性物质。同时还看到废旧电池金属片和鸡蛋壳表面都有少量气泡冒出，树叶变黄，均可说明酸雨具有一定的酸性和腐蚀性。

3.7.4　改进意义

该实验由多个实验组成，既观察到了硫在氧气中燃烧的现象，验证了氧气的性质，又利用了生活中的一些常见物品模拟酸雨实验，培养和提高学生的环保理念，使其亲身感受到酸雨的危害（破坏森林、农作物，腐蚀雕像建筑），同时也能减少实验中二氧化硫对空气的污染。

3.8　粉尘爆炸的实验改进

3.8.1　原文重现

实验装置图 3.8.1-1 Ⅰ 所示，剪去空金属罐和小塑料瓶的上部，并在金属罐和小塑料瓶的底侧各打一个比胶皮管外径略小的小孔。连接好装置，在小塑料瓶中放入干燥的面粉，点燃蜡烛，用塑料盖盖住罐口（如图 3.8.1-1 Ⅱ 所示）。从胶皮管一端快速鼓入大量的空气（人距离该装置远些），使面粉充满罐，观察现象并分析原因。

剪去

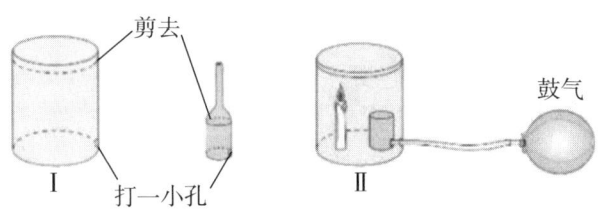

鼓气

I　打一小孔　II

图 3.8.1－1　粉尘爆炸实验

3.8.2　存在问题

原实验用面粉产生爆炸现象，为了说明可以燃烧的面粉等物质与空气混合，可能发生爆炸，且可燃性物质与 O_2 的混合越充分，发生的反应就越激烈。调查发现，按教材的设计做该实验，成功率极低，教师都反映这是九年级化学"最难做的实验之一"。装置的制作过程比较麻烦，金属罐不透明，学生不能观察罐内面粉燃烧和爆炸的过程。

3.8.3　创新改进

（1）实验用品：大玻璃罐子（如蜂蜜罐子）、硬纸片、纱布、透明胶、火柴、生粉、蜡烛。

（2）该实验的实验装置如图 3.8.3－1 所示。

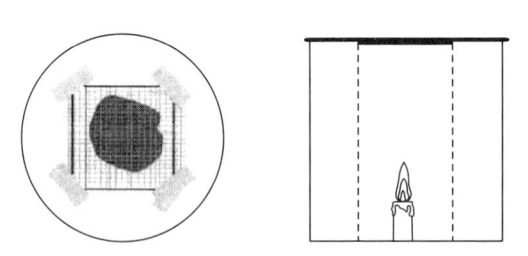

图 3.8.3－1　"粉尘爆炸"实验改进装置

（3）实验过程。

剪一块正方形硬纸片，大小恰好能放进罐子盖内，再剪一块面积为硬纸片两倍的长方形纱布。将纱布对折放在硬纸片上，掀起纱布一边，将 3 药匙干燥面粉均匀铺在下层纱布上，再用透明胶将硬纸片连同纱布一起（纱布朝上）黏在罐子盖内（为产生粉尘时用），如图 3.8.3－1（左）所示。将蜡烛用蜡油固定在罐子底部的中间位置，点燃蜡烛后，迅速盖上装有面粉的盖子，如图 3.8.3-1（右）所示，并迅速敲打盖子，使面粉落下，观察现象。

3.8.4 改进意义

与教材实验相比，改进后的实验成功率大大提高，且装一次面粉一般可成功进行 2~3 次实验，重现性强，使学生印象更加深刻。装置制作过程和操作都很简单。

3.9 灭火器原理实验改进

3.9.1 原文重现

根据人教版（2012）九年级化学上册第七单元课题 1 的实验灭火原理及上述活动Ⅲ所利用的化学反应原理，可以设计一种灭火器，图 3.9.1-1 显示了这种灭火器的原理。

图 3.9.1-1 灭火器原理实验装置

3.9.2 存在问题

教师在做这个实验时易出现橡皮塞冲出、小试管在锥形瓶中不固定易破损、漏液等现象，并且喷射水柱不稳定、方向易变，容易产生"意外"。

3.9.3 创新改进

综上问题，进行如图 3.9.3-1 所示实验改进。本实验药品易得，装置简单，可寻找生活中常见物品替代，自制家用灭火器，利于学生将课本知识学以

致用，提高学习兴趣。与教材实验相比，本实验的药品和装置更简单，并且触发装置更稳定，能达到随用随开的效果。

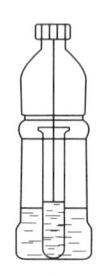

图 3.9.3-1　灭火器实验改进装置

实验过程：

（1）寻找生活中常用品替代实验仪器和药品。盐酸可以用食醋代替，碳酸钠用食用碱或小苏打代替，锥形瓶用矿泉水瓶代替，出气口用打了孔的瓶盖代替。

（2）组装装置。

（3）试验自制灭火器。倒置塑料瓶，食用碱和白醋接触，发生反应（如图 3.9.3-2 所示），迅速产生大量二氧化碳气体，压强迅速增大，泡沫喷出灭火（如图 3.9.3-3 所示）。

图 3.9.3-2　药品混合　　　　**图 3.9.3-3　灭火**

3.9.4　改进意义

改进实验相较于教材实验，操作简单，可以有效防止"误触"触发反应；切近生活，原料易得；能让学生学以致用，提升学生学习兴趣。

3.10 催化剂的再探究系列生活化实验改进

3.10.1 原文重现[①]

人教版教材中关于《探究过氧化氢制取氧气中二氧化锰的作用》的探究设计如下：

（1）MnO_2 催化作用实验。

①在试管中加入 5 mL 5% H_2O_2 溶液，把带火星的木条伸入试管，观察现象。

②在上述试管中加入少量二氧化锰，把带火星的木条伸入试管，观察现象。

③待上述试管中没有现象发生时，重新加入过氧化氢溶液，并把带火星的木条伸入试管，观察现象。待试管中又没有现象发生时，再重复上述操作，观察现象。实验装置如图 3.10.1－1 所示。

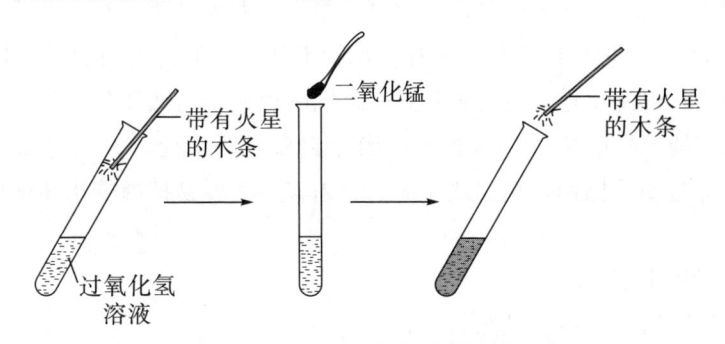

图 3.10.1－1　过氧化氢分解实验示意

（2）分析与讨论。

①在实验①和②中木条是否复燃？发生这种现象的原因可能是什么？

②在实验③的重复实验中，反应后二氧化锰有无变化？

③综合分析实验①～③中所观察到的现象，你认为二氧化锰在过氧化氢分解的反应中起了什么作用？

---

① 刘静：《浅谈化学探究实验能力的高效培养——以"催化剂"为例》，载《化学教与学》，2015 年第 4 期，第 22~23 页。

3.10.2 存在问题

上述实验内容能够很好地支持催化剂概念中的催化剂改变化学反应速度、反应前后催化剂的化学性质不发生改变的概念核心内涵，但是该实验不能很好地支持催化剂概念中的反应前后催化剂的质量不发生改变的概念核心内涵。教材采用描述性的语言进行直接阐述，"如果利用精密的仪器称量干燥后的二氧化锰，其质量也不会改变"。这在实际的实验中很难做到，其原因在于：一是粉末状的 MnO_2 在与液体分离的时候会有质量损失；二是学生分离 MnO_2 进行干燥在中学化学实验室也很难做到；三是学生也很难依据反应前后体积或者其他直观感受来感知质量没变的事实。同时 MnO_2 这种无机物在日常生活中不常见，远离学生的生活实际。

3.10.3 创新改进

基于上述问题，查阅文献后发现，一些生物酶和猪肝也有可能对 H_2O_2 分解起到催化作用，尤其是植物例如土豆、水果等的根、茎、叶、果实等。药店可以买到 H_2O_2。块状的猪肝、植物等比粉末状的二氧化锰更容易依据反应前后的体积变化得到质量不变的直观感受，同时也便于与液体分离和称量。除此之外，用细线拴住的猪肝块或植物，操作起来方便快捷，大大提高了实验效率。学生通过动手操作，真实地完成实验内容，很容易把握催化剂概念的三个核心内涵。

实验过程主要包括：

（1）实验器材准备，见图 3.10.3－1。
（2）催化 H_2O_2 分解，见图 3.10.3－2～图 3.10.3－5。
（3）称量反应前后催化剂质量，见图 3.10.3－6。

图 3.10.3－1 实验器材准备

图 3.10.3－2 土豆丝催化 H_2O_2 分解

图 3.10.3－3 土豆片催化 H_2O_2 分解

第 3 章　中学化学实验设计及教材实验创新改进

图 3.10.3－4　苹果块催化 H_2O_2 分解

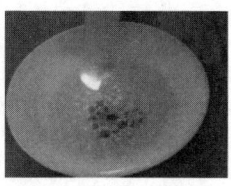

图 3.10.3－5　猪肝催化 H_2O_2 分解

图 3.10.3－6　称催化剂反应前后猪肝的质量

实验现象：土豆丝、苹果块以及猪肝都能催化 H_2O_2 分解，产生的 O_2 能使带火星的木条复燃，同时土豆丝、苹果块以及猪肝在反应前后体积大小并未发生改变。使用土豆片能够看到 H_2O_2 分解冒泡速度加快，但不能使带火星的木条复燃；称量反应前后猪肝的质量均为 0.010 g，反应前后猪肝的质量没有发生变化。

在真实的探究过程中学生还有许多额外的收获。土豆片加入 H_2O_2 中带火星的木条不能复燃，但土豆丝代替土豆片，带火星的木条复燃了。由此学生得出催化剂在反应的过程中参与了反应，土豆片催化 H_2O_2 分解带火星的木条未见复燃表明分解速度慢，土豆丝催化 H_2O_2 分解却能使带火星的木条复燃表明分解速度快。学生同时得出另一个结论，固、液两相反应，固体与液体接触面的大小也影响催化剂的催化速率。

在学生通过实验获得的基本认知的基础上，教师引导学生对实验装置进行改进，改进后的实验装置在单位时间内的体积变化，能使学生直观地感知到 H_2O_2 分解产生 O_2 速度的快慢。其装置见图 3.10.3－7[①]。该装置可用于"比较不同催化剂对过氧化氢分解的催化效果"及"探究影响催化剂催化效果的因素"。

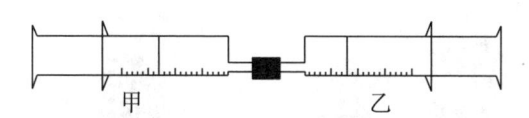

图 3.10.3－7　"催化剂再探究"改进装置

3.10.4　改进意义

改进后的实验能够承载更多的化学信息，能够从反应前后催化剂的体积大

[①] 袁晓娟、禹萍：《巧用注射器优化"比较过氧化氢在不同条件下的分解"实验》，载《中学生物教学》，2018 年第 17 期，第 53~54 页。

小没有改变引起学生反应前后催化剂的质量没有发生改变的猜想，再通过电子天平进行称量，检验该结论的正确性，有利于培养学生假设和验证假设的科学思维方法。同时从体积不同的土豆片和土豆丝对 H_2O_2 催化效果的比较，学生直观地得出催化剂参与化学反应的结论以及两相反应接触面大小影响反应速率的科学结论，有利于拓展学生的思维。

在学生实验基础上的装置进一步改进，实验装置（图 3.10.3-7）由一个自制的两个注射器连接组成，极大地方便学生同时对比观察多组实验。具有的较强气密性能保证气体的顺利收集，注射器的刻度标记和装置的密封性极大地减少了学生因某些操作不当而导致的安全隐患。同时仪器生活化，注射器、输液管都是一次性用品，物美价廉。注射器型号多样，刻度清晰，能够保证吸取试剂量的精确，便于满足实验的不同要求。

3.11　硫酸与蔗糖实验现象及尾气处理的实验改进

3.11.1　原文重现

硫酸与蔗糖实验是人教版高中化学教材化学必修一第四章第四节中的实验。如图 3.11.1-1 所示，向蔗糖中加入浓硫酸时，蔗糖变黑，体积膨胀，变成疏松多孔的海绵状炭，并放出有刺激性气味的气体。

图 3.11.1-1　硫酸与蔗糖反应生成海绵状炭的实验反应

3.11.2　存在问题

蔗糖与浓硫酸反应实验，是验证浓硫酸脱水性的一个很好实验，因该反应剧烈，现象明显且很刺激，对学生有很强的吸引力，是一个必做的经典实验。但是在实际教学中该实验又有明显的不足，课本中的实验在敞口烧杯中进行，且所取药品量较大,会产生污染环境的二氧化硫气体,使得教室空气质量变差,同时 SO₂ 的刺激会让部分学生不停咳嗽。

3.11.3 创新改进

结合上述问题,利用家庭中常见的细长玻璃饮料瓶代替烧杯,用家庭废弃的油桶自制一个密闭环境,让整个实验在密闭环境中进行,避免 SO₂ 逸散在空气中。

实验仪器及试剂:

仪器:细长玻璃饮料瓶、改装油桶、玻璃棒、烧杯、小试管。

试剂:98%浓硫酸、蔗糖、氢氧化钠、鲜花。

(1) 实验准备。

实验前对学生进行安全教育:

①浓硫酸对皮肤具有强烈的腐蚀性,使用时要注意安全,严格按照实验步骤进行操作,不要接触到浓硫酸。

②实验时若不小心将浓硫酸溅到皮肤上,应先用抹布擦干,然后用小苏打溶液冲洗干净。

(2) 学生实验。

学生按照教材方案进行实验,但采用减小药品用量的办法进行,其主要目的是使学生熟悉反应的基本原理及基本操作。操作时提醒学生注意观察现象,并依据现象解释产生该现象的原因。其实验操作及结果如图 3.11.3-1 和图 3.11.3-2 所示。

图 3.11.3-1 浓硫酸与蔗糖反应药品添加

图 3.11.3－2　浓硫酸与蔗糖反应结果

（3）改进实验并演示。

采用密闭环境进行实验可有效地避免 SO_2 对有限的教室环境进行污染，同时采用鲜花检验反应产物中 SO_2 的存在。实验结果如图 3.11.3－3 和图 3.11.3－4 所示。

图 3.11.3－3　密闭条件下的浓硫酸与蔗糖反应实验

图 3.11.3－4　SO_2 漂白后的鲜花

由图 3.11.3－3 可以看出，蔗糖被完全炭化，同时没有 SO_2 飘散在空气中；由图 3.11.3－4 可以看出，反应产生的 SO_2 将挂在瓶口的鲜花漂白。

3.11.4 应用延展

新课程倡导以"主动参与,乐于探究,交流与合作"为主要特征的学习方式,这是课堂教学中所要积极探索的内容。同时为了巩固所学的知识,尝试让学生设计一套完整的实验验证碳与浓硫酸反应的所有产物。借鉴密闭容器反应的思路,利用产物的性质进行有效的检验。

3.11.5 改进意义

该实验让敞开体系中进行的快速反应实验在封闭体系中进行,学生亲自操作,近距离观察,无污染;同时也对反应中产生的气体进行探究可激发学生探究的欲望,主动获取新知的动力,学生不但要"学会",还要善于观察思考,"会学""乐学",让学生成为教学活动的主体。化学是为人们服务的,不让学生对化学有惧怕,大胆心细地去接触某些化学物质,让化学为我们服务。

3.12 溴乙烷的水解和消去反应对比实验改进

卤代烃的水解和消去反应是高中有机化学学习的重点之一,《普通高中化学课程标准(2017版)》要求,"认识取代、消去反应的特点和规律,了解有机反应类型和有机化合物组成结构特点的关系"。

溴乙烷(化学式:C_2H_5Br)又名乙基溴,缩写为 EtBr,是一种无色油状液体,其沸点为 38.4℃,比绝大多数溴代烷的沸点低。由于其水解反应产物为乙醇,消去反应产物为乙烯,两种产物皆是高中有机化学内容板块的学习重点,且是卤代烃水解和消去反应内容的前序内容,教材选择以溴乙烷为例,让学生通过这一板块的学习,加深对这两种重要有机物及溴乙烷卤代烃的认识,有利于促进学生的学习进阶。

3.12.1 教材对比[①]

人教版教材与苏教版教材中氯代烃水解教材内容对比分析见表3.12.1－1，消除反应教材内容对比分析见表3.12.1－2。

表3.12.1－1 人教版教材和苏教版教材"水解反应"实验内容对比表

教材版本 内容	人教版	苏教版
水解实验	设计溴乙烷在NaOH水溶液发生取代反应的实验装置，并进行实验	向试管中注入5 mL 1－溴丙烷和10 mL 20%的氢氧化钾水溶液，加热
产物检验	用波谱的方法检验取代反应的生成物中有乙醇的生成（检验生成物体乙醇）	先取试管中反应后的少量剩余物于一试管中，再向该试管中加入稀硝酸至溶液呈酸性，滴加硝酸银溶液（检验生成物溴离子）
实验装置	无	（图示：实验装置，水，酸性高锰酸钾溶液）

表3.12.1－2 人教版教材和苏教版教材"消去反应"实验内容对比

教材版本 内容	人教版	苏教版
消去反应实验	溴乙烷与NaOH乙醇溶液的消去反应中有气体生成	向试管中注入5 mL 1－溴丙烷和10 mL饱和氢氧化钾乙醇溶液，均匀加热

[①] 盛林娟、李雪萍、伍晓春：《溴乙烷的水解和消去反应对比实验改进研究》，载《化学教学》，2020年第1期，第59~62＋66页。

续表

教材版本 内容	人教版	苏教版
产物检验	用酸性高锰酸钾溶液是否褪色判断有无乙烯气体产生	小试管中装有约 2 mL 稀酸性高锰酸钾溶液；先取试管中反应后的少量剩余物于一试管中，再向该试管中加入稀硝酸至溶液呈酸性，滴加硝酸银溶液
实验装置	（气体→水、酸性高锰酸钾溶液装置图）	（水、酸性高锰酸钾溶液装置图）

从表 3.12.1-1 可以看出，在反应物的选取上，人教版教材选择溴乙烷与 NaOH 的水溶液反应，而苏教版选取 1-溴丙烷与 KOH 的水溶液反应，溴乙烷的沸点为 40℃左右，而 1-溴丙烷的沸点为 70.9℃。在实际反应加热时苏教版教材的反应物更容易发生反应生成产物，人教版教材的反应物更容易挥发离开反应体系。在产物检测上，人教版教材选取生成的主要有机物乙醇作为检测对象，并采用波普技术进行检验；而苏教版教材采用检验取代后生成的无机氯离子作为检验产物。相比而言，苏教版教材的检验在实际的中学化学实验室更容易实现，因为人教版教材采用的波普技术，在中学化学实验室中基本没有配置 ^{1}H-NMR 实验仪器。在反应的装置上，人教版教材没有给出反应的装置，需要学生发挥自己的聪明才智去加以解决。而苏教版教材给出了反应装置，从反应装置中可以看出，其反应后加入了酸性 $KMnO_4$ 溶液。该装置的存在容易给教学带来困惑：是作为尾气处理装置还是作为产物检验装置？由此可见，人教版教材注重化学本身的逻辑思维，但忽视了实际的可操作性；苏教版教材更重视实验的可操作性，但也存在不足。

从表 3.12.1-2 可以看出，人教版教材与苏教版教材在"消去反应"的反应物选择上同样存在区别；在生成物检验上，人教版教材检验生成的主要有机物，而苏教版教材则采取既检验生成的主要有机物乙烯也检验生成的无机氯离子的策略。

从实际实验操作的角度看，根据人教版实验装置图组装仪器并进行多次试

验,均未成功。原因为:①卤代烃的消去反应速率和温度有关,温度越高,消去反应速率越快,但溴乙烷由于沸点很低,受热大量挥发,挥发速率快于消去反应速率,30 s 左右在中间的集气瓶中即观察到有油状液滴出现,而试管中并没有气体产生。②溴乙烷、1-溴丙烷与饱和氢氧化钾的水溶液、饱和氢氧化钾乙醇溶液均不互溶,静置时分层,反应物处于不同相中,不利于反应的发生。③酒精灯加热温度不易控制,加热约 2 min,出现液体暴沸现象,混合溶液沿着导管进入集气瓶。④溴乙烷蒸气有毒,危害师生的身体健康。

3.12.2 文献分析

查阅卤代烃水解反应和消去反应的相关文献,改进研究主要集中在增加实验仪器或改进实验装置、探究反应物体积比、反应方式和条件(温度)、产物验证等方面。具体情况见表 3.12.2-1。

表 3.12.2-1 卤代烃水解及消去反应实验研究进展

反应类型	改进要点	改进内容
水解反应	实验装置	直立大试管、恒温磁力搅拌器
	反应条件	水浴加热混合物、搅拌、密封
	产物检验	硝酸银溶液、酸性重铬酸钾溶液
消去反应	实验药品	碘乙烷、金属钠、氢氧化钙粉末、1,2-二氯乙烷、1-溴丙烷、2-溴丙烷
	实验装置	恒温磁力搅拌器、气体检验与收集、干燥管、三颈烧瓶、恒压滴液漏斗
	反应方式	(蒸气)气—液、液—液、固—液
	反应条件	水浴加热、酒精灯加热、反应物体积比、温度
产物检验		溴的四氯化碳溶液、酸性高锰酸钾溶液、浸有酸性高锰酸钾溶液的棉花

文献中实验装置和实验条件的改进,改善了水解反应和消去反应的实验效果,但在实际课堂演示实验时,依然存在装置复杂、实验重现性不好等缺点,学生在理解卤代烃水解和消去反应时,容易将两个反应的条件和产物混淆。

3.12.3 创新改进[①]

(1) 实验原理。

卤代烃分子中的卤素原子被其他原子或基团取代的反应为取代反应,溴乙烷与氢氧化钠水溶液发生取代反应,也称为水解反应。卤代烃脱去小分子化合物卤化氢,而生成烯烃的反应称为消去反应。溴乙烷的水解反应与消去反应都是由亲核试剂的进攻而引起的,当亲核试剂进攻 α—碳原子时发生取代反应,如图 3.12.3—1 所示,进攻 β—氢原子时发生消去反应,如图 3.12.3—2 所示。这两种反应常常是同时发生和相互竞争的,产物的比例常受反应物的结构、试剂的碱性、溶剂的极性和反应温度等因素的影响。

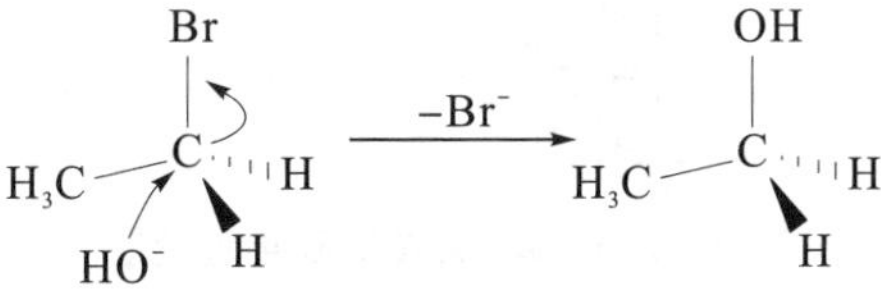

图 3.12.3—1 卤代烃的消去反应历程

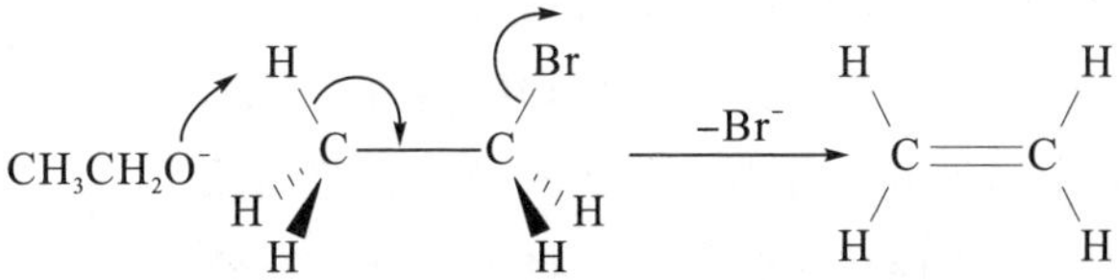

图 3.12.3—2 卤代烃的消去反应历程

(2) 实验仪器及药品。

实验仪器:圆底烧瓶、蒸馏头、玻璃塞、牛角管、橡胶管、冷凝管、球形干燥管、镊子、量筒、玻璃棒、分析天平、烧杯、胶头滴管、试管、磁力搅拌器(带恒温水浴槽)。

实验药品:溴乙烷、无水乙醇、氢氧化钠、硝酸银溶液、高锰酸钾、溴水、硫酸、蒸馏水。

(3) 实验装置图。

溴乙烷的水解反应装置见图 3.12.3—1,水解产物分离装置见图 3.12.3—2,溴乙烷的消去反应装置见图 3.12.3—3。

[①] 盛林娟、李雪萍、伍晓春:《溴乙烷的水解和消去反应对比实验改进研究》,载《化学教学》,2020 年第 1 期,第 64 页。

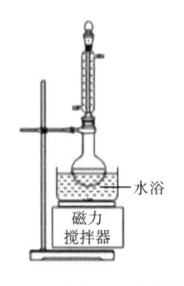

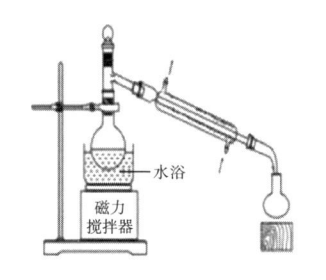

图 3.12.3－1　水解反应装置　　图 3.12.3－2　水解产物分离装置

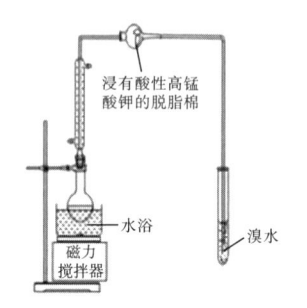

图 3.12.3－3　消去反应实验装置

（4）实验内容及现象。

①配制 10％的 NaOH 和酸性 KMnO$_4$ 溶液。

②在圆底烧瓶中加入 3 mL 10％NaOH 溶液、9 mL 溴乙烷溶液、6 mL 蒸馏水。圆底烧瓶中溶液互不相溶，静置片刻后出现分层。

③按图 3.12.3－1 连接实验装置，将恒温磁力搅拌器水浴温度调至 40℃，转速 600 rpm，将圆底烧瓶置于恒温磁力搅拌器上搅拌，约 4 min 后，关闭搅拌器，取出静置。

④取圆底烧瓶上层清液 1 mL 放入小试管中，加入稀硝酸进行酸化，再滴加 2～3 滴硝酸银溶液，产生淡黄色沉淀；取下层清液进行上述操作，无明显变化。

⑤按图 3.12.3－2 连接实验装置，将恒温磁力搅拌器水浴温度调至 80℃，进行蒸馏，右侧的圆底烧瓶中有无色透明的溶液产生并伴有特殊的香味。

⑥蒸馏结束后，向圆底烧瓶中加入 0.5 g 固体 NaOH，搅拌使其溶解，形成饱和 NaOH 的乙醇溶液。再加入 7 mL 溴乙烷溶液，按图 3.12.3－3 连接实验装置，继续搅拌，使反应物充分接触，试管内的尖嘴处有气泡冒出。

⑦将恒温磁力搅拌器水浴温度调至 95℃，30 s 之后，试管内的尖嘴口冒出大量的气泡，约 2 min，浸有酸性高锰酸钾溶液的棉花褪色，右侧试管中溴水褪色。

3.12.4 改进意义

实验装置简单化：本实验设计了教材实验中未说明的实验反应装置和收集装置，将水解反应在密闭条件下进行，减少了溴乙烷的挥发，减轻对教师和学生的身体危害；通过搅拌器充分搅拌，溴乙烷的水解反应进行得更加完全。将水解反应与消去反应进行对比设计，并将水解反应的产物乙醇进行蒸馏，收集后重新利用，为消去反应提供条件。学生在同一装置中可对比理解水解反应与消去反应发生的条件和产物的不同，更加直观地观察到反应现象，有利于提高"宏观辨识与微观探析"的化学核心素养。改进后的装置操作简单，实验现象明显，能帮助学生理解有机反应条件不同则产物也不同这一规律，便于学生总结溴乙烷的物理性质和化学性质。

检验方法便捷安全，绿色环保：已有文献中关于溴乙烷水解反应产物的检验方法均为取清液先加入硝酸进行酸化，再向其中滴加 2~3 滴硝酸银溶液的方法，但实验后发现现象不明显。本实验将水解反应产物进行蒸馏，利用水解所得乙醇为消去反应的发生提供条件。根据消去反应原理可得，反应产物为乙烯、溴化氢和水，将教材中的高锰酸钾溶液改为用酸性高锰酸钾溶液浸润的棉花，产生乙烯气体时，有明显的褪色现象，不仅减少高锰酸钾溶液的用量，体现绿色环保理念，而且可防止因气压改变产生溶液倒吸现象。

3.13 针对乙烯的性质检验实验中制备乙烯问题的实验改进

有机化学是高中化学的重要组成部分，也是现代工业生产的基础。在高中所学的有机物中，乙烯是学生学习甲烷、烷烃之后的另一类重要的有机物——烯烃的典型代表物，也是重要的化工基本原料，其学习重要性不言而喻。在《普通高中化学课程标准（2017 年版 2020 年修订）》对有机内容作出明确要求——"认识乙烯、乙醇、乙酸的结构及其主要性质与应用"，同时给出通过实验及探究活动认识乙烯的化学性质的建议。

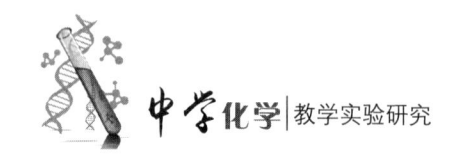

3.13.1　原文重现

在人教版和苏教版必修教材中都呈现了乙烯的性质实验。

实验内容为：①点燃纯净的乙烯，观察燃烧时的现象。②把乙烯气体通入酸性高锰酸钾溶液中。③把乙烯气体通入溴的四氯化碳溶液中。

3.13.2　存在问题

我们可以看到，必修教材没有提供乙烯的制法。实验室常采用在催化剂作用下乙醇和浓硫酸共热制得乙烯的方法。《有机化学基础（选修）》也采用此方法，此制法具有需要加热、副产物多、实验耗时长、较危险等缺点，不利于学生实验的开展。

3.13.3　创新改进[①]

采用"乙烯利制乙烯——集气袋收集"的方法制备并收集乙烯供学生化学实验用。探究乙烯利制乙烯的适宜条件，巧妙地利用乙烯利在碱性条件下释放乙烯的性质制备乙烯气体，并用集气袋收集气体供学生使用，能让学生快速又安全地完成乙烯的性质探究实验。

（1）实验原理。

乙烯利，分子式为 $C_2H_6ClO_3P$，化学名为 2－氯乙基膦酸。纯品为白色针状结晶体，工业品为浅黄色黏稠液体，易溶于水。乙烯利的价格与纯度直接挂钩，相差悬殊。试剂级的纯度高，价格昂贵。商店、农药商店出售的则多为 40％的乙烯利溶液，较便宜，每瓶（500 g）20 多元人民币。

根据资料介绍，乙烯利在 pH＜3 的酸性溶液中稳定，在 pH＞3 以上的溶液中分解放出乙烯。乙烯利在酸性介质中稳定，随着酸性的减弱，逐渐分解释放出乙烯。基于此性质，本研究通过 NaOH 调节、增大溶液的 pH 至碱性，可以在常温下很快释放出乙烯。

乙烯利在碱性环境中发生的反应为：

[①] 黄勇良：《用乙烯利制备乙烯的方法》，载《化学教学》，2012 年第 7 期，第 46～47 页。

$$\text{ClH}_2\text{CH}_2\text{C}-\overset{\overset{\text{O}}{\|}}{\underset{\text{OH}}{\text{P}}}-\text{OH} + 4\text{NaOH} \longrightarrow \text{NaCl} + \text{CH}_2=\text{CH}_2\uparrow + \text{Na}_3\text{PO}_4 + 3\text{H}_2\text{O}$$

利用此原理，在实验室能制得较纯净的乙烯利并用于乙烯的性质实验。

(2) 仪器和药品。

市售40%的乙烯利溶液、氢氧化钠、集气袋（聚乙烯）、锥形瓶、分液漏斗、双孔橡胶塞、导管若干、酸性高锰酸钾溶液。

(3) 装置设计。

因主要反应物乙烯利为液体，氢氧化钠为固体，反应在常温下就大量进行，所以采用典型的固、液不加热制气体的装置作为发生装置，如图3.13.3－1所示；收集装置采用带有阀门的气体收集袋，如图3.13.3－2所示；气体收集袋的优点是取用方便，安全系数高，缺点是需在一定的压强下才能将生成的气体通过阀门压入气体收集袋，降低气体收集速率。

图3.13.3－1　乙烯气体发生装置　　　图3.13.3－2　乙烯气体收集装置

(4) 实验过程。

按图3.13.3－3所示装置图搭建乙烯利制取乙烯的实验装置。实验时，先检查装置气密性，然后在锥形瓶中加入过量的氢氧化钠固体（10 g），塞上带分液漏斗的双孔塞，通过分液漏斗向试管中滴加40%左右的乙烯利溶液，即有乙烯产生，同时打开气体收集袋的阀门，收集气体。因为装置中原有的空气会使第一袋气体不纯，所以应舍弃第一袋气体，用后续收集的气体进行乙烯的性质实验。

图 3.13.3-3　乙烯利制备并收集乙烯的实验装置

将收集到的气体与一末端连有短玻璃导管的橡胶管相连，打开气体收集袋阀门，挤压气体收集袋使乙烯气体从玻璃导管口放出，点燃气体，观察现象。将玻璃导管放入酸性高锰酸钾溶液中，挤压气体收集袋使乙烯气体通过酸性高锰酸钾溶液，观察实验现象。

(5) 实验现象分析。

①实验1：设置过量 NaOH（10 g），乙烯利滴速1滴/2 s，常温进行。

现象：乙烯利一接触 NaOH 固体立刻剧烈产生气泡，放出大量热，4 min 47 s 收集到第一袋气体并舍弃，再经 7 min 30 s 收集到第二袋气体，留待实验2、3使用。

②实验2：点燃乙烯气体。

现象：火焰明亮且伴有黑烟，关闭气体阀门，燃烧停止，现象如图 3.13.3-4 所示。

图 3.13.3-4　乙烯燃烧现象

③实验3：将乙烯气体通入酸性高锰酸钾溶液。

现象：酸性高锰酸钾溶液紫红色在 10 s 内完全褪色，有时会微微泛黄，

如图 3.13.3-5 所示。

图 3.13.3-5 褪色前后对比实验

重复实验两次，均在 6 min 左右收集到约 500 mL 乙烯气体，实验具有可重复操作性。

3.13.4 改进意义

采用本实验的装置和实验 1 的条件控制，能够在 13 min 左右得到大约 500 mL 的乙烯气体，足够用于进行乙烯的性质实验。课堂中直接采用提前制好（学生拓展实验自制或教师提前制好）的乙烯气体进行乙烯的性质实验，可以达到探索乙烯反应原理的教学目标，改进后实验一般在 3 min 之内即可完成，适合课堂上学生开展分组实验。

化学是一门以实验为基础的自然科学，发展学生化学学科核心素养，离不开化学实验。恰到好处的实验改进，不仅可以缩短实验耗时，增加实验安全性，让操作变得简便易行，同时也可使实验现象更加明显、直观，更具观赏性，使化学知识化难为易，提升实验的课堂教学效果，提高课堂效率[①]。

3.14 探究比较可乐中碳酸在不同温度下的分解速率

3.14.1 原文重现[②]

二氧化碳和水反应实验是人教版（2012）九年级化学上册第六单元课题 3

---

① 黄鹭强：《基于实验创新的初中化学教学研究》，华东师范大学硕士学位论文，2019 年，第 29 页。
② 陈燕红：《"问题—探究—反思"教学模式在初三化学课中的运用——以"质量守恒定律"为例》，载《成功（教育）》，2011 年第 16 期，第 53 页。

的实验。

取四朵用石蕊溶液染成紫色的干燥的纸花。第一朵纸花喷上稀醋酸，第二朵纸花喷上水，第三朵纸花直接放入盛满二氧化碳的集气瓶，第四朵纸花喷上水后再放入盛满二氧化碳的集气瓶中，观察四朵纸花的变化。然后将第四朵纸花取出，小心地用吹风机烘干，观察现象。实验装置如图 3.14.1－1 所示。

（Ⅰ）喷稀醋酸　　（Ⅱ）喷水　　（Ⅲ）直接放入二氧化碳中　　（Ⅳ）喷水后放入二氧化碳中

图 3.14.1－1　石蕊干花用不同物质处理后的颜色变化图

3.14.2　实验原理的生活化应用[①]

在学生学习完该原理实验后，让学生分小组测定不同环境下 CO_2 的含量。学生根据生活的场景选择"探究比较可乐中碳酸在不同温度下的分解速率"。

（1）实施流程。

学生依据实验原理及实验场景拟定了实验实施的流程图，如图 3.14.2－1 所示。

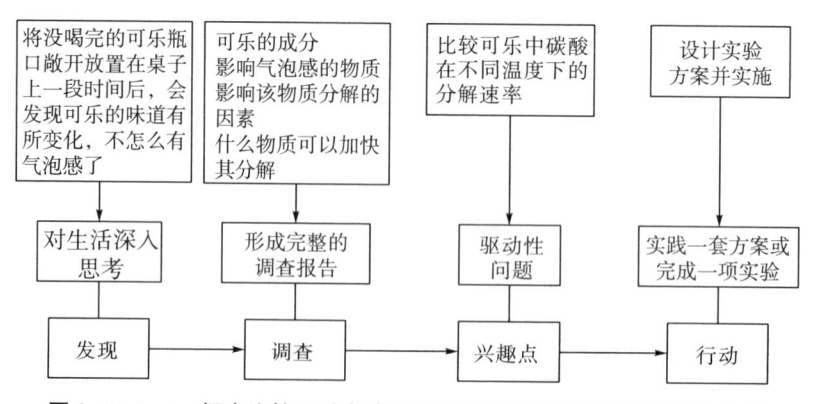

图 3.14.2－1　探究比较可乐中碳酸在不同温度下的分解速率实施流程

---

① 陈燕红：《"问题—探究—反思"教学模式在初三化学课中的运用——以"质量守恒定律"为例》，载《成功（教育）》，2011 年第 16 期，第 54 页。

实施流程图从发现问题、分析问题、设计方案及解决问题几个层面进行了展示,完整地体现了学生从发现问题到解决问题的思维过程。

(2) 实验方案思维导图。

学生依据实验任务,结合实验原理及自身的思考,拟定了详细的思维导图,如图 3.14.2-2 所示。思维导图能够有效地引领学生开展实验,避免实验的盲从性和随意性,能使实验达到较好的效果。

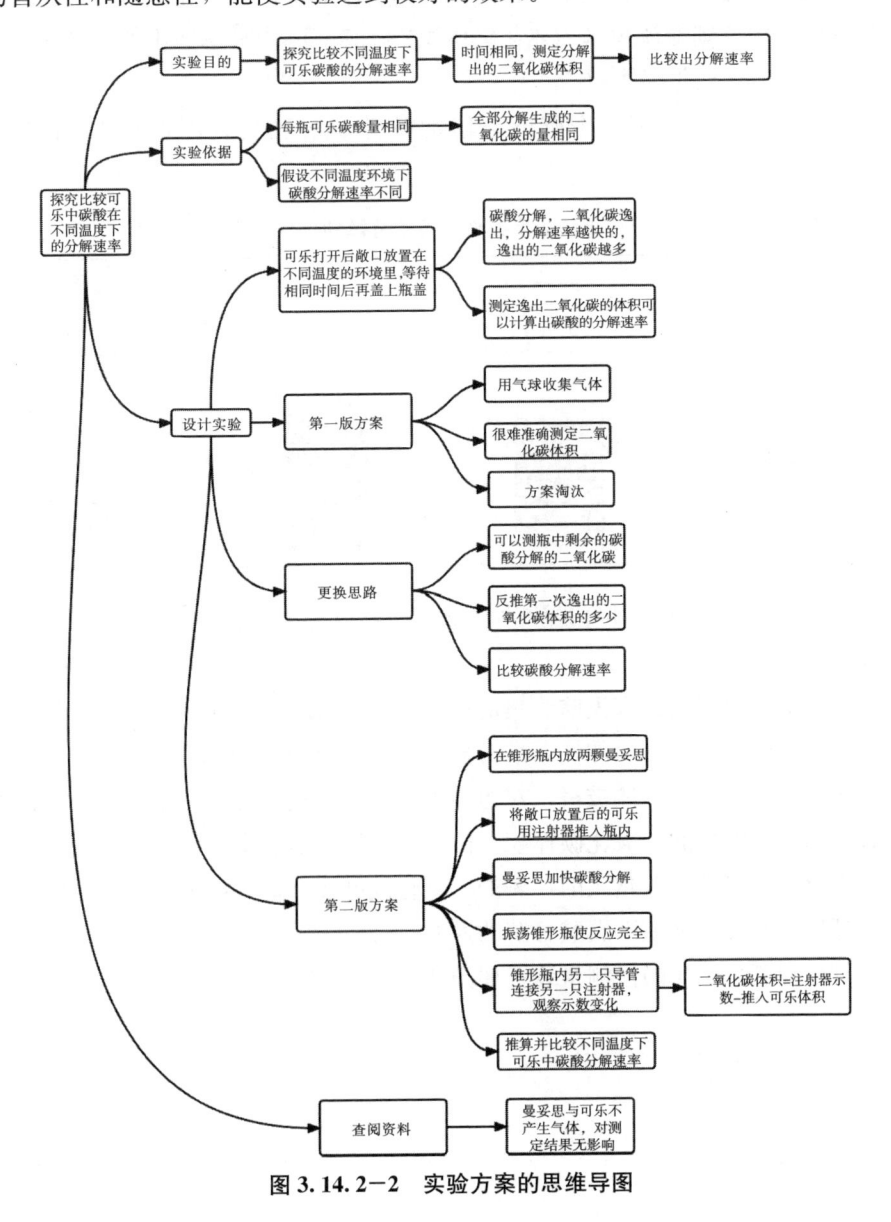

图 3.14.2-2　实验方案的思维导图

(3) 装置及实验原理图。

①不同温度可乐分解速度的计算原理：计算反应方程式为 $H_2CO_3 \rightleftharpoons H_2O + CO_2\uparrow$。

打开可乐后，可乐中的碳酸会开始分解。假设在不同温度环境下，碳酸分解速率不同，因为分解时间相同，所以分解速率快的，分解后逸出的二氧化碳更多，瓶中剩的二氧化碳越少。接下来测出瓶中剩余的二氧化碳，即可比较碳酸的分解速率。碳酸体积（二氧化碳体积）＝30 min 内分解逸出的二氧化碳体积＋瓶中剩余二氧化碳体积。

不同温度条件下可乐中碳酸分解的条件及实验装置图如表 3.14.2－1 所示。

表 3.14.2－1　不同温度条件下可乐分解的条件及实验装置图

反应温度	高温	常温	低温
敞口放置时间	30 min	30 min	30 min
实验装置图			

②分解后可乐瓶中剩余碳酸的实验原理：反应方程式为 $H_2CO_3 \rightleftharpoons H_2O + CO_2\uparrow$。

在右侧注射器内加入先前收集的三种可乐（都是 25 mL），将可乐推入锥形瓶中，与曼妥思接触，加快碳酸分解并振荡锥形瓶，使碳酸尽可能反应完。由于瓶内压强增大，气体被挤入左边锥形瓶中，左边锥形瓶活塞被推动距离的示数，即为分解出的二氧化碳体积。由于此处测的是瓶中可乐剩余的二氧化碳体积，所以测出来示数越大的，剩的二氧化碳越多，最开始分解的就越少，由此推算出不同温度环境下碳酸分解的速率。

可乐中剩余碳酸的量测量装置如图 3.14.2－3 所示。

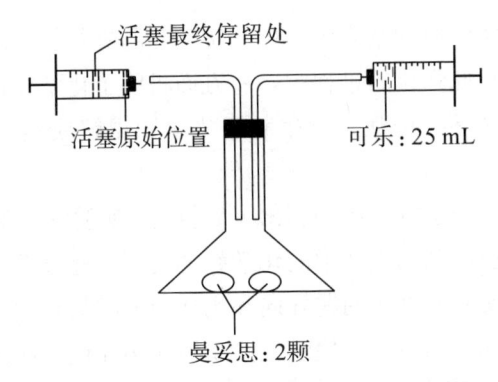

图 3.14.2－3　可乐中剩余碳酸的测量装置

(4) 活动记录及分析。

整个实验活动的记录及数据分析如表 3.14.2－2 所示。

表 3.14.2－2　探究可乐中碳酸在不同温度下分解活动记录及分析

样品	实验操作	实验现象	碳酸分解二氧化碳总体积	剩余体积	第一次逸出气体体积	反应时间
① 可乐室温	将可乐 25 mL 注入锥形瓶中，使其与曼妥思反应，并振荡使其充分反应	大注射器示数：58 mL	体积相等设为 x	58 mL－25 mL＝33 mL	$x-33$ mL	30 min
② 可乐冰箱低温	将可乐 25 mL 注入锥形瓶中，使其与曼妥思反应，并振荡使其充分反应	大注射器示数：70 mL	体积相等设为 x	70 mL－25 mL＝45 mL	$x-45$ mL	30 min
③ 可乐热水中高温	将可乐 25 mL 注入锥形瓶中，使其与曼妥思反应，并振荡使其充分反应	大注射器示数：50 mL	体积相等设为 x	50 mL－25 mL＝25 mL	$x-25$ mL	30 min
第一次逸出体积	($x-45$ mL)＜($x-33$ mL)＜($x-25$ mL)					
低温碳酸逸出二氧化碳体积＜室温碳酸逸出二氧化碳体积＜高温碳酸逸出二氧化碳体积						
碳酸分解速率：低温＜室温＜高温						

3.14.3　活动的意义

依据学习理论的原理，学生的学习需要经过动机激发—习得—强化三个过

程，学生依据化学实验原理结合生活中的实际问题进行知识的强化，无疑是一件有价值的事情，在此强化的过程中，一方面巩固了化学知识，另一方面也强化了化学实验操作技巧，增强了学生利用化学知识解决实际生产生活问题的信心。

化学生活化实验教学资源已经超出了"教材+实验室"的传统模式，拓展了教材上的教学资源，利用生活中的化学教学资源，充分发挥化学实验的教学功能。化学生活化实验的真实问题导向和实际问题的复杂性、多元性，有助于激发学生的学习兴趣和动力，促使学生主动地建构知识、深度学习，建立起现实生活与学校学习的紧密联结。

3.15 探究分子的运动现象实验改进

3.15.1 原文重现

（1）向盛有约 20 mL 蒸馏水的小烧杯 A 中加 5～6 滴酚酞溶液，搅拌均匀，观察溶液的颜色。

（2）从烧杯 A 中取少量溶液置于试管中，向其中慢慢滴加浓氨水，观察溶液颜色有什么变化。

（3）另取一个小烧杯 B，加入约 5 mL 浓氨，用一个大烧杯或水槽罩住 A、B 两个小烧杯（如图 3.15.1-1 所示）。观察几分钟，有什么现象发生？你能解释这一现象吗？

图 3.15.1-1 分子运动实验装置及现象

3.15.2 存在问题

该实验设计通过氨水和酚酞溶液混合在一起变红与不直接混合也会变红的对比，证明了分子是不断运动的。但原实验存在以下不足：

（1）不够绿色环保。查阅资料可知，吸入氨气会对人体的呼吸系统造成较大损伤，而原实验设计中浓氨水直接放在敞口烧杯中，挥发出的氨气对师生健康有一定危害。

（2）实验消耗时间长。氨分子从烧杯内运动到酚酞溶液中，使酚酞溶液全部变红需要较长的时间。

（3）药品用量多，浪费较大。

（4）现象不显著。实验中使用玻璃仪器较多，大烧杯罩小烧杯，因玻璃可能反光，学生不易观察现象。

（5）无温度影响。教材中未针对温度对分子运动速率的影响设计相应的实验。

3.15.3 创新改进[①]

（1）组装仪器：将用酚酞溶液润湿的三片滤纸片等距离地串在一根细铁丝上，放进塑料瓶中并旋紧瓶盖，如图 3.15.3-1 所示。

图 3.15.3-1 探究分子运动现象实验装置

（2）进行实验操作：用带针头的注射器向塑料瓶底部注入约 2 mL 浓氨水，观察到三片滤纸片按照由下向上的顺序依次变红，且用时不足一分钟，由

[①] 陈燕红：《"问题—探究—反思"教学模式在初三化学课中的运用——以"质量守恒定律"为例》，载《成功（教育）》，2011 年第 16 期，第 53~54 页。

此说明分子在不断地运动。接着笔者增设了温度对分子运动速率影响的实验，准备两套上述装置，分别置于等量冷水和热水中，再分别注入 2 mL 浓氨水，观察对比，发现热水瓶中滤纸片从下往上依次变红的速率比冷水瓶中要快很多，且热水瓶中的滤纸片变得更红。

实验结论：温度对分子运动速率有影响，温度越高，分子运动速率越快。

3.15.4 改进意义

（1）绿色环保化。化学教师应将绿色化学的思想深入实验教学中，使它成为化学教学改革的一个重要组成部分，努力使学生养成绿色环保的思维习惯。改进后的实验装置相对密闭，减少了氨气挥发到环境中的量。

（2）现象明显。改进后实验所用时间很短，现象非常明显，便于观察，并且很快得到结论，令学生印象深刻。

（3）趣味生活化。实验取材可以启发学生利用生活中常见物品探索化学的奥秘，同时，铁丝串起来的滤纸片形似"羊肉串"，又如铁树开红花，实验过程中学生兴趣十足。

（4）微型简便化。原装置需要用 20 mL 左右的浓氨水，而改进后只需要不到 2 mL，既节约了药品，操作又简便，有利于学生分组实验。

（5）综合一体化。弥补了教材实验中缺少温度因素的影响，在同一个实验中体现了"分子在不断运动，且温度越高，运动速率越快"这一知识点，利于学生形成系统化认知。

3.16 质量守恒定律的探究实验的实验改进

3.16.1 原文重现

在底部铺有细沙的锥形瓶中，放入一小堆干燥的红磷，如图 3.16.1-1 所示。在锥形瓶口的 H 胶塞上安装一根玻璃管，在其上端系牢一个小气球，并使玻璃管下端能与红磷接触。将锥形瓶和玻璃管放在托盘天平上用砝码平衡，记录所称的质量 m_1。然后，取下锥形瓶，将橡胶塞上的玻璃管放到酒精灯火焰上灼烧至红热后，迅速用橡胶塞将锥形瓶塞紧，并将红磷引燃。待锥形瓶冷却后，重新放到托盘天平上，记录所称的质量 m_2[①]。

图 3.16.1－1　红磷燃烧前后质量的测定实验装置

3.16.2　存在的问题

由于红磷燃烧不易控制，实验使用的是托盘天平，精确度不高，学校天平由于缺乏维护、频繁使用等，锈蚀明显，调整天平需耗费较长时间，导致许多教师经常选择让学生观看实验视频，甚至是对着教材"讲解"该实验，无法提高学生宏观辨识与微观探析的化学学科素养。

3.16.3　创新改进

针对教材实验存在的问题进行改进，其实验装置如图 3.16.3－1 所示。

图 3.16.3－1　盐酸和碳酸钠反应探究质量守恒定律实验装置

[①]　陈燕红：《"问题—探究—反思"教学模式在初三化学课中的运用——以"质量守恒定律"为例》，载《成功（教育）》，2011 年第 16 期，第 53 页。

3.16.4 改进意义

（1）采用电子天平进行实验，节约时间，精确度高，结果更加准确。

（2）利用塑料瓶作为主要反应容器，减少装置整体质量，放大因二氧化碳逸散而形成的质量差占整体质量的比重，学生更容易观察到实验现象。

（3）先利用气密性良好的装置对质量守恒定律进行验证，再通过破坏装置原有气密性使生成的气体逸散，更容易让学生从已有知识出发产生合理联想，自主生成"在利用有气体生成的化学反应验证质量守恒定律时，需保证装置气密性良好"这一重点知识。

（4）塑料瓶内反应现象剧烈，打开瓶盖的现象又具有一定趣味性，可提高学生课堂专注度，可提高学习效率。但由于这个装置是在密闭体系中产生气体，在实验过程中必须注意控制好反应物的量，以免产生的气体压力过大造成危险。

（5）有助于学生建立变化与平衡的思想，融入学科核心素养。

3.17　针对实验验证牺牲阳极的阴极保护法中铁氰化钾与铁直接反应对实验干扰问题的实验改进

3.17.1　原文重现[①]

按图 3.17.1-1 所示的实验装置连接好装置，观察电压表和铁电极上有什么现象发生。往铁电极区滴入 2 滴黄色铁氰化钾溶液，观察烧杯内溶液的颜色有无变化。

---

① 赵志英：《金属的电化学腐蚀与防护》，载《内蒙古石油化工》，2015 年第 5 期，第 59 页。

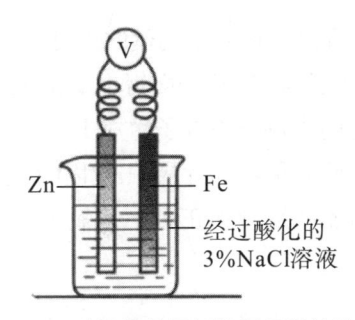

图 3.17.1-1　验证牺牲阳极的阴极保护法实验装置

3.17.2　存在的问题

教材实验现象是电压表上有偏转，当在铁电极处滴入铁氰化钾后，由于铁被更活泼的锌保护，不会产生 Fe^{2+}，也就无蓝色沉淀产生。但事实是：电压表有偏转，铁电极附近产生蓝色沉淀，说明装置中产生了 Fe^{2+}，证明不了铁可被锌保护。

反复实验多次均出现以上现象后，分析原因：铁氰化钾中铁元素为 +3 价，可以将单质铁氧化为 Fe^{2+}，从而产生该蓝色沉淀现象。解决思路是尽可能地减少铁氰化钾与铁钉的接触。

3.17.3　创新改进

实验步骤：先取 1 g 琼脂放入 250 mL 烧杯中，再加入 50 mL 饱和食盐水。搅拌、加热煮沸，使琼脂溶解。稍冷后，趁热把琼脂分别倒入两个培养皿中，各加入 5~6 滴酚酞溶液和铁氰化钾溶液，混合均匀。取两个 2~3 cm 长的铁钉，用砂纸擦光。将其中一根铁钉缠绕铜丝，使铜丝包裹铁钉的一半，另一根铁钉用锌片包裹（紧贴）一半。改进实验装置及现象如图 3.17.3-1 所示。

图 3.17.3-1　改进实验装置及现象

由图 3.17.3-1 可以看出，在缠绕铜丝的铁钉的周围有两个变色区域：有铜丝的一端呈现红色，即氧气在铜丝表面得电子生成氢氧根，导致酚酞变红。而另一端没有缠绕的铁钉则作负极失电子生成 Fe^{2+}，遇到铁氰化钾变成蓝色。再观察铁钉缠绕锌片的实验结果，锌片周围产生了白色物质，推测锌作负极生成含锌的相关物质。而暴露的铁则作正极，使氧气在表面得电子生成氢氧根，从而使酚酞变红。

3.17.4 改进意义

综合两个实验的对比，将铁氰化钾溶于凝胶状的琼脂中，不再出现铁氰化钾直接与单质铁反应产生 Fe^{2+} 而产生蓝色铁氰化亚铁的尴尬现象。

3.18 针对酸的化学性质实验金属除锈问题的实验改进

3.18.1 原文重现

教材实验：试管架上有 2 支试管，小心用镊子放入生锈的铁钉，再分别加入 2 mL 稀盐酸、稀硫酸，一段时间后观察铁钉表面和溶液颜色有什么变化。实验装置如图 3.18.1-1 所示。

图 3.18.1-1 金属除锈实验装置

3.18.2 存在问题

铁锈和酸反应、铁钉和酸反应两个现象应该区分开来。通过引入一根小小的棉线，学生就能明显感受到酸可以溶解红棕色的粉末，溶液变黄，铁钉表面变得光亮。当铁锈完全消失后，铁钉和酸接触就会产生大量气泡。

3.18.3 创新改进

试管架上有 2 支试管，小心用棉线将铁钉系好，然后用镊子轻轻放入生锈的铁钉，再分别加入 2 mL 稀盐酸、稀硫酸，一段时间后将铁钉提离液面，观察铁钉表面铁锈掉落的情况，可重复多次深入，如图 3.18.3－1 所示；观察除锈过程中有无气泡产生，如图 3.18.3－2 所示；学生记录颜色变化于表 3.18.3－1。

图 3.18.3－1　实验装置　　　　图 3.18.3－2　学生观察实验现象

表 3.18.3－1　实验现象记录表

类型	实验现象	化学方程式
铁锈与盐酸		
铁钉与盐酸		

3.18.4 改进意义

现象更加明显，效果更加好，可激发学生的学习兴趣，进而帮助学生更好地掌握酸的化学性质——酸能与金属氧化物反应，反应现象为：铁锈消失，铁钉变光亮，溶液颜色变为黄色溶液。

3.19 对"氯化钠、硝酸钾在水中的溶解"实验的改进

3.19.1 原文重现[①]

在室温下,先向盛有 20 mL 水的烧杯中加入 5 g 氯化钠,搅拌;等溶解后,再加 5 g 氯化钠,搅拌,观察现象;然后再加入 15 mL 水,搅拌,观察现象。反应实验装置及现象如图 3.19.1-1 所示。

图 3.19.1-1 氯化钠在水中的溶解实验装置及现象

在室温下,先向盛有 20 mL 水的烧杯中加入 5 g 硝酸钾,搅拌;等溶解后,再加 5 g 硝酸钾,搅拌,观察现象。当烧杯中硝酸钾固体有剩余而不再继续溶解时,加热烧杯一段时间,观察剩余固体有什么变化。然后再加入 5 g 硝酸钾,搅拌,观察现象。待溶液冷却后,又有什么现象发生?反应实验装置及现象如图 3.19.1-2 所示。

[①] 黄华玲:《例析使用化学教材的层次》,载《化学教学》,2012 年第 1 期,第 10 页。

图 3.19.1-2　硝酸钾在水中的溶解实验装置及现象

3.19.2　存在问题

原实验通过改变氯化钠和硝酸钾溶解时的溶质质量、溶剂质量和温度，探寻物质溶解时的规律，并让学生理解什么是"饱和溶液"。但原实验要做氯化钠和硝酸钾两种物质在水中溶解的实验，步骤较多，耗时较长，导致最后要引出"饱和溶液"的概念时就接近下课了，教学效果较差。

3.19.3　创新改进

（1）实验用品。

三脚架、石棉网、250 mL 烧杯、50 mL 烧杯（2个）、酒精灯、玻璃棒、50 mL量筒、硝酸钾、水、火柴。

（2）该实验的实验装置如图 3.19.3-1 所示，实验现象如表 3.19.3-1 所示。

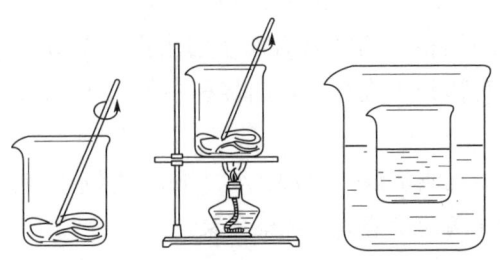

图 3.19.3-1　对"NaCl、在 KNO_3 水中的溶解"实验改进的装置

表 3.19.3-1　实验现象记录表

实验步骤	实验现象
①在烧杯中加入 40 mL 水	
②加入 5 g 硝酸钾，搅拌	硝酸钾溶解
③再加入 5 g 硝酸钾，搅拌	硝酸钾溶解
④再加入 5 g 硝酸钾，搅拌	硝酸钾有剩余
⑤加入 20 mL 水，搅拌	硝酸钾溶解
⑥加入 5 g 硝酸钾	硝酸钾有剩余
⑦加热，搅拌	硝酸钾溶解
⑧冷却	有硝酸钾固体析出

3.19.4　改进意义

将原来的两个实验整合成一个实验，使知识的形成连贯有序、顺其自然。实验步骤更少，大大节约了时间。

3.20　海带提取碘

3.20.1　原文重现[①]

取 3 g 干海带，用刷子把干海带表面的附着物刷净（不要用水洗涤）。将海带剪成小块，用酒精润湿后，放在坩埚中。

在通风橱中，用酒精灯灼烧盛有海带的坩埚，至海带完全成灰，停止加热，冷却将海带灰转移到小烧杯中，向烧杯中加入 10 mL 蒸馏水，搅拌，煮沸 2～3 min，过滤。

先向滤液中滴加几滴硫酸，再加入约 1 mL H_2O_2 溶液。观察现象。取少量上述滤液，滴加几滴淀粉溶液。观察现象。

[①] 徐路遥：《"海带提碘"灼烧过程中酒精的作用探究》，载《中学化学教学参考》，2017 年第 18 期，第 62 页。

向剩余的滤液中加入 1 mL CCl₄，振荡，静置。观察现象。回收溶有碘的 CCl₄。其实验装置如图 3.20.1-1 所示。

图 3.20.1-1　灼烧干海带实验装置

3.20.2　存在问题

实验在教学实践中存在一些问题，如耗时过长，海带灰化的过程中容易产生大量的烟，不宜作为演示实验来进行。

3.20.3　创新改进[①]

采用水直接浸泡提取的策略，以实验中提取碘的浓度、实验操作时间作为评价指标对实验条件进行比较分析。

（1）实验仪器药品。

海带样品、石油醚（AR）、蒸馏水（自制）、10% H_2O_2、3 mol/L H_2SO_4、NaOH、烧杯分液漏斗、胶头滴管、通用 UV-1901 紫外-可见分光光度计。

（2）实验流程图。

该实验的实验流程如图 3.20.3-1 所示。

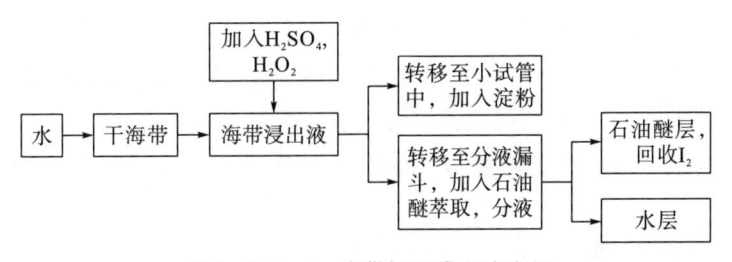

图 3.20.3-1　海带提取碘实验流程

[①] 伏劲松、李树伟、彭蜀晋等：《一种新的海带提取碘的实验方法探析》，载《化学教学》，2015年第1期，第49～50页。

(3) 操作步骤。

取 5 g 干海带，用剪刀剪碎成黄豆粒大小，25℃下用 20 mL 水于 50 mL 烧杯中浸泡 2 min，获得海带浸提液，用胶头滴管将烧杯中浸提液 15 mL 全部转移到另一 50 mL 烧杯中，向该烧杯中分别滴加 10 滴 3 mol/L 的 H_2SO_4 和 1 mL 10%的 H_2O_2 溶液，混匀，静置 2 min。量取 2 mL 该溶液于小试管中加入淀粉溶液，将前面烧杯中剩余的溶液转移至分液漏斗中，将 10 mL 石油醚分次加入分液漏斗中，振摇静置，将分层后的石油醚溶液转移至 500 mL 大烧杯中。

3.20.4 改进意义

本实验建立了一种新的从海带中提取碘的实验方法。通过改变提取方式、过滤方法、控制 H_2SO_4 和 H_2O_2 溶液加入量和萃取剂的变化，节省了时间，整个实验过程所用时间大约 10 min。环境污染物排放少，实验现象明显，结果具有较好的重现性，实验成本大大降低，有利于中学化学课堂进行演示实验、分组实验以及学生实验。

3.21 离子迁移实验改进

3.21.1 原文重现

将混有尿素的 $CuSO_4$ 与 $KMnO_4$ 溶液置于 U 型管中，向其两端缓慢滴加 KNO_3 溶液，使其高度约为 4 cm。小心插入石墨电极，保持 KNO_3 溶液与混有尿素的 $CuSO_4$、$KMnO_4$ 溶液之间的界面清晰，便于实验观察。通电一段时间后 U 型管阴极区出现一层蓝色溶液（水合铜离子的颜色），阳极区出现一层紫红色的溶液（MnO_4^- 的颜色），由此表明阴阳离子在电场下做定向的移动。

3.21.2 存在问题

在实际教学演示中发现离子迁移溶液（混有尿素的 $CuSO_4$、$KMnO_4$ 溶液）与导电液体（KNO_3 溶液）之间界面易发生扰动，影响实验现象的观察；

同时 MnO_4^- 在溶液中的自由扩散也很明显，对离子移动方向的判断产生干扰。

3.21.3 创新改进[①]

采用将 $CuSO_4$、K_2CrO_4 与淀粉加工成热的糊状流体，趁热装入 U 型管，冷却后变成半固体的方法，解决了上述困难。同时采用单因素实验法对淀粉的用量、$CuSO_4$ 与 K_2CrO_4 混合物的用量（$CuSO_4$ 与 K_2CrO_4 物质的量之比为 1∶1）以及迁移电压等实验条件进行优化。实验装置如图 3.21.3-1 所示。

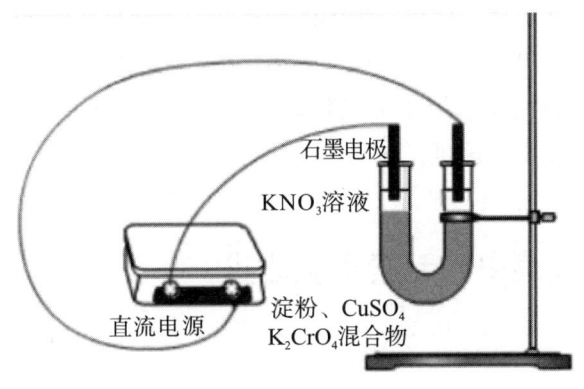

图 3.21.3-1　实验装置

优化后的实验结果显示，20 g 淀粉与 50 g 蒸馏水加热制成的糊状流体中加入 3.6 g $CuSO_4$ 与 K_2CrO_4 的混合物，装入 15 mm×150 mm 的 U 型管，用 16 V 的直流电作用 5 min，Cu^{2+} 迁移后在阴极形成 3 mm 高度的蓝色区域，CrO_4^{2-} 迁移后在阳极形成 5 mm 高度的黄色区域，同时离子迁移后形成的区域颜色与半固体淀粉的颜色差别很大，便于学生远距离识别。

3.21.4 改进意义

该方法操作简单、现象明显，有利于一线教师的教学演示和学生的分组实验。以淀粉为载体固化离子迁移溶液的方法，使迁移载体与导电液体之间的界面更加清晰，不易扰动。导电液体的添加、电极的插入以及后续的操作中的轻微震动对实验现象的观察几乎没有影响，同时固化离子迁移溶液的方法束缚了

[①] 邓逸晨、蒋大川、苏林等：《"离子迁移"实验的改进及其实验条件优化》，载《化学教育（中英文）》，2022 年第 13 期，第 109~113 页。

Cu^{2+}、CrO_4^{2-}在溶液中的自由移动，降低了其扩散力。

中学化学中常见的离子迁移载体为琼脂，但经过实验验证，混有迁移离子的琼脂颜色与迁移后离子的颜色区别不大，在演示实验时不利于学生观察。笔者查阅大量文献后发现淀粉同样具有琼脂的良好凝胶性，并能起到增大电流强度的作用，大米淀粉载体的电流提高效率达到98%，故选取淀粉作为载体物质。

针对此类实验，不少研究者采用$KMnO_4$或$K_2Cr_2O_7$指示阴离子的迁移现象，因其离子具有明显的紫红色或橙色，实验现象明显。但这两者都为强氧化性物质，能够氧化琼脂、淀粉等载体的羟基，为了防止这种氧化作用，实验设计者通常采用加入碱性物质等降低其氧化作用，但这种做法无疑增加了实验操作的复杂程度。该实验选取了低氧化性、具有明显黄色的K_2CrO_4作为替代品，有效地克服了上述困难。

3.22 检测菠菜中铁元素实验改进

3.22.1 原文重现

取新鲜的菠菜10 g，将菠菜剪碎后放在研钵中研磨，然后倒入烧杯中，加入30 mL蒸馏水，搅拌。将上述浊液过滤，得到的滤液作为试验样品。

3.22.2 存在问题

按照该实验方案检测菠菜中的铁元素，由于色素干扰不能观察到明显的实验现象。

3.22.3 创新改进[①]

取少许试验样品加入试管中，然后加入少量稀硝酸（稀硝酸具有氧化性），

---

① 潘康亚、余霖晰、苏林等：《"食品中的铁元素检验"教学实验条件的优化》，载《化学教育（中英文）》，2022年第5期，第94页。

再滴加几滴 KSCN 溶液，振荡，观察现象。在实验中采用 2 g 豆筋、4 mol/L 盐酸 20 mL，破壁机搅拌提取 5 min，提取液显色后的实验效果及色度分析结果见图 3.22.3－1，可以看出，色度计测试的透过率为 64.47%。

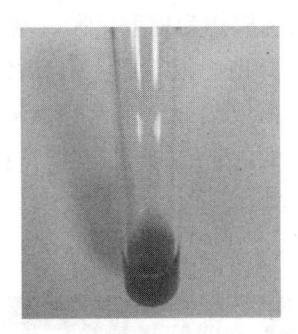

图 3.22.3－1　菠菜色素显色实验现象

3.22.4　改进意义

在常见食材中，豆筋的实验效果优于其他材料，此实验方案能够有效证明食品中铁元素的存在，具有明显的实验现象，能应用于教师演示实验和学生分组实验。

3.23　粉笔分离菠菜中色素实验改进

3.23.1　原文重现

取 5 g 新鲜的菠菜叶（或其他绿色植物的叶子），用剪刀剪碎后放入研钵中，加入 10 mL 无水乙醇或丙酮研磨成浆状，过滤除去渣子，将滤液放入 50 mL 烧杯中，再在烧杯中心垂直放置一根白粉笔，约 10 min 后观察并记录实验现象。

3.23.2　存在问题

"用粉笔分离菠菜叶中的色素"的实践活动承载着植物成分提取和色谱分离的教学功能。但该实验方案存在色素不易分开、实验方法科学性差等缺陷。

3.23.3 创新改进[①]

采用家用超声波眼镜清洗机作为提取手段,利用超声波强大的空化作用,产生的瞬间高压可以有效打开植物细胞壁,提高植物细胞中代谢组分的溶出率,增大色素的浓度;筛选提取剂限制水溶性杂质的溶出;调节展开剂的比例,提高粉笔在密闭空间分离色素的能力,实验流程如图3.23.3-1所示。

干燥的菠菜叶粉碎后丙酮超声10 min,点样,按$V_{石油醚}:V_{乙酸乙酯}=17:2$进行分离。

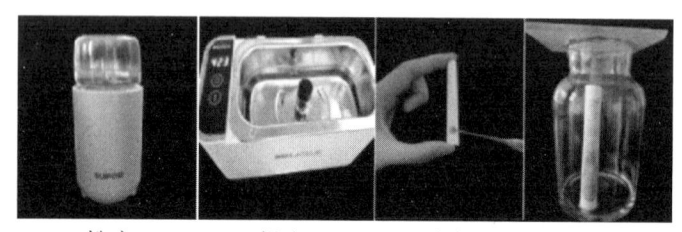

图3.23.3-1 粉笔分离菠菜色素实验流程

3.23.4 改进意义

实验操作更简单、用时更少。优化后的实验省去了大极性杂质的去除、提取液的浓缩等操作,节省了实验时间。优化后的实验过程更科学。采用超声提取、点样、密闭容器展开等步骤,符合植物化学科学的操作规程。优化后的实验更能真实地阐明植物成分的复杂性、提取方法的可靠性以及分离原理的科学性,更有利于实现该实验的教学功能。该实验方案设备条件要求低,家用超声眼镜清洗机体积小,售价低,有利于实验方案在中学化学教学中的推广应用。

3.24 小结

中学化学实验改进与创新是一个庞大的课题,我们只是选择了一些实验,

[①] 彭玉娇、刘碧泉、赵怀勇等:《粉笔分离菠菜色素实验条件优化》,载《化学教育(中英文)》,2021年第13期,第77页。

尝试自制实验器具与装置进行实验，在实验的生活化、微型化、绿色化方面进行了改进与创新。

中学化学实验改进与创新可以弥补传统实验之不足，提高实验的安全性与可操作性，节省药品，减少环境污染。教学中可将演示实验改为边讲边实验，增加学生进行实验操作和实验探究的机会，解决大班或农村中学进行实验探究的问题。同时教师实验探究、实验改进、实验创新的精神会潜移默化地影响学生，对学生创新精神培养，环境保护意识、绿色化学思想的形成大有益处，有利于落实国家课程标准的要求，提高学生的科学素养。

第 4 章　化学实验在中学化学课堂教学中的应用示例

化学概念、理论等来源于化学实验，化学教学的主要作用就是将科学家化学科学实验中获得的基本规律以概念、理论的形式对下一代进行传播。化学实验在教学中扮演着教学知识载体的作用，利用实验进行知识传授、核心素养培养。怎样充分利用化学实验进行化学课堂教学，实现科学知识的再生产，克服"讲""演""背""诵"传统的化学教学方式？我们采用案例的方式对该问题进行回答，采用这种方式的好处在于：能够给一线教师提供实实在在的案例供参考，同时可基于案例进行教学研究。

4.1　演示实验在中学化学课堂教学中的应用

4.1.1　金属的腐蚀与防护

（1）教材分析。

本节内容选自人教版高中化学选择性必修 1 第四章第三节，课标要求学生能解释金属发生电化学腐蚀的原因，认识金属腐蚀的危害，通过实验探究防止金属腐蚀的措施。之前学习了原电池电解池的原理，深入分析了金属腐蚀的实质。因此，本节内容是对学生原有知识的提高与深化，是原有知识在现实生活中的运用。

（2）学情分析。

学生在第四章中学习了原电池、电解池的相关知识和原理。具备一定的逻辑思维能力、分析推理能力、实验观察能力和实验操作能力。对原电池的实质及相关的电池有所了解，对化学实验有强烈的好奇心，但还不具备对生活中常见的自然现象解释其本质的素质，不具备较强的化学学科观念。

（3）学习目标。

①根据共享单车生锈的环境，推理铁的腐蚀条件，并设计实验，验证假设，发展证据推理与模型认证和科学探究与创新意识的核心素养。

②观看 Flash 动画了解吸氧腐蚀和析氢腐蚀的实质，了解微观粒子的变化过程。

③能以贴近生活实际的情景素材为载体，利用化学知识解决实际问题，充分感受化学的学科价值与社会功能，树立化学学科观念，强化社会责任感。

（4）教学方法。

情境导学法、探究式教学法。

（5）教学重难点。

重点：吸氧腐蚀、析氢腐蚀。

难点：吸氧腐蚀。

（6）教学过程。

教学环节	教师活动	学生活动	设计意图
①情境导入	【图片展示】同学们：近几年城市里涌现出大量的共享单车，每年由于生锈而废弃的共享单车很多，如图 4.1.1－1 所示，今天我们来探究共享单车生锈的小秘密 图 4.1.1－1　生锈的共享单车 【承上启下】自行车生锈的部位有哪些呢？这些零件有什么特点？ 【图片展示】自行车构造如图 4.1.1－2 所示 图 4.1.1－2　自行车构造	观察、思考并回答 思考并回答 讨论回答	以学生熟悉的日常生活场景入手，便于激发学生的学习兴趣 以问题为驱动，激发学生主动思考生活中常见的金属腐蚀现象

续表

教学环节	教师活动	学生活动	设计意图
②理论预测	【引导分析】今天我们就一起学习金属的腐蚀与防护，根据生活经验，自行车哪些部位会生锈呢？ 【提问】铁锈是什么颜色？空气中的成分有什么？铁能否与氧气直接生成氧化铁？ 【证据推理】 铁锈为红棕色，推测是氧化铁，氧元素从何而来？	思考讨论 跟教师一起思考、分析并回答，最终预测出铁锈可能是由于铁和空气中的氧气、水发生反应	引导学生分析生锈的部分是钢铁，钢铁由铁和碳构成，并且根据自行车生锈部位接触到的物质有水、氧气、二氧化碳等提出猜想 根据理论证据进行推理，提出猜想与假设，树立化学学科观念，发展"证据推理与模型认知"的核心素养[①]
③实验验证	【引导分析】 钢铁是铁和碳的混合物，可用铁粉和碳粉混合模拟钢铁，潮湿的空气中，钢铁制品表面形成一层水膜，空气中的物质溶解在其中形成了电解质溶液 【实验方案】 根据前面的讨论，我们可在试管中加入铁粉和碳粉的混合物，加入饱和食盐水，根据另一支试管中的液面是否上升判断氧气是否参与了反应。实验装置如图 4.1.1－3 所示 图 4.1.1－3　模拟铁生锈的实验装置 【实验现象】 模拟实验的实验现象如图 4.1.1－4 所示。	思考 动手做实验并思考	设计实验方案以验证猜想，培养学生严谨求实的科学态度，发展"科学探究与创新意识"的核心素养

[①] 于美爱：《基于"证据推理"的中学化学探究性实验教学案例设计与实施》，合肥师范学院硕士学位论文，2021年，第32页。

续表

教学环节	教师活动	学生活动	设计意图
③实验验证	**图 4.1.1－4　模拟铁生锈的实验现象** U型管靠近锥形瓶一段液面上升、溶液中含氧量下降 【提问】氧气在中性环境里面会生成什么？回顾原电池知识，铁和碳在氯化钠溶液里面会构成原电池吗？正负极分别是什么？ 【实验方案】用导线连接好灵敏电流表的正负极，负极接铁钉，正极接碳棒，插入氯化钠溶液中，观察现象 【提问】氧气在中性环境下会生成什么物质？ 【总结归纳】 负极：$Fe-2e^-=\!=\!=Fe^{2+}$ 正极：$2H_2O+O_2+4e^-=\!=\!=4OH^-$ 总反应：$2Fe+O_2+2H_2O=\!=\!=2Fe(OH)_2$ 【过渡】近年来，酸雨对生产生活的影响：在生活中，酸雨能够加速金属的腐蚀，例如重庆是我国的强酸雨城市，重庆的金属材料已经明显地受到酸雨的影响 【提问】酸雨为何会加速金属的腐蚀？ 【实验方案】注射器底部插入橡胶塞中，在注射器中加入铁粉、碳粉的混合物，并加入醋酸，观察现象。实验装置如图4.1.1－3所示 【提问】观察到了什么现象？猜想为什么活塞上移？气体可能是什么？ 【总结归纳】 负极：$Fe-2e^-=\!=\!=Fe^{2+}$ 正极：$2H^++2e^-=\!=\!=H_2\uparrow$ 总反应：$Fe+2H^+=\!=\!=Fe^{2+}+H_2\uparrow$ 【得出结论】这两类腐蚀都是金属与电解质溶液接触后发生的原电池反应，称为电化学腐蚀	观察实验现象并思考 根据原电池知识回答 思考、观察实验现象并回顾原电池知识作答 总结 聆听、思考 看演示实验并思考 思考、回答 总结	利用现代信息技术手段，增加学生的感性认识 以问题为驱动，探讨自行车的吸氧腐蚀的实质 逐步完成铁的吸氧腐蚀的产物 用生活中的事例，增加学习的趣味性 观察实验现象并猜想生成的气体是什么 利用现代信息技术手段，增加学生的感性认识

续表

教学环节	教师活动	学生活动	设计意图
④交流应用	【过渡】由于共享单车遭受腐蚀等，每年有大量的共享单车被废弃，如图4.1.1-5所示 图4.1.1-5 废弃的共享单车 【提问】通过学习金属的腐蚀，同学们觉得可以从哪些方面入手保护金属呢？ 【课堂小结】今天我们以实验探究的方式学习了金属的腐蚀与防护，请同学们思考一个问题，为什么常用的白铁皮是在薄钢板表面上镀上一层锡？下一节课我们继续解密金属的防护的其他方法	思考、讨论与交流	密切联系社会生活实际，突出化学与社会和生活的紧密联系；利用所学知识解决生产生活中的问题，不仅学以致用，而且使学生充分体会到化学的学科价值与社会功能，并发展学生化学核心素养中的"科学态度与社会责任" 为下节课的学习做铺垫

4.1.2 离子反应

（1）教材分析。

离子反应及其发生的条件编排在人民教育出版社出版的普通高中课程实验教科书《化学（必修一）》的第二章第二节。所处的位置在"从实验学化学"之后的"化学物质及其变化"这一章中，是认识化学物质的一个重要途径。在中学化学中要学习许多重要元素及其化合物的知识，都可能涉及离子反应及其方程式的书写。学好这一节内容，能揭示溶液中化学反应的本质，既可巩固前面已学过的电离初步知识，又可为后面元素化合物知识、电解质溶液的学习奠定一定的基础，并且正确而又熟练地书写离子方程式，是学生必须掌握的一项基本技能。

离子反应及其发生的条件，是在学习酸、碱、盐在水溶液中的电离之后，以研究物质在水溶液中的行为的方法和程序来探讨离子反应发生的条件，以及离子反应的实质。通过实验，将外部的感官现象和内部的本质联系起来，发展学生对事物的认识水平。

（2）学情分析。

本节内容安排在"酸、碱、盐在水溶液中的电离"之后,学生对电解质有了较为深刻的理解,便于安排实验探究,让学生充分讨论,认识到离子反应的实质和离子反应的条件,并引出离子方程式及其书写方法。

学生在初中学习了复分解反应,本节教材的第一课时又分析了酸、碱、盐在水溶液中的电离,在此基础上学习离子反应、书写离子方程式,知识储备是足够的。同时学生已经学习了物质的分类观,利用这些技巧,去研究物质在水溶液的行为,同样是可以达成的。

(3) 教学目标。

①通过观察 Na_2SO_4 与 KCl、Na_2SO_4 与 $BaCl_2$ 的反应现象,以及观看 Flash 动画,探索离子反应的发生条件,建立宏观辨识与微观探析间的联系。

②通过观察实验现象,探究和分析归纳离子反应的实质,培养学生抽象思维能力、归纳总结能力、分析问题能力和解决问题的能力。通过观察反应和反应事实,使学生了解研究事物从个别到一般的思维方法。

③通过反应方程式的书写和看教材,提炼离子方程式的书写步骤,掌握离子方程式的书写以及理解离子方程式的意义,培养学生归纳总结的能力。

(4) 教学方法。

小组合作学习法、探究式教学法。

(5) 教学重难点。

教学重点:离子反应发生的条件、离子反应方程式的书写。

教学难点:离子反应发生的条件、离子反应。

(6) 教学过程。

教学环节	教师活动	学生活动	设计意图
离子反应的条件	【导入新课】复习上节课知识(电解质的概念,哪些是电解质,以及那些物质可以完全电离)	思考、回答	温故知新,也为本节课离子方程式做铺垫
	【过渡】不同电解质溶液混合,离子会有何变化呢?		
	【演示实验】 向盛有 2 mL Na_2SO_4 溶液的试管中加入 2 mL稀 KCl 溶液 向盛有 2 mL Na_2SO_4 溶液的试管中加入 2 mL $BaCl_2$ 溶液	观察并记录实验现象 观看思考	培养学生观察思考的能力,为问题探究做好前提准备
	【观看视频】播放离子反应的 Flash 动画,展示水溶液中离子反应的实质		
	【总结】从电离的角度分析两溶液反应的实质:电解质溶液间的反应实质是电解质中的自由离子相互结合,导致离子浓度减少	总结 听课	了解离子反应的实质,建立微粒观

续表

教学环节	教师活动	学生活动	设计意图
离子反应的条件	【分析强化】 $Na_2SO_4 = 2Na^+ + SO_4^{2-}$ $+$ $BaCl_2 = 2Cl^- + Ba^{2+}$ $\parallel$ $BaSO_4 \downarrow$ 实质：$Ba^{2+} + SO_4^{2-} = BaSO_4 \downarrow$ 【过渡】所有电解质溶液之间都可以发生离子反应吗？我们来探究一下 ①Na_2CO_3溶液与稀盐酸溶液混合 ②NaOH溶液滴入几滴酚酞，加入稀盐酸溶液混合，直到溶液恰好变色 ③NaOH溶液与$CuSO_4$溶液混合 【提出问题】这些电解质之间有没有发生反应呢？从何得知？ 为何离子浓度减少呢？根据上面的实验你能总结离子反应发生的条件吗？ 【分析原因】 $Na_2CO_3 + 2HCl = Na_2SO_4 + CO_2 \uparrow + H_2O$→生成气体和水 $NaOH + HCl = NaCl + H_2O$→弱电解质（H_2O） $2NaOH + CuSO_4 = Cu(OH)_2 \downarrow + Na_2SO_4$→生成沉淀 【归纳总结】 请学生归纳离子反应发生的条件 生成难溶的物质 生成难电离的物质 生成挥发性物质	观察实验 回答问题、思考问题 先自己书写方程式后听课 总结归纳	了解实验现象到本质之间的联系 从理论水平理解离子反应的实质 运用实验探究离子反应发生的条件 提出问题，使教学目的更具有针对性 通过分析实验现象和方程式，发现离子反应的条件 通过分析归纳，锻炼学生的归纳能力
离子反应的书写和意义	【过渡】我们写出的这些表示反应实质的式子称为什么？ 【师生互动】请学生仿照Na_2SO_4和$BaCl_2$的离子方程式写出$Na_2CO_3 + 2HCl = 2NaCl + CO_2 \uparrow + H_2O$的离子方程式（请学生上来练习） 【方法引导】如何根据离子反应的本质，写出离子方程式？ 【总结归纳】以$Na_2CO_3 + 2HCl = 2NaCl + CO_2 \uparrow + H_2O$为例说明离子反应方程式的书写步骤：	学生总结离子方程式的概念 写离子方程式思考	引出离子方程式的概念 重在发现问题，然后再引入离子书写方法和需要注意的情况 推出离子方程式的概念和书写方法

续表

教学环节	教师活动	学生活动	设计意图
离子反应的条件	①写——写出化学方程式 ②拆——把易溶于水且易电离的物质写成离子形式，把难溶物、气体和水写成化学式 ③删——删去两边不参加反应的离子 ④查——两边原子个数和电荷数是否相等、反应条件、沉淀符号、气体符号等 【举例分析】以 $AgNO_3$ 溶液和 KCl 溶液为例，展示书写步骤 【过渡】书写方法掌握了，请快速地写出下列离子方程式（请4位学生上黑板写） $NaOH$ 溶液和 H_2SO_4 溶液混合 KOH 溶液和 HNO_3 溶液混合 $BaCl_2$ 溶液和 Na_2SO_4 溶液混合 $Ba(NO_3)_2$ 和 $CuSO_4$ 溶液混合 通过对上述各反应的离子方程式的比较，你发现了什么？你能说出离子方程式和化学方程式有哪些区别吗？ 【总结】离子反应方程式可以表示某个具体的反应或者某类反应	听课 观察离子方程式的书写 学生快速书写，并思考总结规律 记下问题，课下思考	通过离子反应的本质以及案例分析，引导离子反应方程式的书写 举例说明书写要点，为学生以后书写较为复杂的离子方程式做准备 引出离子方程式的实质即意义 总结离子反应的意义

4.2 验证性实验在中学化学课堂教学中的应用

4.2.1 氮及其化合物

（1）教材分析。

本节课选自人教版高中化学必修二第五章第二节"氮及其化合物"中有关浓硝酸的内容，即浓硝酸的强氧化性。在编制内容上，新教材新增了浓硝酸、稀硝酸与铜反应的对比实验，旨在让学生更为深刻地理解浓、稀硝酸氧化性的不同；在编制顺序上，新教材也有所改变，将"物质结构、元素周期律"这一章节的知识放在了非金属元素知识点的前面，使其衔接更为自然，学生在掌握有关金属的性质的知识点后，更容易接受有关非金属元素的学习，更能通过不同元素之间的结构、性质特点进行类比分析。在非金属元素中，硝酸占有很大的地位，它是继氧化还原反应、离子反应以及一系列元素性质的教学后新增的

知识内容。而本节课以浓硝酸的强氧化性这一个知识点展开探究，更加细致化地分析实验现象，让这一章节的知识内容更为立体饱满[①]。

(2) 学情分析。

从学习内容上看，本节课的知识点并不多，归根结底就是通过一系列的探究性实验，深度剖析浓硝酸的强氧化性，对于已经学习过氧化还原反应原理、物质结构性质以及相关元素化合物知识的学生来说，这并不是特别难以接受的。学生可以利用已学知识，分析问题、设计方案、实验验证。从实验能力上看，学生已经接触过不少有关实验教学的案例，也具备一定的实验操作能力，所以在探究性实验案例的实施方面也有一定的基础。但由于以往接触的实验中，演示实验、验证实验等较多，探究性实验较少，学生可能会缺乏科学的探究性实验方法，对于实验的猜想、提出的验证实验方案可能会相对较为片面，还有可能涉及有关数字化的实验，学生操作时可能也会不太熟练。但这也正是教师的教学方向，通过探究性实验教学逐渐培养学生的高阶思维能力，能够举一反三，以已知推未知，不断形成证据意识，具备推理能力[②]。

(3) 教学目标。

①通过对浓硝酸的物理性质的复习，以及浓硫酸与还原性较弱的金属反应实例，能够推导浓硝酸与铜的反应现象，并写出反应表达式，发展学生证据推理的科学素养。

②通过浓硝酸与铜的反应实验现象，能依据实验证据从不同视角分析问题，并合理推理，设计方案，解决问题，培养学生发现问题并解决问题的能力。

③通过浓硝酸与金属的反应，类比推理浓硝酸与非金属碳的反应现象，猜想产物，并设计实验方案验证验证猜想，发展学生科学探究与创新意识的化学核心素养。

(4) 教学方法。

实验探究、小组合作法、问题引导法。

(5) 教学重难点。

教学重点：浓硝酸与铜、碳的反应原理、方程式的书写。

教学难点：浓硝酸与铜反应溶液颜色变绿的原因探究、浓硝酸与碳反应产

---

① 于美爱：《基于"证据推理"的中学化学探究性实验教学案例设计与实施》，合肥师范学院硕士学位论文，2021年，第34页。

② 刘兴民：《在新课程标准下〈欧姆定律〉科学探究式教学初探》，载《新课程学习（上）》，2011年第2期，第15页。

物检验方案的设计。

(6) 教学过程。

教学环节	教师活动	学生活动	设计意图
探究浓硝酸与铜的反应和实验现象	【图片展示】 浓硝酸保存在棕色瓶中,我们打开瓶盖,大家观察有什么现象,如图 4.2.1－1 所示 图 4.2.1－1 保存在棕色瓶中的浓硝酸 用铝罐装浓硝酸,打开瓶盖,立刻冒出红棕色气体,说明了什么? 【提出问题】冒出的红棕色气体为我们上节课学习的二氧化氮,这说明了什么? 【引导分析】硝酸中的氮元素为＋5 价,二氧化氮中的氮元素为＋4 价,元素化合价降低,说明硝酸具有氧化性 【提出问题】要证明其强氧化性,那与之反应的还原剂的还原性越强好还是越弱好? 【现场实验】请学生设计实验方案 将金属铜置于装有浓硝酸的圆底烧瓶中,用带有导气管的单孔橡胶塞塞紧瓶口,导气管的另一端连接装有蒸馏水的锥形瓶中 【实验现象】圆底烧瓶中产生了大量红棕色气体,瓶内变绿。一段时间后,锥形瓶中的水回流到圆底烧瓶,红棕色气体消失,圆底烧瓶中的溶液变蓝 【提出问题】为什么反应后溶液变成绿色?反应产物是什么?请猜想并假设后设计实验验证 【提出猜想】猜想 1:硝酸浓度过大,掩盖了硝酸铜本身的颜色 猜想 2:生成了 Cu^+ 猜想 3:二氧化氮溶于水生成浅黄色的硝酸,与蓝色的硝酸铜混合,颜色改变 方案一:将反应后的溶液加入稀硝酸稀释,观察颜色变化 方案二:先配置饱和硝酸铜溶液,与反应后的溶液进行对比,然后不断通入二氧化氮气体,观察溶液颜色变化	观察、思考、回答 思考、回答 倾听、理解 思考、讨论 动手实验,记录 对实验现象进行合理解释 思考、讨论 进行实验验证,并得到结论:溶液变绿的原因是二氧化氮溶于水生成浅黄色的硝酸,与蓝色的硝酸铜混合,颜色变绿	从宏观上收集证据,根据已有知识展开合理推导 培养学生证据推理的能力 由化合价变化分析氧化性 由还原剂的强弱证明氧化剂的强弱 设计实验方案 基于实验现象,推理溶液变绿色的原因 证据推理,培养学生的实验观察能力、推理能力、方案设计能力以及实验分析、解决问题的能力 归纳总结

续表

教学环节	教师活动	学生活动	设计意图
探究浓硝酸与铜的反应和实验现象	方案三：向反应后的溶液中通入惰性气体，将溶于水的二氧化氮气体赶出，观察溶液颜色的变化 【总结】通过实验验证：溶液变绿的原因是二氧化氮溶于水生成浅黄色的硝酸，与蓝色的硝酸铜溶液混合，颜色变绿。反应符号表征：$4HNO_3(浓)+Cu = Cu(NO_3)_2+2NO_2\uparrow+2H_2O$。	验证猜想，归纳总结	归纳总结
探究浓硝酸与碳的反应和实验现象	【过渡】复习：浓硫酸与碳的反应、浓硝酸与铜的反应 $2H_2SO_4(浓)+C = CO_2\uparrow+2SO_2\uparrow+2H_2O$ $4HNO_3(浓)+Cu \longrightarrow Cu(NO_3)_2+2NO_2\uparrow+2H_2O$ 【提出问题】猜想浓硝酸与碳反应的产物 【验证猜想】请设计实验并验证猜想 设计实验：将碳粉加入盛有少量浓硝酸的试管中，用带有导气管的单孔橡胶塞塞紧，导气管的另一端插入澄清石灰水中，观察现象 实验现象：有红棕色气体产生，但澄清石灰石没有变浑浊 【引导分析】如何检测二氧化碳 【现场实验】将二氧化碳传感器一端连接反应装置中，另一端连接数据传感器，将数据传输至电脑端，查看数据曲线，曲线呈上升趋势 【实验现象】曲线呈上升趋势，说明生成物中有二氧化碳 【归纳总结】产物中有红棕色气体产生，即二氧化氮，二氧化碳传感器采集数据曲线上升，说明生成了二氧化碳。反应符号表征：$4HNO_3(浓)+C = 4NO_2\uparrow+CO_2\uparrow+2H_2O$	回忆、倾听 可能是NO_2、CO_2和H_2O 产生二氧化氮气体与水反应生成硝酸，硝酸会使碳酸钙沉淀溶解 可以使用二氧化碳传感器 观看实验 解释实验现象 思考、写出方程式	巩固旧知，引导新内容 根据已知推导反应产物 通过产物的验证性实验，引导出手持技术的应用，打破惯有思维，形成创新思维 合理应用身边的仪器 运用手持技术 归纳总结

4.3 探究性实验在中学化学课堂教学中的应用

4.3.1 碳酸钠与碳酸氢钠

(1) 教材分析。

本节课选自高中化学人教版必修一第二章"海水中的重要元素——钠和氯"第一节"钠及其化合物"。本节内容在整个知识体系中具有承上启下的作用，既是对初中学习的碳酸钠和碳酸氢钠等知识的深化，又为后续学习盐类水解打下坚实的基础。学习本节内容有助于提高学生的实验探究能力、证据推理能力、模型认知与建构能力，学习对比思维和控制变量思想，再次明确分类观。学习碳酸钠和碳酸氢钠知识对于分析解决生产和生活中的相关问题都具有重要意义，例如面食制作、厨具清洗、医疗保健、消防抢险等。

(2) 学情分析。

初中阶段学生通过感性认识碳酸钠和碳酸氢钠，已经对二者有初步认识，为本节课进行性质对比、设计对比实验、定量分析二者差异打下基础。学生初步具备了获取实验现象、分析推理的能力，以及进行实验设计和探究的能力，一定程度上具备了分析和解决问题的能力[1]。

(3) 教学目标。

①通过创设"蒸馒头"这一生活化情境，发现问题，开展探究，掌握碳酸钠和碳酸氢钠的性质及二者性质的差异，了解二者在生产生活中的应用及相互转化。

②学会运用比较的方法研究碳酸钠和碳酸氢钠的性质。通过研究碳酸钠和碳酸氢钠的性质，进一步体验科学探究过程，提高观察能力和分析问题能力；能够运用控制变量、定性与定量相结合的思想设计简单实验。

③通过对碳酸钠与碳酸氢钠性质的探究，发展学习化学的兴趣，培养实事求是的科学态度，建立将化学知识应用于生产、生活的意识[2]。

---

[1] 陈烁：《POE 教学策略在高中化学实验教学中的应用研究》，河南大学硕士学位论文，2021年，第 30 页。

[2] 郑玉娇：《拓展性阅读对高中生化学核心素养培养的实践研究》，闽南师范大学硕士学位论文，2019 年，第 29 页。

(4) 教学方法。

项目式学习法、小组合作法、问题引导法。

(5) 教学重难点。

教学重点：Na_2CO_3 和 $NaHCO_3$ 性质比较。

教学难点：设计 Na_2CO_3 和 $NaHCO_3$ 的对比探究实验。

(6) 教学过程。

教学环节	教师活动	学生活动	设计意图
情境导入：	【引入】投影馒头的图片，如图 4.3.1－1 所示 图 4.3.1－1　馒头图片 同学们看，投影上呈现的是我们中华民族的传统面食——馒头。老师也曾在家中自己动手制作过馒头。制作时，老师在互联网上查阅了制作馒头的 5 种方法，如表 4.3.1－1 所示。请同学们仔细阅读，并比较这 5 种方法之间的区别 表 4.3.1－1　制作馒头的常用方法表 	方法	效果
---	---
面粉	馒头是实心的
面粉＋食用级纯碱（Na_2CO_3）	馒头是实心的，有碱味
面粉＋食用级小苏打（$NaHCO_3$）	馒头较蓬松，有气孔，有碱味
面粉＋食用级纯碱（Na_2CO_3）＋食醋	馒头较蓬松，有气孔，几乎没碱味
面粉＋食用级小苏打（$NaHCO_3$）＋食醋	馒头蓬松，气孔多，几乎没碱味 | 【回顾旧知】回顾初中阶段学习的 Na_2CO_3 和 $NaHCO_3$ 知识	观察、思考并回答 回忆旧知	以学生熟悉的日常生活场景入手，便于激发学生的学习兴趣 将化学问题转化为生活问题，引导学生对比 Na_2CO_3 与 $NaHCO_3$ 的性质

第 4 章　化学实验在中学化学课堂教学中的应用示例

续表

教学环节	教师活动	学生活动	设计意图
探究馒头有碱味的原因	【问题1】为什么使用方法2和方法3蒸出来的馒头都有碱味？请设计实验来验证自己的猜想 【讲解】明确实验目的： ①探究 Na_2CO_3 和 $NaHCO_3$ 在水中的溶解性 ②检验 Na_2CO_3 和 $NaHCO_3$ 溶液的酸碱性。其实验步骤如图 4.3.1－2 所示 **实验步骤** (1) 在两支试管中加入 $1gNa_2CO_3$ 和 $NaHCO_3$，分别滴入几滴水震荡观察现象，触摸试管底部，感受温度变化 (2) 继续向(1)试管中分别加入 5mL 水，用力震荡，观察现象 (3) 分别向(2)所得溶液中滴入1～2滴酚酞试液，观察现象 图 4.3.1－2　实验步骤 【提问】思考并回答实验现象 【初步结论】 ①溶解性：Na_2CO_3 ＞ $NaHCO_3$ ②二者水溶液的碱性大小：Na_2CO_3 ＞ $NaHCO_3$ ③Na_2CO_3 溶于水是放热过程，$NaHCO_3$ 吸放热还有待进一步探究 【讲述】利用手持技术温度传感器测定 Na_2CO_3 和 $NaHCO_3$ 溶解时的温度变化。其相关知识见资料卡片 【知识卡片】 知识卡片：手持技术(Hand-held Technology)，或数字化手持技术实验，是由计算机和微型电子技术相结合的新型数字化实验手段，主要包括：数据采集器、传感器、计算机及其配套软件三个部分。手持技术集数据采集、分析于一体，具有便携、直观、实时、定量等特点。 温度传感器能采集实验过程中的温度变化，并给出相应图像。 【播放视频】 实验结果的温度变化如图 4.3.1－3 所示 图 4.3.1－3　温度传感器检测反应温度变化	馒头有碱味可能是因为 Na_2CO_3 和 $NaHCO_3$ 显碱性 小组完成实验，并记录实验现象 思考回答 | 实验步骤	Na_2CO_3	$NaHCO_3$
---	---	---
(1)	能够溶解，试管底部感受到明显温度变化	能够溶解，试管底部感受不到明显温度变化
(2)	全部溶解	部分溶解
(3)	溶液变红且颜色较深	溶液变红但颜色较浅 | 阅读知识卡片 观察反应过程中的温度变化图	引导学生对比 $NaHCO_3$ 和 Na_2CO_3 的性质，使学生意识到即使组成相似的物质，化学性质不一样，用途也不一样，即"结构决定性质，性质决定用途"；用化学知识解释蒸馒头遇到的现象，使学生体会到学习化学的价值

· 111 ·

续表

教学环节	教师活动	学生活动	设计意图
探究馒头有碱味的原因	【实验结果】Na_2CO_3 溶于水温度降低是放热反应，$NaHCO_3$ 溶于水温度升高是吸热反应 【总结】解决问题 1	记录理解	
探究 $NaHCO_3$ 使馒头蓬松的原理	【问题 2】为什么方法 1 蒸的馒头是实心的，而方法 3 蒸的馒头却有气孔和较蓬松？ 【引导】推测 $NaHCO_3$ 在蒸馒头中发挥了什么作用？根据学习过的固体受热分解的方程式，猜测 $NaHCO_3$ 受热分解产生的气体是什么 【制定方案】加热 $NaHCO_3$ 固体，用澄清石灰水检验 【播放视频】$NaHCO_3$ 受热分解实验 【现象及结果】观察到澄清石灰水变浑浊，说明 $NaHCO_3$ 可以受热分解，生成的气体为 CO_2 【提问】尝试写出 $NaHCO_3$ 受热分解的方程式： $2NaHCO_3 = Na_2CO_3 + H_2O + CO_2\uparrow$ 【讲解】Na_2CO_3 较稳定，受热不易分解，加热到 850℃以上才能分解为 CO_2 和 Na_2O。 热稳定性：$Na_2CO_3 > NaHCO_3$ 【总结】解决问题 2	思考回答 $NaHCO_3$ 在蒸馒头的过程中受热，发生化学反应产生了气体，气体受热膨胀，因此馒头变得蓬松，猜测产生的气体可能为 CO_2 书写方程式 倾听理解	引导学生大胆预测 $NaHCO_3$ 的性质，并设计实验方案，培养学生的发散思维；通过实验验证，学生知道 $NaHCO_3$ 可用作膨松剂是因为其受热分解产生 CO_2 气体
探究 $NaHCO_3$ 与食醋组合用作膨松剂效果更好原理	【问题 3】为什么方法 5 比方法 3 蒸出来的馒头效果更好？ 【引导】$NaHCO_3$ 和酸（食醋）可以反应吗？与以前学习过的哪个反应类似？ 【制定方案】$NaHCO_3$ 与稀盐酸（HCl）反应，用澄清石灰水检验生成的气体 【提问】请同学们对比 $NaHCO_3$ 受热分解及 $NaHCO_3$ 与酸反应的两个化学反应方程式，如果消耗等量的 $NaHCO_3$，哪个反应生成的 CO_2 气体多？ 【分析】$NaHCO_3$ 受热分解产生 CO_2 气体；$NaHCO_3$ 能与酸反应，且等量的 $NaHCO_3$ 与酸反应时比受热分解时产生更多的 CO_2 气体，所以蒸出来的馒头蓬松 【提问】除了 $NaHCO_3$ 和食醋，还有哪些碳酸盐及酸可以组成复合膨松剂？	思考后回答 制定方案，如图 4.3.1-4 所示。验证猜想：学生分组实验 $NaHCO_3$ 与稀盐酸（HCl）反应 图 4.3.1-4 实验方案	引导学生通过类比、实验得出 $NaHCO_3$ 与酸反应的性质；学以致用，让学生寻找新的复合膨松剂，运用新知识解决实际问题

续表

教学环节	教师活动	学生活动	设计意图
探究 $NaHCO_3$ 与食醋组合用作膨松剂效果更好原理	【展示图片】常用作膨松剂的碳酸盐是 $NaHCO_3$ 和 NH_4HCO_3，受热易分解且可以与酸反应。除了食醋，还可以用柠檬酸、酸奶等，如图4.3.1－5所示。 图 4.3.1－5　常见的膨松剂	书写方程式，计算回答，倾听理解 类比推理： 碳酸盐：初中学过 NH_4HCO_3 受热会分解生成氨气，或许它可以 酸：其他可食用的酸性物质	
探究 Na_2CO_3 与食醋蒸馒头的原理	【问题4】为什么方法4可以蒸出馒头，而方法2不行？ 【引导】Na_2CO_3 会像 $NaHCO_3$ 一样受热分解产生 CO_2 气体吗？Na_2CO_3 可以与酸反应吗？ 【实验方案】①加热 Na_2CO_3；② Na_2CO_3 与酸反应（如图4.3.1－6所示） 图 4.3.1－6　反应实验 【提问】现在明白为什么方法2蒸出的馒头是实心的，而方法4蒸出的馒头较为蓬松的原因了吗？	思考 回答 分组实验	学生对比 $NaHCO_3$ 和 Na_2CO_3 的性质，得出 $NaHCO_3$ 与食醋组合蒸馒头效果更好的原理；引导学生从微观视角分析二者与酸反应剧烈程度不同的原因

续表

教学环节	教师活动	学生活动	设计意图
探究 Na_2CO_3 与食醋蒸馒头的原理	【分析】为什么 $NaHCO_3$ 与食醋组合比 Na_2CO_3 与食醋组合蒸出来的馒头更蓬松？$NaHCO_3$ 既可以受热分解产生 CO_2 气体，又能与食醋反应产生 CO_2 气体；而 Na_2CO_3 受热不分解，只与酸反应产生 CO_2 气体。因此前者比后者产生的 CO_2 多，所以馒头更蓬松 【提问】Na_2CO_3 和 $NaHCO_3$ 均可与酸反应，它们分别与酸反应的剧烈程度如何？ 【探究实验】控制变量法设计实验，利用等质量的 Na_2CO_3 固体和 $NaHCO_3$ 固体加入足量相同的稀盐酸。实验装置如图 4.3.1－7 所示 碳酸钠　　碳酸氢钠 图 4.3.1－7　实验装置 【提问】为什么 $NaHCO_3$ 与盐酸反应比 Na_2CO_3 与盐酸的反应更剧烈呢？ 【讲解】分别往 5 mL 0.1mol/L Na_2CO_3、$NaHCO_3$ 溶液中逐滴滴加稀盐酸，观察实验现象 【分析】Na_2CO_3 与盐酸反应分两步进行，先反应生成 $NaHCO_3$ 和 NaCl，再反应生成 CO_2 和水。而 $NaHCO_3$ 与盐酸为一步反应，立即生成二氧化碳	汇报结果： ① Na_2CO_3 受热不易分解 ② Na_2CO_3 与酸反应会生成 CO_2 气体 Na_2CO_3 ＋ 2HCl $=\!=\!=$ 2NaCl ＋ H_2O ＋$CO_2\uparrow$ 思考后回答 分组实验后汇报现象：可以看到有气泡产生。而且右边装置气球膨胀得更大更快。两者均能与酸反应，等质量的 $NaHCO_3$ 比 Na_2CO_3 反应更剧烈，生成的气体 理解领悟	
交流应用	【课后作业】利用本节课所学知识，设计膨松剂制作自己喜欢的发酵面食，并与其他同学交流、探讨	思考讨论交流	提高综合运用知识的能力

4.3.2 优化简单原电池

(1) 教材分析。

地位与功能：本课时内容选自高中化学人教版（新课标）选择性必修 1 第四章第一节"原电池"，是在必修一"氧化还原反应"和必修二"化学反应与能量变化"的基础上，对电化学知识的进一步深入拓展，体现新课标教科书的螺旋式编排逻辑。从章节教学单元看与前一节"电解池"是电化学中的两大分支，为并列关联性教学内容，同属本章知识的重要组成部分。此外在章节及知识体系的建构中，也起着比较重要的承转作用。

新课标要求：创设真实情境，充分利用铜锌双液原电池等案例素材开展多种学习活动，建立起对原电池的系统分析思路，提高学生对原电池本质的认识，从而提升科学探究与创新意识等化学学科核心素养。

(2) 学情分析。

认知基础：对原电池构成条件和工作原理有初步认识，具有一定的实验探究能力。

局限认识：对原电池存在的不足缺乏认识，尚不具备科学创新思维和实验综合分析能力。

发展方向：对原电池原理和盐桥中的离子移动形成完整的认识，提高解决问题的能力。

(3) 教学目标。

①通过对原电池的改进和评价单液、双液原电池，进一步认识原电池形成条件。

②通过实验探究盐桥的作用和观看微观动画，初步体会该过程的微观变化，树立宏微结合思想。

③通过模拟感受原电池发展历程，树立科学态度，体验学科重要性与应用性，增强社会责任感。

(4) 教学方法。

实验探究法、创设情境法。

(5) 教学重点、难点。

重点：单液原电池的优化。

难点：盐桥的作用。

(6) 教学过程。

教学环节	教师活动	学生活动	设计意图
情景导入	【引入】多媒体播放"伏打电池诞生"趣味短片，如图4.3.2－1所示 图4.3.2－1 伏打电池诞生 【板书】优化原电池 【讲述】刚才小短片介绍了伏打经过研究改良设计了一种电力强又稳定的电池。今天这节课我们就一起回到电池最初的起点，从最简单的原电池开始，模拟科学家们的研究过程	观看视频	让学生从化学发展史的角度，感受科学发现的艰辛与曲折；与已有知识建立联系，让新旧知识发生冲突，产生疑问，激发兴趣
单液原电池	【过渡】让学生用铜、锌硫酸铜设计一个简单原电池 【板书】一、简单原电池 【提问】设计出的简单原电池能在日常生活中使用吗？ 【投影】展示实验装置并介绍电流传感器播放简单原电池实验，如图4.3.2－2所示。 图4.3.2－2 实验装置 【提问】电流数据有什么变化？ 【追问】什么原因造成的？ 【板书】电流衰减快 【讲解】引导学生观察锌片上是否有红色铜产生，总结原因	画出设计的装置图 【回答】电流呈衰减趋势 锌和硫酸铜直接接触	通过实验，回忆原电池的构成条件，培养系统观察和描述实验现象的能力，为本节课的学习做好铺垫

第 4 章　化学实验在中学化学课堂教学中的应用示例

续表

教学环节	教师活动	学生活动	设计意图
盐桥型电池	【过渡】如何改进？ 【投影】展示一种锌片，硫酸铜分开装置模拟图如 4.3.2—3 所示 图 4.3.2—3　实验装置图 【提问】会有电流产生吗？为什么？ 【引导】连接两块金属用金属导线，同理连接盐溶液可以用盐溶液 【投影仪】展示双液原电池模拟图，如图 4.3.2—4 所示 图 4.3.2—4　双液原电池装置 【投影】盐桥型原电池如图 4.3.2—5 所示 图 4.3.2—5　盐桥型双液原电池 【提问】观察到的实验现象？为什么加入盐桥后就构成了闭合回路同时有稳定电流生成？ 【追问】盐桥中的离子移动方向？ 【过渡】能否用中学学过的常见离子检验方法，来检测氯离子是否移动到了硫酸锌溶液或者钾离子移动到硫酸铜溶液中？	【回答】将它们分开 【回答】不会，因为不是闭合回路盐溶液 学生实验 ①连接盐桥型原电池 ②观察记 观察实验现象 【回答】因为盐桥的离子发生了移动 【回答】用硝酸银检测氯离子，看有没有氯化银白色沉淀生成	引导学生对化学问题进行剖析，使学生进一步明确所需探究问题的具体任务。培养学生思维的深刻性与批判性 产生思维冲突，引发学生思考；借用数字传感技术开阔学生视野，使学生思维充分发散，再通过交流和提供的事例作出合理推断

· 117 ·

续表

教学环节	教师活动	学生活动	设计意图
盐桥型电池	【教师演示】 ①取两支试管，标号 A、B ②向 A 试管中加入 5 mL 反应前的硫酸锌溶液 ③在反应一段时间后装有硫酸锌溶液的烧杯中取 5 mL 溶液加入 B 试管中 ④分别滴入 3 滴硝酸银溶液 ⑤展示两支试管实验现象，如图 4.3.2－6 所示 图 4.3.2－6　实验现象 【讲解】对比 A、B 试管，B 试管明显有更多白色沉淀生成，论证了氯离子向硫酸锌溶液移动的理论猜想 【投影】播放动画并讲解盐桥型原电池中离子的移动方向，如图 4.3.2－7 所示 图 4.3.2－7　播放动画 【总结归纳】盐桥的作用	观看实验现象 观看微观动画 学生总结	通过观看微观的模拟动画，加深对原电池构成的理解，形成微粒观、平衡观
双液原电池	【过渡】科学技术不断向前发展，科学家们研究出了新的替代材料，既实现分隔正负电极区，又允许溶液中特定的离子来平衡两电极区溶液的电荷，这就是离子交换膜。 【资料卡片】离子交换膜是一种含离子基团、对溶液里的离子具有选择透过能力的高分子膜。因为一般在应用时主要是利用它的离子选择透过性，所以也称为离子选择透过性膜。1950 年，朱达首先合成了离子交换膜		感受原电池原理的价值

第 4 章　化学实验在中学化学课堂教学中的应用示例

续表

教学环节	教师活动	学生活动	设计意图
双液原电池	【投影】带有离子交换膜的原电池装置 【讲述】该实验中所使用的装置原本是电解食盐水的装置,将电极更换成铜电极和锌电极,装置中间原本有一层阳离子交换膜,如图 4.3.2－8 所示 图 4.3.2－8　实验装置 【提问】在这个实验中这种离子交换膜是不是最佳选择? 【追问】如果使用阳离子交换膜,出现什么现象能佐证你的观点? 【提问】你觉得使用哪种离子交换膜比较好? 【教师】观看学生实验过程,引导指正实验操作 【引导】 ①引导学生观察 DIS 实验测定离子交换膜原电池的电压、电流 ②分析实验数据和离子交换膜的作用 ③总结离子交换膜型原电池装置优缺点 【引导】引导学生尝试用两瓣未分开的橘子连接电流表,观察实验现象 【提问】两瓣未分开的橘子产生电流的原因? 【引导】引导学生观察 DIS 实验测定离子交换膜原电池的电压、电流,并做数据分析,分析优缺点 【提问】 1. 离子交换膜的作用? 2. 分析离子交换膜型原电池装置的优缺点	观看投影 【回答】不是,阳离子交换膜允许阳离子透过 思考并回答 【学生实验】制作离子交换膜原电池 学生分组实验,观察现象,记录数据探讨离子交换膜的作用,分析膜池装置的优缺点	分析过程和实验活动,初步感受基于实验数据设计电池的思路和方法,形成判断、分析、设计原电池的思维模型 趣味实验让学生学会利用日常生活中的事物,感受化学的乐趣
归纳总结	【拓展应用】了解锂电池工作原理,分享 2019 年诺贝尔化学奖获得者的贡献	思考讨论 交流	提升社会责任感。进一步理解科学探究的意义

4.3.3 二氧化碳实验优化

（1）教材分析。

本课题主要研究实验室中如何制取二氧化碳，在初识氧气之后检验迁移氧气的研究方法来研究新物质的能力。它是培养学生在实验室中制取某种气体时，药品的选择、装置的设计、实验的方法等思路的最佳素材。从反应原理到实验装置到验证方法，把研究气体的一般思维和方法进行到底，升华为认识物质的一种能力[①]。

（2）学情分析。

认知层面：初中阶段的学生好奇心强，在课堂上比较活跃，对于探究性的课程比较感兴趣，但还不够细致。

知识层面：通过学习氧气的制备已经了解了关于气体制备的相关知识与技能，因此在教师的适当引导下，学生有能力顺利完成本节课的探究学习[②]。

（3）教学目标。

①通过该实验的学习和装置改进，了解制备二氧化碳的化学反应原理和常备药品，并且使学生更加熟悉在实验室中制备二氧化碳需要的设备。

②通过该实验的动手活动，发展学生的实验操作技能，培养学生的研究创新能力以及与别人协作的意识。

③通过本次实验活动，引发学生对化学现象的好奇和探究兴趣，提高学生对化学学科的热爱程度。

④透过社会实践活动，培养学生认真务实的科研心态和集体合作的精神。

（4）教学方法。

实验探究法、小组合作法。

（5）教学重难点。

教学重点：二氧化碳的实验室制备。

教学难点：制备二氧化碳实验装置的改进。

（6）教学过程。

---

① 李丽丽：《基于化学核心素养的 PBL 教学设计探讨——以〈二氧化碳制取的研究〉为例》，载《高考》，2021 年第 18 期，第 149~150 页。

② 陆周华：《初中化学实验教学案例——以"二氧化碳的制取"为例》，载《新课程》，2022 年第 2 期，第 110~111 页。

教学环节	教师活动	学生活动	设计意图
情境引入	【引入】同学们，我们来做一下深呼吸，你们知道呼出去的气体中含有什么气体吗？ 【图片展示】植物的光合作用如图 4.3.3－1 所示，人工降雨如图 4.3.3－2 所示  图 4.3.3－1　植物光合作用  图 4.3.3－2　人工降雨 【引导】我们之前学过实验室制取氧气的方法，那你们知道在实验室中如何制取二氧化碳吗？	【回答】二氧化碳	教师从学生的生活实际出发引入本次实验，有利于消除学生对将要学习的化学原理的陌生感 借助多媒体向学生呈现生活中的图片，使学生初步认识到二氧化碳的重要性 教师联系学生以往学过的化学基础知识，可以促进相关知识点的迁移，充分引起学生对本节课实验的好奇与思考

续表

教学环节	教师活动	学生活动	设计意图
学习实验原理	【讲解】实验室一般会选用稀盐酸与大理石这两种物质来制取CO_2，你们知道大理石的主要成分是什么吗？如何书写其化学式？ 【指导实验】观察学生行为，记录学生优缺点	【回答】碳酸钙，即$CaCO_3$ 【学生动手实验】学生通过小组协作完成实验，把试剂瓶中的稀盐酸滴入盛有大理石的试管中，有的成员负责观察和陈述现象，有的负责拿笔及时做好记录。最后得出结论：两种反应物在接触时会产生气体，试管中的大理石质量有明显减少。反应方程式如下： $CaCO_3 + 2HCl = CaCl_2 + H_2O + CO_2\uparrow$	学生动手实验可以增强学生对该反应原理的认识与记忆
小组讨论	【提出任务】我们应该选用什么装置来进行实验呢？请你们自主设计一套制取二氧化碳的实验室装置吧	【学生探究活动】学生结合第一步中化学反应的条件以及气体的性质，自主设计实验装置。通过小组成员之间的合作与讨论，不断改进装置，最后使得装置更加完善	发展学生的创新思维
实验装置改进	【提出问题】针对教材中实验装置的不足提出改进。教材实验装置如图4.3.3－3所示 图4.3.3－3 **教材实验装置** 局限：如无法对化学反应加以合理调控，不能随用随取或不用即停	【装置改进】改进装置如图4.3.3－4所示 图4.3.3－4 **改进装置** 该设备的一个亮点是把玻璃管弯曲式"n"型置入反应瓶B中，利用"n"型玻璃管阻挡固体粒子流入瓶中，就可以处理液体，并且在不需制取气体时，也可以及时停止在瓶中反应。使止水夹B完全关闭，其余液体将经由乳胶管逐渐返回到漏斗A中，以便使液体与固体分离。这种方式也引入了物理中的连通器原理和气压平衡原理	

续表

教学环节	教师活动	学生活动	设计意图
实验流程	【观察、记录】仔细观察学生行为，并对学生学习行为记录，记下优缺点，方便后面点评讲解	检查气密性：使用止水夹把管道与排液管道一起夹紧，把适当的水加入漏斗A中，并仔细地观察漏斗A中水位的变化。如发生了较大改变，则表明装置的气密性不良，相反则气密性正常。开启排液管上的止水夹，把混凝土漏斗A中的污水排出去，直至完全排净，再用止水夹A把管道夹紧，即可完成设备气密性的检测工作。制取二氧化碳：利用镊子把适当的石灰石水倒入化学反应瓶B中，并拧紧瓶盖，然后再把少许的稀盐酸溶液加入漏斗A中，并开启导气管上的装夹，漏斗A中的液体就经过乳胶剂管道直接注入化学反应瓶B中，并产生化学反应，此时也就结束了二氧化碳制备	充分锻炼学生动手能力与团队协作能力。体会有关气体实验的基本实验要素，深刻感受实验室制备二氧化碳的化学反应
课堂小结	【教师总结】同学们，通过本次实验活动你们都收获了哪些知识？	【回答】①我们掌握了实验室制备二氧化碳的反应过程及基本原理②改进了制造二氧化碳的实验室装置	在"二氧化碳的制取"教学过程中，教师可以让学生自主总结学习经验，并归纳自己从课堂中学到的知识、得到的经验。教师还可以设计活动成绩评估表，通过学生在实验中的活动成绩，了解学生所掌握的知识与技能、情感态度与价值观及学业目标落实状况

续表

教学环节	教师活动	学生活动	设计意图
布置课后探究式作业	【课后探究任务】学生可利用周围的废弃物质和化工产物制造二氧化碳。教师可以使用小海贝和鸡蛋壳替换大理石，使用食醋替换稀盐酸		把物理、化学课堂研究和现实紧密联系在一起，把物理、化学课堂探究拓展到现实生活中，学生就能够运用学到的物理、化学专业知识解决现实中的问题，从而感受物理、化学专业知识的应用价值，进而充分调动学生的学习兴趣，改善教学效果
教学评价	教师根据实验过程中的记录与观察，对学生实验过程中存在的优缺点进行点评与改进	学生对自己进行评价：实验过程的优点与不足，对于该内容的掌握情况，今后实验中可以提高改进的方面	课程设计的导入环节采取了创造生活情境、创造直观情境等形式，可对学生的感官产生一定冲击，也可以激发学生对化学反应性质和原理的好奇心和探究兴趣。在教学活动中，教师通过为每个学生营造自主动手设计制作装置的情境，既可以培养他们的合作意识，又可以有效地提高每个学生的动手操作能力。学生学会了如何设计实验装置，能够加大他们对化学学科的热爱程度，有利于培养并提升学生的化学素养

4.4 数字化实验在中学化学课堂教学中的应用

4.4.1 再探原电池

(1) 教材分析。

本课时内容选自新人教版教材化学选择性必修 1《化学反应原理》第四章第一节"原电池"第 1 课时"原电池的工作原理",属于新授课。在必修二第六章"化学反应与能量"的基础上,与本册教材第一章化学反应的热效应相呼应,通过讨论化学反应与能量的转化问题,从而完整、全面地落实课程标准中的教学内容和要求。本课时的主要内容包括:①双液原电池的工作原理;②电极反应式的书写;③离子的迁移方向;④正负极的判断。原电池的教学在高中阶段是一个循序渐进、层层推进的过程。很多学生会有这样的疑问:好好的单液原电池为什么要改成带有盐桥的双液原电池?虽然教师可能会从理论的角度给学生解释单液原电池的缺点以及改进的原因,但这种抽象的问题单凭理论解释很难让学生真正理解和感受。传统的原电池实验中,单液原电池的电流可以通过电流表指针偏转的大小或者音乐盒声音的大小来做定性判断,但不能很好地定量直观测量,导致单液原电池电流出现迅速衰减以及学生对引入盐桥的必要性理解得不够透彻,因此,只有通过定量的研究才可以让学生对于单、双液原电池的优势和不足有更准确的分析,手持技术正好可以解决这一难题。

本节通过创设真实问题情境,结合化学电源的发展历史,利用微型实验观察的现象和手持技术数字化实验提供的数据,让学生从"单液铜锌原电池—双液铜锌原电池—膜电池—氢氧燃料电池"这一主线形成对原电池工作原理的完整认识,建立对原电池工作过程动态的系统分析思路。同时在整节课注重课堂评价方式的多元化,从不同角度实现师生对话、生生对话,强化学生思路外显,有效提升课堂教学效果。

(2) 学情分析。

在必修课程中学生已经学习了"氧化还原反应"和"化学反应与电能"的相关知识,了解了将锌片和铜片置于稀硫酸中并以导线连接起来可以组成原电池;利用宏观实验现象的观察与微观原理的分析,构建了铜锌原电池的思维模型,明确了化学能与电能相互转化的原理。但是,单液原电池能量利用率低并

没有在之前的课程中介绍，同时学生对于原电池存在很多模糊认识，如负极材料必须参与电极反应，锌与稀硫酸接触引发了电池反应才产生电流，在原电池中锌片表面不会再产生气泡等。因此，电化学知识的认识不足以及物理电学知识的欠缺对学生进一步分析铜锌双液原电池的工作原理，构建原电池思维模型形成了认识障碍。

（3）教学目标。

①通过复习单液原电池的基本原理，能说出原电池构成的四个基本要素。

②通过单、双液微型原电池实验和传感器数据分析，建立原电池的思维模型，能根据电极的反应、电流方向或离子移动的方向判断原电池的正负极，写出电极反应式。

③通过真实情境创设问题，能分析、解释原电池的工作原理。能利用提供材料设计原电池，并概括设计原电池的一般思路。

④通过学习化学电源的发展史，了解电池发展的方向，体会原电池的使用对自然环境和社会发展的影响。

（4）教学方法。

情境导学法、实验促学法、讲授法、多媒体辅助教学。

（5）教学重难点。

教学重点：判断原电池正负极、书写电极方程式。

教学难点：设计微型原电池。

（6）教学过程。

教学环节	教师活动	学生活动	设计意图
单液原电池	【情境引入】由汽车尾气带来的环境问题引出大力推广新能源汽车的原因 【驱动问题】氢燃料电池的工作原理究竟是怎样的？ 【史料介绍】历史上第一个化学电源——伏打电池 【提出问题】200多年前发明的单液原电池是不是理想的化学电源呢？ 【过渡】Zn－Cu－H_2SO_4原电池工作原理：将铜片和锌片用导线连接，放入$CuSO_4$溶液中，形成原电池。锌的活泼性比铜强，锌做负极，铜做正极，导线中产生电流，如图4.4.1－1所示	倾听、思考 观看、倾听、思考 讨论，分小组汇报方案	生活化情境引入，提高学习兴趣 利用情境素材，引导学生关注新能源科技领域的发展。化学电源的发展历史的学习，使学生认识到化学对于推动社会进步的意义

续表

教学环节	教师活动	学生活动	设计意图
单液原电池	图 4.4.1−1　Zn−Cu 原电池装置图 负极反应：$Zn-2e^- == Zn^{2+}$ 正极反应：$Cu^{2+}+2e^- == Cu$ 总反应：$Cu^{2+}+Zn == Zn^{2+}+Cu$ 【实验】利用提供的材料，设计一个微型单液原电池。要求学生预测实验现象并在实验中进行验证 主要实验材料：Zn 棒、Cu 棒、$CuSO_4$ 溶液（1 mol/L）、电流表、导线 【提出问题】仔细观察实验装置中电极和溶液的变化，你发现了哪些现象？和之前预期的现象是否一致？ 【分析强化】请你猜测这样的现象对于原电池会有什么影响 数字传感器测量到的单液原电池的电流曲线见图 4.4.1−2，温度曲线见图 4.4.1−3 图 4.4.1−2　电流曲线 图 4.4.1−3　温度曲线 【提出问题】仔细观察电池工作中电流强度、电解质溶液温度的数据变化，这说明了什么问题？	动手做实验，并记录实验现象 Zn 棒和 Cu 棒表面均有黑色固体析出，电流表指针转 实验推理：电流不断减小，反应会放热	复习旧知，发展学生解决问题的能力 了解实验现象，发现问题 以提问的方式深入探究

127

续表

教学环节	教师活动	学生活动	设计意图
单液原电池	结合宏观电极现象，你能从微观的角度谈一谈单液原电池电流衰减和温度升高的原因吗？ 【总结归纳】单液原电池的缺点：无法提供稳定电流、能量转化率低	反应放热，温度升高。反应生成的铜覆盖在 Zn 棒表面，阻止反应的进行 总结归纳	学生从宏观角度认识微粒变化与能量转化的联系。结合数据进行分析，训练学生的图像分析能力
双液原电池	【过渡】该如何有效地避免单液原电池的缺点呢？请谈谈你们的看法 【史料介绍】资料：第一个双液原电池——丹尼尔电池。 资料：盐桥的作用 【设计实验】利用提供的材料，设计一个微型双液原电池，如图 4.4.1－4 所示 图 4.4.1－4 双液原电池 提示：可以使用滴加溶液的滤纸代替盐桥 主要实验材料：Zn 棒、Cu 棒、$CuSO_4$ 溶液（1 mol/L）、$ZnSO_4$ 溶液（1 mol/L）、KCl 溶液（1 mol/L）、滤纸 【提出问题】① 你如何制作双液电池？ ②没有使用滤纸代替的盐桥时，是否形成电流？ ③使用滤纸后，Zn 棒表面有什么现象？和之前是否一样？ 【总结归纳】总结双液原电池的反应原理。 【深入探究】双液原电池是完美无缺的吗？数字传感器测量到的双液原电池的电流曲线见图 4.4.1－5，温度曲线见图 4.4.1－6	倾听，理解 动手做实验、记录 绘制双液原电池装置图 学生回忆、分析后回答	通过分析归纳，锻炼学生的归纳能力化学史的引入增添学习兴趣 设计实验方案并实施，发展学生证据推理的核心素养 深入探究和思考 总结 结合物理知识对数据进行分析，体现了学科间的相互渗透与融合，培养了学生的证据推理与模型认知的核心素养

第 4 章　化学实验在中学化学课堂教学中的应用示例

续表

教学环节	教师活动	学生活动	设计意图
双液原电池	图 4.4.1-5　电流曲线 图 4.4.1-6　温度曲线 【提出问题】电流强度、电解质溶液温度有怎样的变化？和单液原电池比较，你认为双液原电池有哪些优点？ 【资料展示】资料：单液原电池的能量转化率是非常低的，只有 10% 左右。双液原电池的能量转化率在 90% 左右 【提出问题】和单液原电池的数据比较，你们觉得双液原电池是完美无缺的吗？双液原电池电流强度小的原因可能是什么？	能量利用率高。电流强度太小 盐桥使电池的电阻大，因此电流就小了	

4.4.2　电离平衡

（1）教材分析。

对于电离平衡，课标要求基于实验证明水溶液中存在离子平衡并通过对电离平衡存在的证明及平衡移动的分析，形成并发展学生的微粒观、动态平衡观、定量观的化学学科基本观念。其中基于实验既契合化学学科的基本特点，同时帮助学生将认识角度从宏观向微观、从现象到本质的转变，丰富和发展学生从微观角度认识和理解物质及其变化，促进其对化学知识深入系统的理解。

电离平衡编排在人教版高中化学选择性必修 1 第三章第一节。本节内容上承"化学平衡"，下接"水的电离"，是高中学习的重要章节。本节内容在必修阶段已建立起电离、电解质的概念基础上，进一步探究强弱电解质的区别，基于实验证明弱电解质电离平衡的存在，运用类比的思想认识电离平衡常数。在

从区别强弱电解质到证明电离平衡的存在再到认识电离平衡常数的学习进阶中，基于实验探究，运用科学的思想，促进学生学科基本观念的进一步发展。

(2) 学情分析。

学生在此之前已经掌握了"电离与离子反应""化学平衡"的基础知识，具备一定的实验操作、观察、分析能力。但是学生对电解质在水中的电离还处在静态、单向、定性的认识视角上，而本节内容将转变为动态、双向、定量的视角。

本节知识属于选择性必修阶段的内容，对培养学生深入学习与探索化学的志向，引导学生更深入地认识化学科学，了解化学研究的内容和方法具有重要意义。

(3) 教学目标。

①通过实验，认识到不同电解质的电离行为是存在差异的，认识强弱电解质电离特点，能够识别典型的强弱电解质。

②通过导电性实验，从电离程度辨析强弱电解质，进一步深化物质分类思想。

③通过醋酸电离的微观动画以及利用手持技术，宏微结合理解电离平衡是一个动态可逆的过程，形成并发展微粒观、平衡观。

(4) 教学方法。

实验探究法、问题驱动法。

(5) 教学重难点。

教学重点：强弱电解质的概念、弱电解质的电离平衡、电离平衡常数。

教学难点：弱电解质的电离平衡。

(6) 教学设计。

教学环节	教师活动	学生活动	设计意图
认识强弱电解质	【情境再现】在之前做导电性实验时，我们知道电解质溶液可以使小灯泡变亮，那么不同的电解质溶液使小灯泡变亮的程度相同吗？ 【演示实验】分别测定等体积等浓度的盐酸和醋酸溶液的导电性强弱，观察实验现象，实验主要装置如图4.4.2－1所示 开关—— 电极探棒 二极管显示灯 图4.4.2－1 主要仪器装置	【观察实验现象】等体积等浓度的盐酸和醋酸溶液的导电性不同	通过情景再现，唤起学生已有认知，并基于实验激发认知冲突，引导学生
弱电解质的电离平衡	【提出问题】电解质溶液导电与自由移动的离子有关，请大家从电解质在水溶液中电离出的自由移动离子的浓度的角度，思考盐酸导电性大于醋酸导电性的原因 【学生实验】检测等浓度盐酸和醋酸的pH，说明两者电离出的自由移动离子的浓度大小关系 【讲解】从实验现象我们可以得出，不同的电解质，在水溶液中的电离程度是不同的，我们可以根据电离程度不同对电解质进行分类。强电解质在水溶液中完全电离，弱电解质在水溶液中部分电离。强弱电解质在生活中较为常见，比如人们食用的白醋的主要成分是醋酸，而清洗污垢用的清洁剂主要成分是盐酸 【板书】强弱电解质 【提出问题】弱电解质怎么不能完全电离呢？它的存在形式是怎样的呢？我们以醋酸为例 【播放动画】播放醋酸电离的微观动画，其中红色的小球代表醋酸根，绿色的小球代表氢离子 【提出问题】请大家注意观察在醋酸的电离过程中，粒子是如何相互作用的 【讲解】醋酸分子能电离生成氢离子和醋酸根，这是一个离子化的过程；而氢离子和醋酸根又能结合生成醋酸分子，是一个分子化过程	【思考与猜想】盐酸电离出的自由移动离子的浓度大于醋酸电离出的自由移动离子浓度 【动手实验，汇报结论】实验测出盐酸的pH值小于醋酸的pH值，说明等浓度的盐酸电离出的氢离子浓度大于醋酸电离出的氢离子浓度 【思考，观看】 【回答】 $CH_3COOH \rightarrow$ $CH_3COO^- + H^+$ （离子化） $CH_3COO^- + H^+$ $\rightarrow C_3HCOOH$（分子化）	对导电现象从自由移动的浓度的角度思考 利用学生实验培养学生主动建构知识的能力，并通过驱动性问题，帮助学生建立弱电解质的概念 通过微观动画，直观形象地展示醋酸电离过程；通过验证分子化过程存在，从双向的视角认识弱电解质的电离；基于可逆反应的特征，从动态的视角认识电离平衡

续表

教学环节	教师活动	学生活动	设计意图
弱电解质的电离平衡	【追问】在前面测 pH 的实验中，醋酸能够电离出氢离子，离子化过程存在。那么如何证明分子化过程确实存在呢？请大家小组讨论，设计实验 【学生实验】证明分子化过程的存在：向醋酸溶液中加入醋酸钠固体，观察 pH 变化 【讲解】加入醋酸钠固体后，醋酸根消耗了氢离子生成醋酸分子，导致 pH 值增大，证明了分子化过程确实存在。这说明弱电解质的电离是可逆、双向的，我们可以用电离方程式来表示其电离过程 【板书】电离方程式： $CH_3COOH \rightleftharpoons H^+ + CH_3COO^-$ 【讲解】由于弱电解质的电离过程是可逆的，因此在电离过程中，当离子化和分子化速率相等时，弱电解质的电离达到了电离平衡状态。此时的速率并不为0，电离平衡是动态的平衡 【板书】弱电解质的电离平衡 【过渡】和化学平衡一样，当外界条件改变时，电离平衡会发生移动。但是溶液中粒子作用的微观过程是不可视的，我们可以利用手持技术使微观过程变得可视化 【探究实验】利用 pH 传感器测得 0.1 mol/L CH_3COOH 溶液稀释 10 倍的 pH 变化曲线 【提问】从理论上分析，醋酸稀释 10 倍以后，pH 值应该变化 1 个单位。但事实是这样的吗？ 【讲解】在稀释过程中，醋酸体系在抵抗这种稀释，氢离子得到补充，所以平衡向电离方向移动。因此弱电解质的电离存在电离平衡状态，改变外界条件，平衡会发生移动	【小组讨论】向醋酸溶液中加入含有醋酸根的盐，测试 pH 变化情况，若增大则说明氢离子浓度减少，分子化过程存在 【观察现象】pH 值增大 【聆听，思考】 【观察并回答】pH 值变化的幅度小于1	利用手持技术将溶液中粒子间的微观作用过程变得宏观可视，以证明电离平衡状态的存在，构建动态平衡的观念
电离平衡常数	【讲解】和化学平衡类似，一定条件下，弱电解质达到电离平衡状态时，溶液中各组分的浓度之间存在一定关系，可以用电离平衡常数进行定量表征	【聆听，思考】	利用类比的思想学习弱电解质电离程度的定量表达式，从概念的角度，定量表征电解质溶液

续表

教学环节	教师活动	学生活动	设计意图
电离平衡常数	【板书】电离平衡常数 【总结提升】通过本节课的学习，我们认识到电解质在水溶液中的电离的视角发生了转变，由必修阶段单向、静态、定性的认识，提升到了动态、双向、定量的认识，视角的转变对之后的化学学习十分重要，它将为我们学习水的电离、盐类水解、沉淀溶解平衡提供帮助	【聆听，思考，体会】	转变学生对电解质在水溶液中的电离的认识视角，深化对化学反应本质的认识

4.5 创新实验在中学化学课堂教学中的应用

4.5.1 感知化学反应中的热量变化

（1）教材分析。

课标要求：认识物质具有能量，认识吸热反应与放热反应，知道化学反应可以实现化学能与其他能量形式的转化。

地位与作用：本节内容选自人教版高中化学必修二第二章第一节，是化学中物质变化与能量变化两条主线之一，是建构完整的化学反应观念的一部分，又是在社会生产、生活和科学研究中有广泛应用的知识。基于前一课时已经从理论角度学习了化学反应中能量变化的原因，在选修模块"化学反应原理"中，又将从科学概念的层面和定量的角度比较系统深入地学习化学反应与能量的原理，本节课应用生活实例和化学实验感知能量变化，既是对理论知识的深化，也为选修4化学反应与能量的学习奠定基础。

教材知识结构：教材中重点设置了三个实验，说明化学反应中的能量变化主要表现为热量的形式，让学生了解吸热反应、放热反应。

（2）学情分析。

知识基础：知道化学反应的基本特征是有新物质生成，知道化学反应中的能量变化与化学键的关系；对化学能源在生活中的应用并不陌生，但没有经过系统的认识与学习。

能力基础：具备一定的实验基本技能，但动手能力和实验现象的表述能力

还需提高。

认知特点：对化学实验有强烈的好奇心，渴望利用所学知识去解决问题。本节课应用生活实例和化学实验创设教学情境，引导学生发现并去思考、解决问题，自主构建化学知识。

(3) 教学目标。

①通过生活实例和化学实验感知化学能与热能之间的相互转化，认识吸热反应和放热反应。

②通过多角度研究化学反应的热量变化，培养分析、解决问题的能力，初步了解定性分析和定量研究的科学方法。

③通过了解化学能在生活生产和科技领域的应用，感受化学学科的价值与魅力，树立正确的能源观，强化社会责任感。

(4) 教学重难点。

教学重点：化学能与热能的相互转化及其意义。

教学难点：手持技术运用于实验的过程及其分析方法。

(5) 教学过程。

教学环节	教师活动	学生活动	设计意图
生活引入：看得见的热	【实物展示】自热米饭图片如图4.5.1－1所示。 图4.5.1－1 自热米饭 【提出问题】自热米饭是怎么"自热"的？ 【现场实验】自热米饭发热包与水的反应 【引导发现】发热包内的主要成分是生石灰CaO，你能联系起什么化学知识吗？ 【提出问题】初中我们学过化学反应的基本特征是有新物质生成，通过以上实验，你对化学反应的特征有什么进一步的认识？你还知道哪些反应的能量变化？ 【展示图片】看得见的热：有温度的世界，铁丝燃烧如图4.5.1－2所示，金属与酸的反应如图4.5.1－3所示	联系生活，思考问题 观察现象，描述现象 【思考讨论】根据发热包的成分，得出其原理是：生石灰与水反应放出热量 【思考回答】化学反应不仅有新物质生成，还伴随着能量变化	以独具特色的自热米饭创设教学情境，激趣启思，让课堂充满活力 问题驱动学生思考，化学反应的认识从有新物质生成丰富到伴随能量变化

第 4 章　化学实验在中学化学课堂教学中的应用示例

续表

教学环节	教师活动	学生活动	设计意图
生活引入：看得见的热	图 4.5.1－2　铁丝在氧气中燃烧 图 4.5.1－3　金属与酸的反应 【提出问题】以上化学反应都能明显放出热量。那么，有明显吸热的化学反应吗？		联系熟悉的化学反应，丰富学生的认知
定性分析：摸得着的热	【创新实验】魔术中的化学 冰山雪莲［$Ba(OH)_2·8H_2O$ 与 NH_4Cl 反应］ 【实验操作】将两种试剂混合，盖上盖子，立即用玻璃棒快速搅拌至糊状后继续搅拌一会，观察现象 【改进说明】 ①便捷——从生活取材：用生活中常见的酸奶杯子代替烧杯 ②环保——加盖形成密闭体系，盖上配套的盖子，防止生成的氨气污染环境 ③美观——现象明显：在盖子内部放置一张浸湿酚酞试液的滤纸，既能检验氨气，又增大实验的趣味性、美观性 ④实验前的现象见图 4.5.1－4，实验后的现象见图 4.5.1－5	【观察现象】通过观看实验现象，触摸杯壁，体会到化学反应中的能量变化有吸热和放热两种形式 【建构概念】 (1) 放热反应：反应过程中放出热量的化学反应 (2) 吸热反应：反应过程中吸收热量的化学反应	紧紧围绕实验进行深入课题，直观强烈地让学生感受吸热反应，并体验化学实验的乐趣与神秘 由于 $Ba(OH)_2·8H_2O$ 与 NH_4Cl 反应会产生氨气，污染环境，对实验装置加以改进，改进后的装置集便捷性、美观性、趣味性一体，体现了绿色化学理念，也传递给学生科学创新的意识

续表

教学环节	教师活动	学生活动	设计意图
定性分析：摸得着的热	图 4.5.1-4　实验前现象 图 4.5.1-5　实验后现象 【过渡】所有的化学反应都一定有这么明显的热量变化吗？酸碱中和反应是放热反应还是吸热反应呢？	【实验感知】小组合作进行实验 【回答问题】用温度计测量	通过动手实验和观察现象，培养分析、解决问题的能力 用现代手持技术代替传统的温度计测量，将现代教育技术应用于在课堂，便捷，直观 为学生初步了解定量实验的要求进而学习选修4奠定基础
定量测定：测得到的热	【实验】测得到的热：中和反应的热量变化 【提出问题】用感官不能直接观察到热量变化的化学反应，能采取哪些方法来了解反应中的热量变化？ 【引导分析】分析使用温度计在本实验中可能存在的问题，提出使用数字化实验设备进行实验 手持技术，又称掌上实验室，是由计算机和微电子技术相结合的新型数字化实验手段，主要包括数据采集器、传感器、计算机及其配套软件。手持技术集数据采集、分析于一体，具有便携、直观、实时、定量等特点 【思考总结】常见的放热反应与吸热反应都有哪些呢？有无规律性？	【定量测定】数字化实验 【得出结论】中和反应是放热反应。化学反应中的热量变化可以定性分析，还可以定量测量 【资料卡片】酸与碱发生中和反应生成1 mol H_2O时所释放的热量称为中和热。	引导学生从不同视角对纷繁复杂的化学反应进行分类，帮助学生发展认识化学反应的基本角度

续表

教学环节	教师活动	学生活动	设计意图
综合应用：用得到的热	【科学视野】社会发展与能源利用 ①人类文明与能源开发、利用的关系 ②常见的能源 【课堂小结】通过今天的学习，你有什么收获？ 【布置作业】课本第34页"思考与交流" 【课外拓展】查阅资料，了解人类所面临的能源危机及未来新型能源	【思考交流】如要定量测定中和热，在设计实验装置及操作应该注意哪些问题？ 【资料卡片】常见的放热反应与吸热反应 观看图片，阅读资料卡片 了解化石能源作为当今世界的主要能源的利用存在的问题，关注新型能源的开发	拓展化学视野，深化对化学科学及其价值的认识 强化社会责任意识

4.6 虚拟仿真实验在中学化学课堂教学中的应用

4.6.1 氯气的实验室制法——视频互动方式

（1）教材分析。

"氯气的实验室制法"是新课标中必修课程第二章"海水中的重要元素——钠和氯"的第二节"氯及其化合物"的内容，这一部分内容是元素化合物知识的重要组成部分，是高中化学实验的重要内容，在高中化学学习中占有重要地位。教材讲解的是氯气的实验室制法。学生在上一课时的学习中已经知道了氯气的物理化学性质和主要用途，自然就会联想到如何得到氯气，这样的学习过程对学生发展"证据推理与模型认知""宏观辨识与微观探析""科学精神与社会责任"的学科核心素养提供有力保障。

氯是比较典型的非金属元素，氯及氯的化合物在日常生活、工农业中的应用非常广泛。对氯气性质、用途和制法的研究，不仅是第四章进一步学习、研究卤素性质相似性及其变化规律的需要，也是研究同族元素性质变化规律的需要。由于高中阶段对氯气的性质、用途等介绍、应用较多，对学生全面认识化学元素、形成正确观点、掌握正确学习方法等具有重要作用。

（2）学情分析。

学生在初中的学习中已经学习了氧气和二氧化碳的制备，对气体的制备模

型有了初步的构建，有助于学生对氯气的制备进行探究。通过前两节课的学习，学生已掌握了氯气的性质，这就为氯气的收集、尾气的处理打下了基础。

在初中，学生已经能够分析实验室制取二氧化碳中的杂质气体的净化过程，并且已经具备了根据气体的性质来选择收集装置的能力。

另外，学生还具有一定的分析、归纳、总结能力，但学生的基础知识、基本技能不是很扎实，所以在实验过程中仍需要教师引导。

（3）教学目标。

①通过了解化学史的和氯气的生活应用，理解氯气的重要性，培养学科态度与社会责任感。

②通过使用分屏功能体验制备氯气过程，掌握实验室制备氯气的方法和装置，培养模型认知的核心素养。

③通过互动方式学习，感受信息技术在化学学科领域的应用，培养跨学科的思维意识。

（4）教学方法。

视频互动方式学习。

（5）教学重难点。

教学重点：氯气实验室制法的原理。

教学难点：实验装置的选择。

（6）教学过程。

教学环节	教师活动	学生活动	设计意图
情境引入	【引入】通过第一节课的学习，同学们已经知道了氯元素在自然界中以化合态存在。大家一起来看一则化学史话，看完之后自己想想，舍勒发现氯气的方法至今仍是实验室制取氯气的主要方法之一，你能写出舍勒发现氯气的化学方程式吗？大家日常中用的自来水都是通过氯气消毒的，氯气对于人的生产生活很重要，今天我们学习实验室制备氯气。不过我们不会做实验，我们采用视频互动的方式。不知道大家是否用过B站，大家知道B站的分屏功能吗？	【回答】知道分屏功能 【方程式书写】 【学生分享介绍】互动视频又被称为交互式短片，是一种制作者通过视频平台制作而成的，观看者通过点击播放器页面中的互动选项接入剧中情境，参与、决策剧情走向的新型视频。互动视频可以让观看者以第一视角参与剧情走向，增强观看者的参与感、沉浸感，且具有良好的互动性，这为化学实验教学视频的制作与使用提供了新思路	以B站为基础，设计制作用于教学的高中化学互动实验视频，让学生通过看、听、互动三种方式参与到实验中，在满足学生沉浸式、碎片化学习需求的同时，加深学生对所学知识的理解与记忆，凸显高中化学实验的操作性以及实验教学的互动性，培养学生的信息素养，促进信息技术与化学教育教学的深度融合

第4章 化学实验在中学化学课堂教学中的应用示例

续表

教学环节	教师活动	学生活动	设计意图
互动实验视频的剧情介绍	【讲解】整个实验由视频的方式呈现，会依次出现实验原理、实验流程、实验药品及仪器、实验步骤和演示实验。实验流程按照氯气制取过程设计，包含反应发生装置的选择与搭建、收集装置的选择、尾气处理装置的选择、除杂装置的选择和除杂顺序的选择等互动问题，每个部分结束后都会有问题，同学们可以选择，若选择正确会进入下一个互动问题，若选择错误会给出选项解析	【聆听、思考】	该实验对学生学习有重要意义，但是危险性较大（氯气有毒，浓硫酸是危险药品），给学生和教师的现场演示或实际操作带来困难。如何在保留实验的选择性、操作性的基础上，丰富实验教学方式成为急需解决的问题。视频互动实验则很好地解决了实验的安全性问题
学生尝试	【讲解】随着学生互动实验讲解实验原理与要点	【互动】部分过程展示 发生装置选择如图4.6.1－1所示 图4.6.1－1　发生装置选择 装置搭建顺序如图4.6.1－2所示 图4.6.1－2　装置搭建顺序 收集方式选择如图4.6.1－3所示	互动实验视频与传统实验教学方式相比，在保证人身安全的基础上引导学生独立思考，增强学生的实验参与感和实验教学的互动性，从整体上更加关注学生的亲身体验和学习过程，充分体现出学生在教学过程中的主体地位，同时能有效培养学生的信息素养，促进信息技术与化学教育教学的深度融合

· 139 ·

续表

教学环节	教师活动	学生活动	设计意图
学生尝试		图 4.6.1－3　收集方式选择 尾气处理装置选择和图 4.6.1－4 所示 图 4.6.1－4　尾气处理装置选择	
教师总结	【小结】氯气的实验室制法。相关气体制备实验是高考试题重点考查的内容之一，应掌握实验室制备的原理、装置的搭建、尾气的处理、气体的收集方式。这一系列的处理有相似之处，学会知识的迁移 【引导】学生总结氯气的实验室制法 【课后任务】请大家思考：实验室还可用 $KMnO_4$ 代替 MnO_2 制取氯气，那实验装置又该如何设计呢？如果实验室要一瓶干燥纯净的 SO_2，你能否根据反应原理设计一套实验装置呢？	【聆听、反思】 【学生自己总结】 【思考、梳理】	帮助巩固氯气实验室制备的知识与技能 引发学生思考，增加知识的迁移

第 5 章　基于真实化学实验的中学化学课堂教学实证研究示例

5.1　课堂观察法

5.1.1　简介

　　课堂观察法主要是课堂观测者通过自身感受以及相应的辅助设备，采取直接或者间接的手段在课堂进行过程中收集相关资料，并通过对课堂运行状况的记录、分析以及研究等措施，进一步改善中学化学课堂教学方式，促进中学化学教师专业能力的提高[①]。课堂观察量表是教师观察与评价课堂的辅助工具，它能从不同视角研究教学过程，挖掘出教师隐匿的教学缺点，进而为教师提供有效途径来优化其教学行为。化学课堂是由教师与学生组成的，因此从观察主体上可以将观察对象分为教师和学生。比如对教师的观察可以观察教师的提问有效性、与学生的互动、课堂的氛围等。而对学生的观察也是多方面的，比如在化学实验中可以观察组员之间的分工情况、是否全部投入、实验效果等。课堂观察法按观察者是否借助观察设备也可以分为直接观察和间接观察，直接观察即现场感知的课堂观察，间接观察即借助录音、录像等设施观察。
　　课堂观察的全过程一般由确定观察目的、制定观察量表、实地观察和数据统计评价四个部分组成。它既可以是以研究单一观察点为目的的单人行为，也可以是以研究多个观察点为目的的多人（小组）行为。从课堂观察的目的出

---

① 邹爱鑫：《课堂观察在中学化学课堂教学中的应用研究》，载《亚太教育》，2016 年第 29 期，第 157 页。

发，采用科学合理的方法，制定出能够实现观察目的、体现学科思想、便于使用和数据统计的观察量表是实现目的的关键。

1. 量表编制的原则[①]

（1）可操作性原则。

使研究中各个要素发展变化过程可以被更加直观地记录和呈现，是制定观察表的目的。如果所制定观察表的内容不够详细、过于简单，会使得教师的观察没有针对性，其中有效的数据无法获得。所以，具有可操作性的观察量表必须满足独立性、可测性和概括性三个条件。独立性是指各评价因素间不存在相互的交叉或者重叠，都保持相对独立。举个例子，测量演示实验的影响因素时，"面向全体，保证清晰""是否采用投影仪""采用较大的仪器"都是为了说明"演示是否清晰"这一因素，因此这三条就是重叠的。可测性是指可以量化说明每一条评价因素，以保证量表的客观性与公正性，比如"介绍实验装置""在实验之前说明注意事项"都是不可测量的。而概括性是确保每一个测量因素适用于相同的教学环节。量表中的因素应该适用于所有展示的形式，即在观察教师教学维度的展示说明视角时就应该考虑到教学中的展示有实验、实物和多媒体等多种展示形式。

（2）科学性原则。

科学性原则是指既要保证量表中的每一个观测因素都能有足够的鉴别度又要保证量表整体的信度和效度，同时这也是课堂观察的一大难点。因此我们有必要对所制定的量表进行科学验证，如信度、效度，即可靠性，它是指采用同样的方法对同一对象重复测量时所得结果的一致性程度。信度分析的方法主要有以下四种：重测信度法、复本信度法、折半信度法、α信度系数法。其中α信度系数是最常用的信度系数。效度即有效性，指测量工具或手段能够准确测出所需测量的事物的程度。效度是指所测量到的结果反映所想要考察内容的程度，测量结果与要考察的内容越吻合，则效度越高。为了保证评价因素的鉴别度需要利用 SPSS（社会科学统计软件包）辅助分析，以删除不具有鉴别度的评价因素。为了保证量表的结构效度，还要采用主成分分析法进行因素分析，同时采用 Fornell 和 Larcker 提出的方法检测因子之间的区分度，最后还要进行量表及维度的信度分析。这样就可以保证量表的客观性和相对科学性。

[①] 卢雨蓉：《城市公园的多维可达性评价方法研究》，重庆大学硕士学位论文，2021年，第32页。

(3) 整体性原则。

整体性原则要求从整体角度设计评价内容、评价指标，指标要能够准确、科学、全面地反映研究问题和描述所研究问题的内涵和特征。

2. 课堂观测量表的编制程序[①]

化学学科的学科特性以及化学学科教师队伍的现状决定了我们必须自己开发和设计符合化学学科课程特点的课堂观察量表。根据课题目标，我们采用"先总后分"的策略设计观察量表，即先制定本学科的课堂观察指标，然后根据指标中的观察维度、观察视角以及观察点设计具体的观察量表。"先总后分"的设计思路，使课题组成员在设计观察量表时，能从宏观到微观、从抽象到具体、从整体到定点来进行[②]。

(1) 制定观察评价指标。

由于是第一次尝试，在明确观察框架的时候，以简洁明了为原则。从师生两个层面就课堂学习活动设计与实施这一观察维度出发，设计活动目标、活动方案、活动过程与活动质量等四个观察视角，为进一步开发、设计具体的观察量表提供标准和方向。在教师教学层面主要关注教师怎么教。教师是课堂教学的组织者、引导者、促进者，教师的教学设计、在设计实施过程中对学生的引导、灵活运用各种教学资源、教学方式等教学行为在很大程度上影响着化学学科课堂教学的有效性。在学生学习层面主要关注学生怎么学以及学得怎么样的问题。学生是课堂学习的主体，也是课堂学习的积极参与者和主动建构者，学生学习的有效是课堂成败的决定性因素。

(2) 设计和开发课堂观察量表。

根据化学学科"课堂学习活动"四个课堂观察视角，分别设计三个教师教学观察量表和三个学生学习观察量表。教师教学层面的观察量表包括"化学学科课堂学习活动目标观察量表""化学学科课堂学习活动设计与实施观察量表""化学学科课堂学习活动质量观察量表"。学生学习层面的观察量表包括"学习情况观察记录量表""学生发言情况记录分析表""合作小组个案观察记录表"。其中，我们将学习活动设计与活动过程两个视角合并为一个课堂观察量表。六个观察量表分别从教师的课堂学习活动目标、活动设计与实施以及活动后产生

[①] 徐建英、王小娟：《以课堂观察量表为依托的化学学科教研改进行动》，载《现代教学》，2021年第5期，第56～57页。

[②] 罗睿：《运用课堂观察法提升小学科学区域教研有效性——以南宁市西乡塘区小学科学教研活动为例》，载《广西教育》，2019年第17期，第92页。

的成效来构架观察体系,这是因为活动目标决定了课堂学习活动的设计。活动设计不仅是有效课堂教学的前提,也是教师教育教学理念的具体呈现,更是教师对活动目标以及内容理解程度的具体呈现。而活动实施是否有效即活动质量还需要对照活动目标,经过课堂实践中学生的表现和现场的检测才能了解。因此,活动实施的观察必不可少,教是为了学,观察的视点不仅应包含教师教学实操,更应包含学生的学习情况。在进行观察量表设计时,首先参考已有的其他学科的研究成果,从本学科特点出发,将一些体现学科教学特点的观察点设计进去。例如,化学学科的课堂学习活动以探究为主要方式,学生以小组合作形式进行探究是一种常态。因此,如何组织、开展学科探究活动以及如何建设合作小组和如何开展合作学习,是化学教师在组织和实施教学时应当解决的问题。基于此,分别设计了观察教师教学行为和观察学生学习行为的量表。又如,对于"活动目标"的观察,要考虑以下因素:关联教学目标,即教学目标与课标、基本要求是否一致,活动目标与教学目标是否一致;聚焦核心素养,即活动目标是否聚焦学科核心素养的发展,指向是否清晰,重点是否突出;符合学生实际,即活动目标是否满足适切性、合理性、必要性。

(3) 基于课堂观察量表,再造校本教研流程。

用课堂观察模式取代传统的听评课模式,把课堂转化为最直接的研究阵地和最有价值的课程资源。这样,在开展校本教研活动时,教师的角色就实现了从观察者、被观察者到研究者的转变,教育研究与教学实践交织发展,互相促进。在校本教研活动中,采取"四步走"的课堂观察程序,即"定点—课前—课中—课后",四个环节各自拥有专门的任务。

第一步,聚焦教研主题设计课堂观察量表。将项目组成员分成六组,分别根据研究主题进一步设计观察量表、观察工具、观察的位置选择以及记录方式。同时,所有项目组成员共同商议,确定执教课题,解析教学内容,结合观察量表中需要关注的观察要素进行备课、磨课,完善教学设计。

第二步,通过课前会议达成共识。通过课前会议对观察者进行观察前培训,使观察者明确观察要求和量表使用方法。执教者进行课前说课,就教学目标、教学内容、教学策略和教学评价进行清晰的讲解,特别是就课堂学习活动设计与项目组成员进行分享和交流,有利于观察者进行课堂观察。

第三步,依托工具进行观察并收集证据。上课时,观察者进入研究情境,按照课前会议的安排使用指定的观察量表进行定点观察,采集课堂信息,记录观察到的典型性行为,为课后会议分析提供信息。

第四步,在课后会议上根据证据深入研究。执教者进行课后反思,就教学中的成功之处和不足之处谈自己的初步感受。观察者结合观察角度与被观察者进行教学交流。观察者紧扣观察点，以课堂观察中获得的信息为证据，展开分析，向被观察者提出行为改进的具体建议。学科专家或学科组组长就执教者的反思和观察者的意见作进一步提炼总结。校本教研活动聚焦研究主题，设计和开发课堂观察量表，结合课堂观察技术，科学地指导本学科教师运用观察量表开展教研活动，可优化校本教研活动模式，提升学科教师的教育理论水平和教学实践能力。

5.1.2 研究示例

下面以制定观察教师的演示讲解水平为目的的观察量表为例，阐述在遵循上述三原则的基础上如何科学制定评价量表[①]。

1. 评价指标的初步确定

首先通过查阅资料寻找影响教师演示讲解实验的因素并进行归类整理。化学课堂中教师的教学展示总的来说主要有三种：实验演示、实物展示和多媒体展示。通过查阅资料，上述三种展示的影响因素的统计见表5.1.2-1、表5.1.2-2和表5.1.2-3。

表5.1.2-1 演示实验影响因素统计

序号	内容	序号	内容
1	介绍实验装置	7	采用较大的仪器
2	在实验之前说明注意事项	8	学生参与演示
3	讲述观察什么、如何观察	9	装置、操作简便易行
4	操作示范规范，无错误	10	演示速度适中
5	面向全体，保证清晰	11	灵活处理课堂生产的问题
6	是否采用投影仪	12	突发事故处理妥当

---

① 杨光辉、陈光敏：《高中化学课堂观察量表的制作研究》，载《吉林省教育学院学报》，2017年第11期，第1~4页。

表 5.1.2－2　实物展示影响因素统计

序号	内容	序号	内容
1	对学生已有经验的回顾	5	展示的时机把握恰当
2	对学生未知的知识进行引导	6	知识转化及时
3	面向全体，展示过程清晰	7	展示的使用合理
4	演示具有一定的趣味性		

表 5.1.2－3　多媒体展示影响因素统计

序号	内容	序号	内容
1	演示前激发学生学习兴趣	8	使用合理，时机恰当
2	操作熟练准确，演示环节符合学生的认知规律	9	突发事故的处理恰当
3	根据学生的认知效果的反馈选择演示次数	10	演示过程合理中断，激趣设疑
4	画面资料主题突出，易于观察	11	学生参与演示
5	解说配乐紧扣主题、精炼、清晰	12	不单纯追求好看好听，以免分散学生注意力
6	画面顺序符合逻辑	13	无照搬照抄现象
7	节奏适度		

基于可测性、概括性和独立性三原则，首先对表 5.1.2－1、表 5.1.2－2 和表 5.1.2－3 中的影响因素进行总结、提升和概括，初步总结出了影响展示讲解的主要因素，见表 5.1.2－4。

表 5.1.2－4　展示讲解的主要评价因素

序号	评价因素	效果评价
1	展示的实物或文字清晰可见	
2	讲解的语言简单明了	
3	讲解层次清晰点前后连贯	
4	讲解吐字清晰，发音标准	
5	展示速度适中	
6	展示行为从容规范	
7	展示讲解，有机结合	

续表

序号	评价因素	效果评价
8	展示讲解中有合理的教态和语言交流	
9	讲解抑扬顿挫，有节奏感	
10	讲解全面，具体	
11	设置疑问，引发学生思考	

以上影响因素是根据文献整理的，为了使量表更具有实用性和可操作性，对四所不同类别学校的部分教师进行了访谈，访谈主要围绕以下几个问题进行：①您在实际教学中经常使用演示讲解这样的教学行为吗？②您认为哪些行为会影响演示讲解的质量？③您在展示讲解时与学生是否有互动或交流？④您认为展示讲解与直接讲解最大的区别和各自的优点是什么？⑤您认为这一教学行为实施时应注意什么？

对访谈的内容进行总结发现，访谈中教师主要提及影响展示讲解质量的因素有两个方面：演示的规范性和讲解的互动性。结合文献和教师的访谈初步确立评价指标，使用李克特态度量表，将评价等级分为非常同意、同意、稍微同意、稍微不同意、不同意、非常不同意6个等级，并按6~1分别赋值，见表5.1.2-5。

表 5.1.2-5 初步确立的评价量表

序号	评价指标	评价等级					
		非常同意	同意	稍微同意	稍微不同意	不同意	非常不同意
1	展示的实物或文字清晰可见	6	5	4	3	2	1
2	展示行为从容规范	6	5	4	3	2	1
3	速度适中，过程紧凑	6	5	4	3	2	1
4	展示讲解有机结合	6	5	4	3	2	1
5	讲解全面具体	6	5	4	3	2	1
6	讲解层次清晰，前后连贯	6	5	4	3	2	1
7	适当穿插学生讨论或学生参与	6	5	4	3	2	1
8	设置疑问，引发学生思考	6	5	4	3	2	1

2. 量表中指标的修正

为了保证所编制量表的客观性和科学性,对量表中指标的修正成了必要步骤,也是比较复杂和难以进行的步骤。具体做法:在已有的录像课资源库中选取有展示讲解教学行为的 10 节常态课和 10 节示范课,利用初步确立的量表进行打分,然后借助 SPSS 进行数据分析。项目分析的目的是判断每个评价指标是否具备鉴别度,通过分析删除不具备鉴别度的评价指标。将量表按总分的高低分别排序找出高分组 27% 和低分组 27%,再依据临界分数将得分分为高低二组进行独立样本 t 检验,找出每个指标的差异,找到组别群体变异数(Sig.)没有达到显著的指标将其删除,如果没有不显著的指标,说明选取的指标全部具有鉴别度,可以作为量表的评价指标。对表 5.1.2-5 中的指标检验如表 5.1.2-6 所示。

表 5.1.2-6 t 检验结果

指标	组分	F	Sig.	Difference
1	高分组 低分组	0.564	0.00 0.00	1.009 1.100
2	高分组 低分组	0.581	0.00 0.00	0.679 0.679
3	高分组 低分组	0.089	0.00 0.00	1.163 1.164
4	高分组 低分组	0.660	0.00 0.00	1.232 1.242
5	高分组 低分组	0.427	0.00 0.00	1.688 1.687
6	高分组 低分组	0.737	0.00 0.00	−0.216 −0.216
7	高分组 低分组	0.016	0.00 0.00	2.006 2.009
8	高分组 低分组	0.701	0.00 0.00	2.087 2.086

数据统计理论认为,如果 Sig. 值小于 0.05,说明其组别群体变异数显著,具有鉴别度;如果 Sig. 大于 0.05,说明其组别群体变异数不显著,不具有鉴别度。据此我们发现指标 6 的 Sig. 值在高分组和低分组的值均为 0.67,表示

两个组别的变异数同质，说明这个指标不具有鉴别度，则考虑将其删除。因素分析的目的是求出量表的结构效度，可采取主成分分析法。根据测量的结果把量表中的评价因素分成两个维度：1、2、3、4负载在第一个维度，6、7、8负载在第二个维度。我们分别称之为展示的规范性维度和讲解的交互性维度，对这两个维度进行区别效度分析，采用Fornell和Larcker提出的方法进行检测。结果见表5.1.2-7。

表 5.1.2-7 各因子之间的相关系数

类别	展示的规范性	讲解的相互性
展示的规范性	0.863	−0.05
讲解的相互性	−0.05	0.928

从表5.1.2-7中的数据可以看到：展示的规范性维度和讲解的交互性维度之间的相关系数为−0.05，几乎不相关，相对独立。这表明量表因子之间有满意的区别效度。信度检验采用的方法是Cronbach's α 系数法。如果该系数值大于0.80，说明该量表的信度非常好；0.70~0.80之间是相当好；0.65~0.70是最小可接受值。由于此量表可以分成两个维度，因此信度检测要做3组，即总信度和两个维度的分信度，计算结果如表5.1.2-8所示。

表 5.1.2-8 量表的信度

总信度	$\alpha=0.8137$
维度一信度	$\alpha=0.8970$
维度二信度	$\alpha=0.9435$

至此完成了量表的制作，这样制作的量表才能保证其具有可信的效度和信度，测量的结果才可能是客观的、科学的。

5.2 弗兰德斯互动分析系统

5.2.1 简介

师生互动是课堂教学中最主要和最重要的人际互动，师生互动分析已成为

当前课堂教学研究的一种重要方法。课堂观察记录表是研究课堂师生互动的一种最常见的方法。但全面的逐语记录常常会产生很大的工作量，而结构化的记录又可能失去很多教学细节信息。对此，先后就职于美国明尼苏达大学和密歇根大学的弗兰德斯教授（Flanders）提出弗兰德斯互动分析系统（Flanders Interaction Analysis System，FIAS），用于记录和分析教师在教学情境中的教学行为和师生互动事件[①]。该系统运用一套代码系统记录在教室中师生互动的重要事件，以分析研究教学行为，了解发生在教室互动情景中事件的影响，以帮助教师了解并进而改进其教学行为。

弗兰德斯互动分析的核心是描述课堂互动行为的编码系统（如表5.2.1-1所示），它非常便于研究者识别、归类和记录课堂语言行为。弗兰德斯将教师的语言划分为具体的7类行为，将学生的语言归为主动和被动两类，还有一类是没有言语互动或者无效的互动。这10种具体的行为被赋予数字1~10作为编码。1~10是填入数据记录表的数字，只是表示区别的符号，数字之间并没有等级关系。所以数字1~10也可以用其他的符号，如a、b、c等代替。其采用质性方法进行课堂的观察、编码及数据录入，并借助比率计算、矩阵分析、曲线图形量化来直观、形象地展示师生课堂行为表现。弗兰德斯互动分析系统注重课堂教学中的口语行为，聚焦于师生的言语互动，但这种方法不能反映出实验、板书、教学媒体的使用等非口语行为，从而忽略了课堂教学中的很多重要信息，仅根据语言行为做出互动分析结论则未免失之偏颇。例如，在很多情境下，教师的眼神、手势等肢体动作的变化凝聚了更多的教学智慧和独特意蕴，对提高教学效果具有不可替代的作用。在分析某些人文内容较多的课程时，这一分析方法更显得过于机械，难以发掘学生的情感态度等方面的体验[②]。

[①] 张海：《弗兰德斯互动分析系统的方法与特点》，载《当代教育与文化》，2014年第6卷第2期，第68页。

[②] 张海：《弗兰德斯互动分析系统的方法与特点》，载《当代教育与文化》，2014年第6卷第2期，第68~73页。

表 5.2.1-1　弗兰德斯互动分析的类别

	具体描述	
教师语言	间接作用	1. 接纳学生的感受：以毫不威胁的教师言语间接作用方式接纳和理解学生的感受。此感受也许是积极的，也许是消极的。 2. 表扬或鼓励：表扬或鼓励学生的行为。这包括既缓解紧张气氛又不伤害其他学生的玩笑话、点头肯定、用"嗯嗯"或"继续说"表示赞同等。 3. 接受或采纳学生的观点：阐明或阐发学生的观点或建议。当教师开始更多地表达自己的观点时，转向第 5 类。 4. 提问：问一个问题，让一个学生来回答
	直接作用	5. 讲解、发表个人看法：列举事实或者表达自己的观点等。 6. 给予指示：希望学生遵从的指令。 7. 进行批评或维护权威性：为了改变学生行为，使之转变到可以接受的行为；批评学生，以及说明为什么批评等
学生言语		8. 学生被动回答：学生发言以回应教师的问题或指示。 9. 学生主动发言
沉寂或混乱		10. 停顿、沉默或表达不清楚

5.2.2　研究示例[①,②]

FIAS 要求观察者按照时间顺序每隔 3 秒钟用代码记录下发生在该时间内的课堂语言行为，并且由于在实际教学课堂中教师的语言行为是非常复杂的，因此弗兰德斯制定以下观察原则：①当不能确定某一语言行为究竟属于两个或多个类别中的哪一类时，选择远离"5"的类别，但不能选择类别"10"。②如果在 3 秒钟时间内出现多种语言行为时，把它们都记录下来。③当教师叫某一位学生名字时，属于类别"4"。④当教师重复学生的正确回答时，属于类别"2"。⑤教师不是以嘲笑的态度和学生开玩笑，属于类别"2"；如果是讽刺、挖苦学生，属于类别"7"。⑥如果观察者不能确定某一语言具体归属哪一类别时，就归属第"10"类。

使用 FIAS 可以将整节课堂师生活动的情况记录下来，一般会有 800 多个数据，这会为后来的课堂评价分析提供非常有价值的原始资料。

[①] 肖锋：《课堂语言行为互动分析——一种新型的课堂教学研究工具》，载《辽宁师范大学学报》，2000 年第 6 期，第 40~44 页。

[②] 焦彩珍、武小鹏：《FIAS 在课堂教学评价中的应用研究》，载《教育测量与评价（理论版）》，2014 年第 9 期，第 34~38 页。

使用 FIAS 对得到的 800 多个数据进行数学处理，他采用的数学处理方法包括矩阵分析或曲线分析，然后把形成的结论用于指导实际教学活动。下面主要示例矩阵分析。例如，一堂课的师生语言代码是 0，0，0，6，8，1，0，0，5，5，5，5，…，每一个代码分别要同前一个代码和后一个代码组成一个序对，除首尾两个代码各使用一次外，其余代码都使用两次，如果观察得到 N 个代码，就可以形成 $N-1$ 个序对，上面代码的序对为 (0，0)，(0，0)，(0，6)，(6，8)，(8，1)，(1，0)，(0，0)，(0，5)，(5，5)，(5，5)，(5，5)，…，10 类语言行为纵横组成 10×10 阶矩阵。每一序对的前一个数字表示行数，后一个数字表示列数。例如，(1，0) 表示在第 1 行、第 10 列的方格中计入一次，(6，8) 表示在第 6 行、第 8 列的方格中计入一次，依次类推。表 5.2.2-1 就是一节课堂教学的数据记录情况。

表 5.2.2-1　使用 FIAS 记录的课堂教学范例

类别	1	2	3	4	5	6	7	8	9	10	百分比
1						1				1	0.11
2				2	12	1				15	1.67
3	1		3	1	2				1	7	0.78
4					4	8		47	1	61	6.79
5		1	1	29	339	12		52	17	457	50.89
6				4	5			12	4	25	2.78
7											
8		12	4	21	66	5		115	2	226	25.18
9		2		1	5					10	1.11
10				3	21	1			70	96	10.69
	1	15	7	61	457	25		226	95	898	100

依据 FIAS 对深圳市 GM 中学 10 位化学教师 10 节课的数据代码的矩阵分析如表 5.2.2-2 所示。

表 5.2.2-2　使用 FIAS 测量 10 位化学教师课堂教学的汇总数据对比

姓名代号	1 教师接纳感受	2 教师赞赏或者鼓励	3 教师接纳或者利用学生的结论	4 教师提问	5 教师讲解	6 教师发出指示	7 教师批评或者维护权威	8 学生被动回答	9 学生主动讲话	10 沉默或者混乱
KR	0.8	3.78	2.19	6.87	44.78	2.19	0.00	31.34	6.76	1.19
LG	3.21	6.73	1.20	13.86	44.88	1.10	0.00	22.89	0.80	5.33
WQ	3.05	3.36	1.16	13.76	50.73	3.05	0.00	21.95	0.63	2.31
GY	0.11	1.67	0.78	6.79	50.89	2.78	0.00	25.18	1.11	10.69
LJ	0.68	6.36	2.03	11.76	53.52	1.06	0.00	19.19	3.86	1.54
HL	0.72	8.06	4.75	10.12	17.67	5.99	0.00	40.19	0.83	11.67
YN	1.05	3.44	0.00	8.21	57.12	5.25	0.00	12.70	0.96	11.27
LX	1.66	7.18	1.75	10.02	19.32	3.22	0.00	47.38	7.63	1.84
WF	0.56	3.49	0.56	12.97	60.95	0.14	0.00	15.48	0.97	4.88
HK	0.55	2.20	0.44	12.78	49.56	1.32	0.00	28.19	0.11	4.63

教师语言行为与学生语言行为的比率：根据 FIAS 将课堂的师生语言行为分为表 5.2.1-1 中的 10 项，教师语言行为为前 7 项，学生语言行为为 8、9 两项，用前 7 项教师语言行为所占用的时间除以 8、9 两项学生语言行为所占用的时间就是教师语言行为与学生语言行为的比率。

依据表 5.2.2-2 中的百分比数据，可以分别得出这 10 位化学教师的教师语言行为与学生语言行为的比率，如图 5.2.2-1 所示。

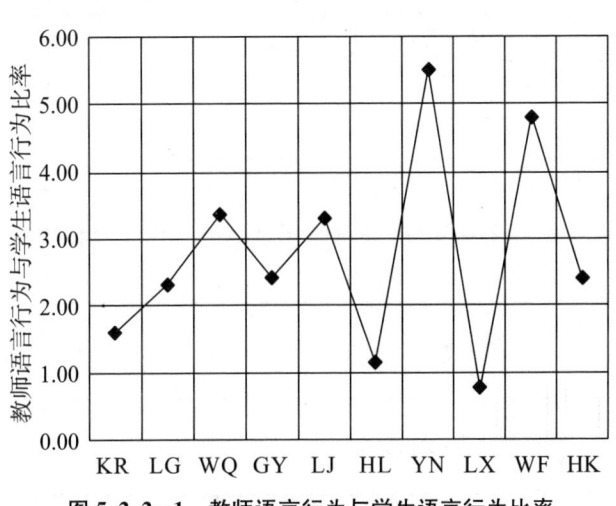

图 5.2.2-1　教师语言行为与学生语言行为比率

现代课堂教学质量观的交往理论指出，在课堂教学中创造更多的师生交往、生生交往的机会，可以提高课堂教学的整体质量，学生可表达内心的需求等。因此，作为课堂教学中的组织者和引导者，教师在课堂行为互动中起着重要的作用，教师的语言行为与学生的语言行为是一个此消彼长的关系，通过分析整堂课教师语言行为与学生语言行为，可以帮助我们了解这堂课的师生言语行为交往是以"教师为中心"还是以"学生为中心"抑或其他，促进教师对学生更好地组织和引导，以及对课堂更熟练的掌控。依据新课标的理念，我们知道高中化学课程的评价特别要强调学生主体在评价中的地位和作用，强调学生在评价活动中的主动参与程度；建立开放宽松、师生互动的评价氛围，鼓励学生个人和小组进行自我评价、小组互评，促使他们对自己的学习过程进行反思，发挥元认知的调控作用，优化学习过程。尤其是对于实验学科，倡导以科学探究的方式进行知识的学习和掌握。所以理想的课堂教学不应单纯地以"教师为中心"或者是"以学生为中心"，这些都是偏离有效教学的本质目的的。若能以"教师学生共同参与"来构建课堂作为教师是否领悟并贯彻新课程理念的主要评价指标，那么当教师语言行为与学生语言行为的比率介于 1～2 之间时为最佳；大于 2 则偏向于"以教师为中心"，教师如果参与过多，学生则无法很好地参与课堂；小于 1 偏则向于"以学生为中心"，学生过多地参与，教师不好掌控，教学效果亦欠佳。因此，依据教师语言行为与学生语言行为的比率和从访谈获得的信息，对这 10 位教师进行了分类，如表 5.2.2-3 所示。

表 5.2.2-3　依据教师语言行为与学生语言行为的比率对教师的分类

姓名代码	按教师语言行为与学生语言行为比率分	教师语言行为与学生语言行为比率
LX	第一类：$a<1$	0.78
KR	第一类：$1<a<2$	1.60
HL		1.15
LG	第一类：$2<a<3$	2.30
GY		2.40
HK		2.38
WQ	第一类：$3<a<4$	3.33
LJ		3.27
YN	第一类：$4<a$	5.50
WF		4.78

从表中的分类不难看出，KR 和 HL 这两位教师的教师语言行为与学生语言行为的比率介于 1~2 之间，基本符合课改中教师与学生参与课堂的期望值，而其他教师的教师语言行为偏多或偏少。

此外，通过表 5.2.2－2 数据还可以对教师语言行为的直接影响与间接影响的比率进行分析，如图 5.2.2－2 所示。

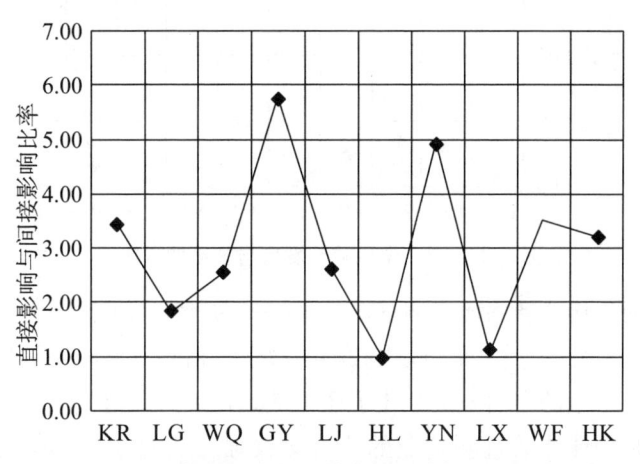

图 5.2.2－2　教师语言行为的直接影响与间接影响比率

教师语言行为对学生的影响分为直接影响和间接影响。在把握好师生语言交往关系的前提下，间接教学能促进学生的参与，引发学生较多的发言，激发学生的动机，鼓励学生的主动与创见，减少学生的焦虑，提高学生的学业成绩。新课标鼓励教师要多引导学生，让学生自己得出结论，而不是由教师直接给出答案。在课堂中能较多使用间接影响与学生交往的教师，说明他在课堂交往中的管理与驾驭能力也是比较强的。因此从图 5.2.2－2 来看，HL 和 LX 两位教师在这方面表现是比较好的。GY 教师的比率为 5.74（最高），说明她的课堂上过多地使用了讲解、发出指示等举动，教师的主体性体现过多。

利用表 5.2.2－2 我们可以分别得出这 10 位化学教师课堂中学生被动发言与主动发言的比率，如图 5.2.2－3 所示。

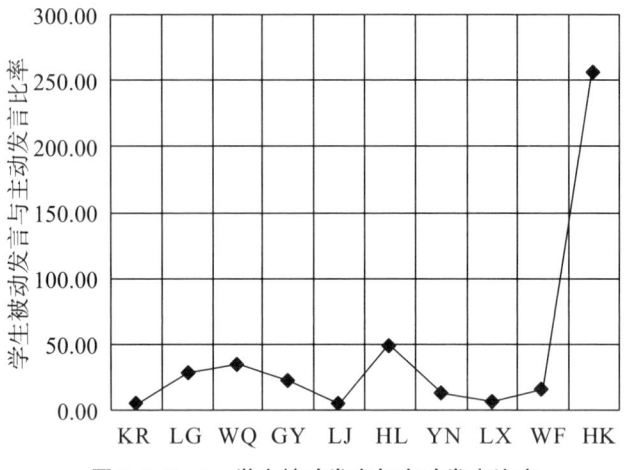

图 5.2.2－3　学生被动发言与主动发言比率

在教师的直接或者间接影响下，学生的学习性质也可被分为主动性与被动性，这可以从另外一个侧面反映出教师的教学风格是直接的还是间接的，也就是说可以反映学生的自由被最小化了还是最大化了。课堂中学生的主动性比较高，说明教师的课堂管理与驾驭的能力比较强。从图 5.2.2－3 中可以看出，HK 教师的主动性是被压抑得最明显的一个，学生几乎没有主动表达过意见。KR 和 LJ 两位教师的比率比较小，说明在他们的课能够积极调动学生的主动性，但是学生的被动语言接近五倍于学生的主动语言，还是说明教师在调动学生主动性这方面上尚有足够的空间可以拓展。

5.3　视频课堂观察法

5.3.1　简介

视频课堂观察法是通过对完整的课堂形态进行录制，在课后，教师再对教学完整视频内容进行科学的分析和数据采集，通过分析发现课堂存在的不足并改善课堂教学质量。通过视频课堂观察法，教师可以反复观看课堂视频，不断分析，能比较客观、准确地评价教学进程。但同时这种方法也存在一定不足，因为它不能全方位观察所有师生的肢体及情绪变化。不过总体来说，它所能记录到的影像都是原生态的,是值得采用的课堂观察法[1]。

5.3.2 研究示例[2][3]

现代化学课堂互动分析系统(3C-FIAS)是高瑛等基于化学学科特点对弗兰德斯课堂语言互动系统(FIAS)进行改进而来的。该系统分为5大类:教师语言、学生语言、技术、实验和沉寂。这5大类又进一步分为16种情况,如表5.3.2-1所示。同弗兰德斯课堂语言互动系统一样,研究者将课堂教学实录分为以3 s为单位的片段,反复对照教学视频和课堂实录,理解课堂上每个时间片段教学行为的意义,根据对意义的理解,为每个时间片段中的教学语言编码形成一个表示系列事件的数据序列,并最终形成16×16阶矩阵。

表5.3.2-1 3C-FIAS编码系统

分类		编码	表述	表述
教师语言	间接影响	1	接纳学生情感	以一种不具威胁性的方式,接纳及澄清学生的态度或情感的语气
		2	鼓励或表扬	称赞或鼓励学生
		3	采纳意见	承认学生的说法,修饰或重复学生的说法,应用它去解决问题,与其他学生的说法相比较,总结学生所说
		4	提问	以教师的想法或意见为基础,就内容或程序等提问,并期待学生回答
	直接影响	5	讲授	就内容或步骤等提供事实或见解;表达教师自己的观念,提出教师自己的解释;或引述某位权威者(而非学生)的看法
		6	指示	指挥或命令学生做某件事情,并期望学生服从
		7	批评	表明看法以期学生纠正其行为,训斥学生,说明自己行为的原因

---

[1] 陈芬:《课堂观察在初中化学课堂教学中的应用》,载《吉林教育》,2016年第40期,第139页。

[2] 张玮:《基于3C-FIAS的中学化学探究式教学行为研究》,哈尔滨师范大学硕士学位论文,2021年,第30页。

[3] 陈慧茹、颜桂炀、郑柳萍:《基于3C-FIAS的优秀化学教师课堂教学语言分析——以"从铝土矿到铝合金"为例》,载《化学教育(中英文)》,2018年第17期,第26~31页。

续表

分类	编码	表述	表述
学生语言	8	学生应答	学生为了回应教师而做出反应
	9	学生主动讲话	学生主动开启对话表达想法，或自由阐述自己的见解和思路，或提出具有思考性的问题
	10	学生讨论	与同伴讨论、交流看法
技术	11	教师操纵技术	教师使用多媒体技术或板书作辅助呈现教学内容，说明观点
	12	学生操纵技术	学生使用多媒体技术或板书作辅助呈现教学内容，说明观点
实验	13	教师演示实验、实物	教师通过演示化学实验或展示实物呈现教学内容，说明观点
	14	学生操作实验	学生操作化学实验进行探索或锻炼实验技能
沉寂	15	有益沉寂，思考或做练习	学生思考问题或学生做课堂练习
	16	无益沉寂，沉默或混乱	停顿、短暂的沉默以及混乱

利用表5.3.2-1，对真实的化学课堂教学进行分析，在获得数据的基础上，形成3C-FIAS矩阵。该矩阵是一个对称的矩阵，其中行和列的意义都由编码系统的规定编码所代表，其每个单元格数据表示连续课堂行为出现的频次。对于该矩阵可以采取互动分析矩阵法、比率分析法和曲线分析法进行分析研究，比率分析法中的比率计算公式见表5.3.2-2。

表5.3.2-2 3C-FIAS相关比率计算公式

分析内容	计算公式	含义
教师语言比率	1~7列次数/总次数	课堂中教师语言所占的比率
教师提问占教师语言比率	4列次数/1~7列次数	教师语言中，教师提问所占的比率
教师讲授占教师语言的比率	5列次数/1~7列次数	教师语言中，教师讲授所占的比率
学生语言比率	8~10列次数/总次数	课堂中学生语言所占的比率

续表

分析内容	计算公式	含义
学生主动讲话占学生语言比率	9列次数/8~10列次数	学生语言中,学生主动讲话所占的比率
学生讨论占学生语言的比率	10列次数/8~10列次数	学生语言中,学生讨论所占的比率
技术的比率	11~12列次数/总次数	课堂中技术操作所占的比率
教师操作占技术的比率	11列次数/11~12列次数	技术操纵中,由教师进行所占的比率
实验的比率	13~14列次数/总次数	课堂中实验操纵所占的比率
学生操纵占实验的比率	14列次数/13~14列次数	实验操纵中,由学生进行所占的比率
沉寂的比率	15~16列次数/总次数	课堂中沉寂所占的比率
学生思考问题和做练习占沉寂的比率	15列次数/15~16列次数	课堂中学生思考问题和做练习占沉寂的比率
教师语言间接影响和直接影响的比率	1~4列次数/5~7列次数	比值大于1,表示教师倾向于对教师和学生做间接控制
教师积极影响与消极影响的比率	1~3列次数/6~7列次数	比值大于1,表示教师注重对课堂和学生施加积极强化
教师活动比率	1~7,11,13列次总和/总次数	整堂课中教师参与的所有活动所占的比率
学生活动比率	8~10,12,14,15列次总和/总次数	整堂课中学生参与的所有活动所占的比率

依据该理论以2位优秀化学教师(教师A是福建省化学特级教师,教师B是福建省化学骨干教师)的课堂教学"从铝土矿到铝合金"为研究对象,采用3C-FIAS方法对2位教师的课堂教学语言进行编码分析,比较概括优秀化学教师进行元素化合物知识教学的语言特征。根据3C-FIAS分类编码规则,结合教师A和教师B的化学课堂教学视频以及课堂教学实录,分别对其课堂教学语言进行编码,然后对这些编码进行数据处理,例如采集课堂某个片段对教学语言编码获得11,16,5,4,8,1,9等7个编码数据,可以得到(11,16)(16,5)(5,4)(4,8)(8,1)(1,9)6个序对,其中(11,16)表示在第11行、第16列的方格,计数1次。将全部序对进行计数,获得教师A、B的分析矩阵,见表5.3.2-3和表5.3.2-4。以分析矩阵为依据,进行简单的比率分析,如表5.3.2-5所示。

表 5.3.2－3　教师 A 的课堂教学语言矩阵分析

类别		教师的语言							学生语言			技术		实验		沉寂		合计
		1	2	3	4	5	6	7	8	9	10	11	12	13	14	15	16	
教师语言	1	0	0	0	1	0	0	0	0	0	0	0	0	0	0	0	0	1
	2	0	2	3	3	2	1	0	0	0	0	0	0	0	0	1	0	12
	3	0	0	13	19	6	2	0	0	0	0	0	0	0	0	2	0	42
	4	1	6	7	92	80	14	1	15	0	1	5	0	0	1	26	2	251
	5	0	0	0	81	139	11	2	10	0	0	7	0	0	0	7	0	257
	6	0	0	1	8	11	17	1	0	0	0	2	1	0	3	8	0	52
	7	0	0	0	2	2	0	1	0	0	0	2	0	0	1	1	0	9
学生语言	8	0	2	18	4	2	0	1	6	0	0	0	0	0	0	0	0	33
	9	0	0	0	0	0	0	0	0	0	0	0	0	0	0	0	0	0
	10	0	0	0	1	0	0	0	0	0	19	0	0	0	0	1	0	21
技术	11	0	1	0	9	3	1	2	0	0	0	26	0	0	0	2	0	44
	12	0	0	0	1	0	0	0	0	0	0	0	32	0	0	0	0	33
实验	13	0	0	0	0	0	0	0	0	0	0	0	0	0	0	0	0	0
	14	0	0	0	3	0	2	0	0	0	0	0	0	0	54	0	0	49
沉寂	15	0	1	0	25	12	4	1	2	0	1	2	0	0	0	63	0	111
	16	0	0	0	2	0	0	0	0	0	0	0	0	0	0	0	0	2
合计		1	12	42	251	257	52	9	33	0	21	44	33	0	54	111	2	922

表 5.3.2－4　教师 B 的课堂教学语言矩阵分析

类别		教师语言							学生语言			技术		实验		沉寂		合计
		1	2	3	4	5	6	7	8	9	10	11	12	13	14	15	16	
教师语言	1	0	0	0	0	0	0	0	0	0	0	0	0	0	0	0	0	0
	2	0	0	1	0	0	0	0	0	0	0	0	0	0	0	0	0	1
	3	0	0	12	12	6	4	0	1	1	0	0	0	0	0	0	1	37
	4	0	0	5	51	31	10	0	14	11	1	2	0	0	0	1	2	128
	5	0	0	0	40	179	6	1	4	3	0	14	0	0	0	2	6	255
	6	0	0	2	10	16	10	0	1	0	1	7	2	0	1	1	0	51
	7	0	0	0	1	0	1	2	0	0	0	0	0	0	0	0	0	4

续表

类别		教师语言						学生语言			技术		实验		沉寂		合计
		1	2	3	4	5	6	7	8	9	10	11	12	13	14	15	16	
学生语言	8	0	0	13	0	2	3	0	9	0	0	4	0	0	0	0	0	31
	9	0	1	2	4	5	2	1	0	4	0	0	0	0	0	0	0	19
	10	0	0	0	0	0	2	0	0	0	24	0	0	0	0	0	0	26
技术	11	0	0	1	9	13	5	0	0	0	0	60	0	0	0	0	0	88
	12	0	0	0	0	0	2	0	0	0	0	0	56	0	0	0	0	58
实验	13	0	0	0	0	0	0	0	0	0	0	0	0	0	0	0	0	0
	14	0	0	0	0	1	0	0	0	0	0	0	0	0	48	0	0	49
沉寂	15	0	0	0	1	1	2	0	0	0	0	0	0	0	0	78	0	82
	16	0	0	1	0	2	3	0	2	0	0	1	0	0	0	0	1	10
合计		0	1	37	128	255	51	4	31	19	26	88	58	0	49	82	10	839

表 5.3.2－5　教师 A 和教师 B 的课堂教学语言次数比率分析

编码		教师的语言						学生语言			技术		实验		沉寂		合计
		1	2	3	4	5	6	7	8	9	10	11	12	13	14	15	16	
教师A	次数	1	12	42	251	257	52	9	33	0	21	44	33	0	54	111	0	922
					624					54		77		54		113		
	比率/%	0.1	1.3	4.5	27.2	27.9	5.6	1.0	3.6	0	2.3	4.8	3.6	0	5.9	12.0	0.2	100
					67.6					5.9		8.4		5.9		12.2		
教师B	次数	0	1	37	128	255	51	4	31	19	26	88	58	0	49	82	10	839
					476					76		146		49		92		
	比率/%	0	0.1	4.4	15.3	30.4	6.1	0.5	3.7	2.3	3.1	10.5	6.9	0	5.8	9.8	1.2	100
					56.7					9.1		17.4		5.8		11.0		

以编码为横坐标，次数和比率为纵坐标，分别绘制语言次数折线图和语言比率分布图，如图 5.3.2－1 和图 5.3.2－2 所示。

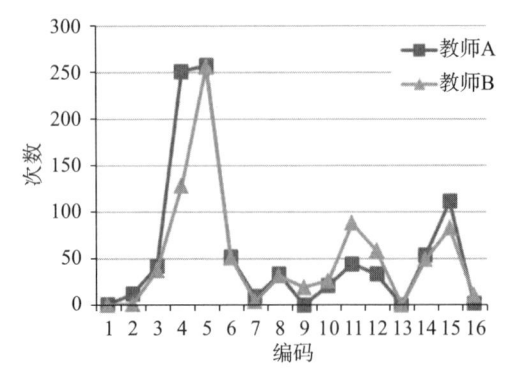

图 5.3.2-1 教师 A 和教师 B 的课堂语言次数折线图

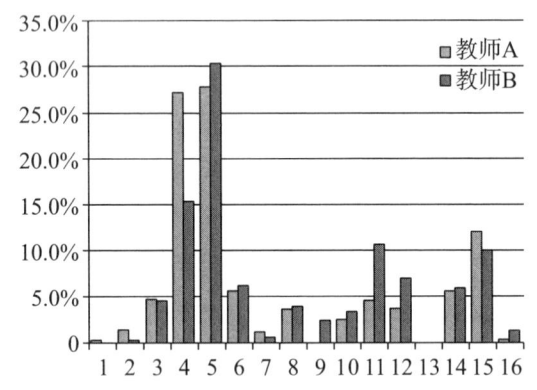

图 5.3.2-2 教师 A 和教师 B 的课堂语言比率分布

图 5.3.2-1 中 2 位教师课堂上使用各类语言的次数分布趋势相同，在编码为 5，8，11，15 时分别出现高峰。在教师 A 的课堂中，各类语言使用出现频率由高到低依次为 "5" > "4" > "15" > "6" > "14" > "11" > "3" > "8" = "12" > "10" > "2" > "7" > "16" > "1" > "13" = "9"；在教师 B 的课堂中，各类语言使用出现频率由高到低依次为 "5" > "4" > "11" > "15" > "12" > "6" > "14" > "3" > "8" > "10" > "9" > "16" > "7" > "2" > "1" = "13"。2 位教师课堂教学以讲授语言为主导，提问语言次之。学生语言以学生应答语为主，沉寂以学生有益沉寂为主，课堂以学生实验为主。这说明 2 位教师在进行元素化合物教学时，对于物质性质的学习探究都采用讲授和实验相结合的教学方法，注意通过提问启迪学生，引发学生联想物质性质与用途之间的关系，并且习惯借助 PPT 或板书等技术辅助教学。进一步分析发现，2 位教师均没有出现编码 "13"，即没有采用教师演示实验；语言编码 "7" 和 "16" 占据比率不高，说明 2 位教师课堂时间利用率高，较少出现混乱现象。"1" "2" "9" 出现的次数相对较少，不利于学生主动性的培养。

教师 A 相比于教师 B，编码"3"即采纳意见语言比率略高于教师 B，编码"4"即提问语比率远超于教师 B，有益沉寂比率高于教师 B，说明教师 A 课堂以提问语言和讲授语言为主。结合文本信息和教学录像还发现，2 位教师课堂提问时出现较多的"5—4—8—3—5—4""4—8—3—4—5""5—4—15—4—5—8—3"语言序列，说明提问以"4—8—3"模式为主，即提问—应答—采纳。其中，教师 A 还出现较多的"4—8—3—4—3"语言序列，说明教师 A 进行较多的追问。教师指导学生活动时出现较多的"6—5—4—5—6—4""5—4—11—4—5"序列，学生实验时出现"6—14—6—14—6""6—14—6—5—4"语言序列，说明教师课堂注重对学生实验的观察和指导。练习环节出现较多的"6—5—4—5—15—6—4—5""4—5—6—12—6—5""4—6—12—7—5—4"序列，讨论时出现"6—15—10—15—11"，说明教师善于利用提示语言，激发学生思维，鼓励学生大胆猜想。

根据教师 A 和教师 B 课堂教学语言次数比率分析表 5.3.2—5 中 2 位教师的 5 种语言所占课堂比率，绘制出图 5.3.2—3 和图 5.3.2—5。为了能较好地观察师生言语在课堂中随时间的变化情况，所有教师行为视为教师言语，所有学生行为视为学生言语，将编码 11、13 归结为教师语言，编码 12、14、15 和 16 归结为学生语言，以时间为横坐标，以每分钟内师生语言的比率为纵坐标，采用王陆等开发的分析软件分别绘制出图 5.3.2—4 和图 5.3.2—6。

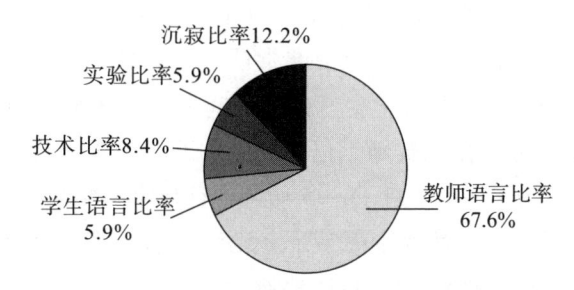

图 5.3.2—3　教师 A 的课堂语言结构

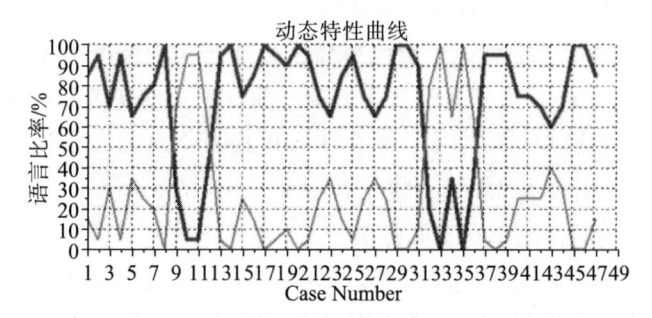

图 5.3.2—4　教师 A 的课堂教学师生语言动态曲线

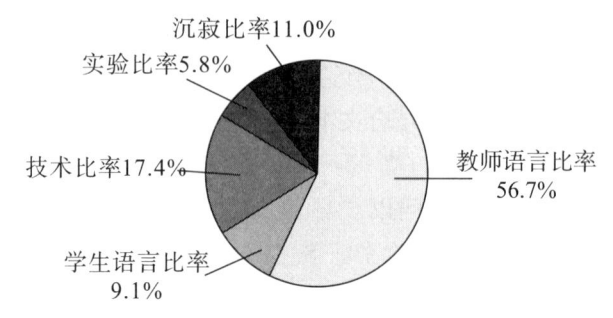

图 5.3.2－5　教师 B 的课堂语言结构

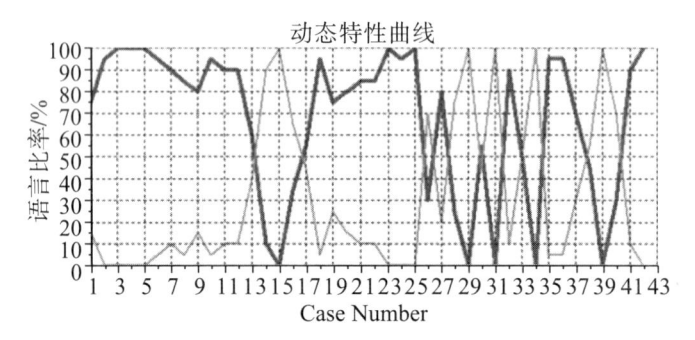

图 5.3.2－6　教师 B 的课堂教学师生语言动态曲线

图 5.3.2－3 至图 5.3.2－6 显示，进行元素化合物教学时，教师 A 和教师 B 的课堂综合运用了上述 5 类教学语言。其中，教师语言所占比率最大，学生语言比率较低，说明 2 位教师的化学课堂话语权以教师引导为主。但教师 A 课堂没有出现编码"9"，并且学生讨论的时间较短，教师 A 化学课堂中学生语言比率比教师 B 低。再比较师生语言动态曲线，发现 2 位教师的语言互动曲线对称性高，交互良好，几乎每一次教师说话比率高峰后跟随学生语言比率小高峰，说明化学课堂上学生注意聆听，积极回应，2 位教师也都比较留意学生课堂上的反馈，并及时引导。并且教师的语言比率一直较高，但是教师 A 与 B 相比，教师 A 的课堂师生活动语言比率相等的情况出现 4 次；学生语言比率出现 10 个高峰，而学生语言比率高于教师语言的情况出现 3 次，分别在 10~11、33、35 min。观察教师 B 语言动态曲线图，发现教师 B 课堂师生活动语言比率相等的情况出现 12 次；学生语言出现 9 个高峰，其中学生语言高于教师语言的情况出现 6 次，分别在 15、26、29、31、34、39 min。这说明教师 B 课堂中学生语言比率高于教师 A。

在教师 A 和教师 B 的化学课堂教学中，教师 A 课堂技术比率低于教师 B 课堂，因为教师 B 课堂中教师使用技术比率和学生使用技术比率都比教师 A

高。教师 B 课堂设置了练习环节，在讲解过程中利用较多板书，请学生到黑板做练习次数多，持续时间也较长。实验所占比率相当，约占 5.8%，而且均以学生实验为主。沉寂所占比率也较大，均达 10.0% 以上，但是以有益沉寂为主。通过录像和文本实录发现，教师 A 安排学生阅读，完成任务，思考问题；教师 B 安排学生做课堂练习，书写化学方程式。但教师 A 所占比率比教师 B 略大，这是因为教师 A 课堂无益沉寂出现次数较少，所占比率仅为 0.2%，有益沉寂持续的时间较长。

教师语言中对学生的积极和消极影响比率以及间接和直接影响的比率不同，通常可以体现教师不同的课堂教学语言风格。一般而言，若比值大于 1，反映教师比较倾向于对学生施加积极影响或间接控制课堂。根据相关计算公式得出教师 A 和教师 B 语言风格对照如表 5.3.2-6 所示。

表 5.3.2-6　教师 A 和教师 B 语言风格对照

项目	教师语言对学生的积极影响与消极强化比率	教师语言中对学生的间接和直接影响比率
计算公式	1~3 列次数/6~7 列次数	1~4 列次数/5~7 列次数
教师 A	90.2%	96.2%
教师 B	69.1%	53.6%

由表 5.3.2-6 可以看出，在这 2 节化学课堂教学中，间接影响和直接影响的比值都小于 1.0，说明教师 A 和教师 B 对课堂实行直接控制。而进一步比较发现，教师 A 语言中对学生间接和直接影响比率高达 96.2%，接近于 1.0，约为教师 B（53.6%）的 2 倍，说明教师 A 所使用的间接语言与直接语言数量相当，教师 A 也倾向于对课堂进行间接控制。这是因为教师 A 使用较多的提问语言（编码"4"）和采纳学生意见（编码"3"）以及鼓励和表扬（编码"2"）。教师 A 和教师 B 积极影响和消极影响的比率也都小于 1.0，但都大于 65.0%，说明教师 A 和教师 B 的课堂以对学生施加消极强化为主，积极强化也占有重要比例。其中教师 A 达 90.2%，教师 B 为 69.1%，教师 B 积极和消极强化的比率低于教师 A。通过录像和文本信息研究发现，教师 A 和教师 B 对学生进行消极强化主要表现在组织学生活动上，即编码"6"出现的次数较多。教师 A 较多指示学生阅读、布置任务等，而教师 B 则较多指示学生注意思考问题、做练习。这是由于大多数学生习惯被动性学习，积极性不高，还有些注意力不集中，教师试图通过指导学生学习，让学生参与到学习当中。还发现，尽管教师 A 和教师 B 都出现批评的现象，且教师 A 的批评次数较教师 B

多，这是因为教师 A 指出学生书写化学式不规范以期待学生能改正。因此，适当的消极影响也是有必要的。

5.4 现场观察法

5.4.1 简介

现场观察法是观察者在课堂现场进行实时的观察与记录，在现场观察法中多会使用量表作为辅助观察工具。2008 年华东师范大学崔允漷教授及团队提出的一种专业听评课模式——LICC 课堂观察模式是现场观察中较为成熟的一种观察方法。该模式把课堂观察的内容划分成 4 个维度，分别是学生学习（Learning）、教师教学（Instruction）、课程性质（Curriculure）、课堂文化（Culture），LICC 即为 4 个维度首字母的缩写。每个维度包含 5 个观察视角，每个视角的观察点不同。学生学习维度重点是观察在教学过程中学生参与学习的情况以及目标的实现情况，包括准备、倾听、互动、自主、达成 5 个观察视角；教师教学维度是实施教学的过程，包括把握教学环节、呈现教学内容、师生对话、指导学习、调控课堂等；课程性质维度主要观察被观察者的教学设计情况，教学设计的内容包括学习者特征分析、教学目标分析、教学内容分析、教学策略制定、教学评价等；课堂文化则从人文关怀的角度去审视课堂，深度观察教学中教师和学生的发展变化，包括思考、民主、创新、关爱、特质 5 个视角。从专业的角度将课堂观察系统化、具体化，使得无形的课堂变为可以把控的具体事件与问题，更有效地将课堂活动行为化。

LICC 课堂观察模式要求观察者与被观察者之间建立合作体，以合作体为组织依托，用大家的智慧处理复杂的课堂教学问题。因此该模式的主要流程分为课前会议、课中观察、课后会议三个部分。课前会议即被观察者主要围绕几个问题进行说课，观察者根据说课内容选取自己的观察点并制作观察量表（LICC 课堂观察模式将观察点划分为 68 个），每位观察者选取的观察点不相同。课中观察即是观察者根据自己在上一阶段选取的观察点进行观察。课后会议围绕观察情况等几个问题进行汇总,最终达到观察目的[①]。

5.4.2 研究示例[②]

以人教版化学必修一第三章"金属及其化合物"第一节第一课时"金属钠的性质"作为课堂现场观察对象。所选学校为长春市某高中,被观察的教师为郑老师,被观察班级为6班(50人)。观察前,被观察教师和听课教师召开课前会议,被观察者进行说课,再根据被观察者的说课内容确定观察点的选取和观察量表的制作,并在课前将相应的观察量表发放到各观察教师手中,其中学生活动观察量表如表5.4.2-1所示。

表5.4.2-1 学生活动观察量表

活动形式与耗时					活动组织	活动效果(A为较好,B为一般,C为欠妥)		
口述	书写	实验	交流	其他	教师对学生活动的指令	任务完成情况及原因分析	对目标达成的有效性		
^	^	^	^	^	^	^	知识/技能	过程/方法	情感态度/价值观
				观看视频2′	A	A观看视频效果较好,学生基本能总结出钠的性质			A
2′			1′		A	A能够从氧化还原角度出发推测出产物,设计实验方案验证了猜想	A	A	
		5′			A	B实验的注意事项没有交代清楚		B	A
4′					A	A学生基本能够准确地描述反应的实验现象	A		
	1′				A	A经过实验验证后得出产物,学生很轻松地写出反应方程式	A		
		3′			A	A学生积极加入实验,认真观察实验现象			

---

① 王东华:《基于中学化学课堂教学的LICC课堂观察模式的建构及应用》,贵州师范大学硕士学位论文,2014年,第29页。

② 于雷:《LICC课堂观察模式在高中化学听评课中的应用研究》,福建师范大学硕士学位论文,2017年,第35页。

续表

活动形式与耗时					活动组织	活动效果（A 为较好，B 为一般，C 为欠妥）		
口述	书写	实验	交流	其他	教师对学生活动的指令	任务完成情况及原因分析	对目标达成的有效性		
^	^	^	^	^	^	^	知识/技能	过程/方法	情感态度/价值观
1′					A	A 准确描述了反应的实验现象	A		
		3′			A	B 教师应将实验注意事项再次交代清楚，避免出现安全隐患		B	A
1′					A	A 实验现象明显，学生学会了利用现象推理原因	A		
		2′			A	B 学生对于分步进行的反应接触较少，容易出错			
			1′		A	A 检测效果良好	A		

学生活动内容与形式方面。郑老师这节课主要分为 4 个环节，共 11 处学生活动，从内容上看，学生活动内容丰富。从学生活动时间来看，总共用时 26 分钟，占本节课时间 47.3%，几乎占用了一半的时间，可见本节课体现了以学生为主的理念。从学生活动形式来看，采用了多种活动形式，有交流、实验、观看视频、口述、书写等，活动形式多样。本节课用时 55 分钟，时间拖得太长，建议教师在时间安排上更合理一些。

教师对学生活动的指令情况和完成任务情况及原因方面。从观察的结果来看，教师对学生活动的指令都为 A，说明学生都能准确地理解教师的指令，学生完成任务的情况有三处出现问题。有两处主要是对实验的注意事项没有牢记，出现了操作上的失误：2 个小组钠表面的煤油没擦干净，导致有刺激性气味的气体产生；1 个小组钠块切大了，导致烧杯中着火。另一处问题是钠与硫酸铜反应方程式的书写，学生对于分步进行的反应不知道如何书写方程式。但从总体上看，郑老师对学生活动的组织是高效的。

学生活动对目标达成的有效性方面。对于知识与技能的目标达成情况，除了在钠与硫酸铜反应的方程式上完成的效果不佳，在其他活动环节都有助于目标的达成。对于过程与方法目标的达成，学生基本能够自主完成实验，设计探究方案，并能够准确地描述实验现象，但要注意操作中的规范性，避免出现安全隐患。本节课设计的优点是在情感态度与价值观方面的目标达成尤为突出，学生通过观看视频，了解到钠的危险性，在实验过程中能够保持严谨的科学态度和合作精神，并且能够掌握钠失火后的灭火方法。实验结束后学生都能将钠放回到原试剂瓶中，以免有不安全的因素产生，体现了本节课的教育意义，更体现出核心素养所提出的注重科学的精神。

教材处理情况见表 5.4.2-2。郑老师没有按照教材安排将钠的知识分解来讲，而是将关于金属钠的性质合并，将课题重新定义为"金属钠的性质"，这样的做法使教学的定位更清晰，有利于学生在学习过程中对重点知识的把握，在实际教学中思路更清晰，条理更明确，教学效果更好。

表 5.4.2-2 教材处理情况

教学进程		教材处理方式						资源内容	效果评述
环节	活动主题	保持	增加	删除	置换	合并	新立		
一	钠与水反应	√	√			√		保持：钠与水反应。增加：钠与酸的反应。合并：将下一节内容合并到一个课时讲解，这样同时出现，让学生能够进行对比研究，增加记忆效果	A
二	钠与氧气反应	√	√			√		保持：钠与氧气常温反应。增加：钠与氧气加热反应。合并：将钠与氧气加热反应合并到钠与氧气常温反应，这样方便记忆，知识不至于分散	A
三	钠与硫酸铜溶液反应		√					增加：原书中没有这段内容，教师结合初中金属与盐溶液的反应推测钠与盐溶液的反应现象，激发学生的好奇心和探究欲望，利于知识的迁移	A

教学环节方面。本节课主要分为三个教学环节：钠与水反应、钠与氧气反应、钠与硫酸铜溶液反应。郑老师通过视频引入钠与水反应的实验探究活动，让学生们从视频中提取信息，设计方案，开阔了学生的探究思维，由浅入深地进行钠的性质的探究，最后提出钠灭火的方法。最大的优点是从实际生活出发，引导学生进入学习，最后又回到了实际生活中，符合新课标化学学科核心素养的理念。

教材内容整合方面。原有教材中第三章第一节的内容分为三个部分：金属与非金属的反应、金属与酸和水的反应、铝与氢氧化钠的反应。内容都是将钠与铝的知识混合来讲，学生在学习过程中很难抓住重点，容易混淆。而郑老师将钠的内容单独整合，明确教学定位，知识串联起来更合理。另外，郑老师增

加了书中没有提及的钠与硫酸铜溶液反应的探究实验，内容新颖，学生在探究过程中体会到了科学的意义，让听课教师和学生眼前一亮。总之，郑老师在教材的二次开发方面手段娴熟，张弛有度，值得借鉴。

问题的设置数量。本节教学共 87 个问题，涵盖了教师追问、教师提问及学生提问的所有问题。从问题的数量上看，确实体现了新课标以学生为主体的教学理念，但无关的问题太多，导致严重拖堂，建议教师在问题安排上可以减少一些无关问题，合理安排时间。

问题的思维层次统计如表 5.4.2－3 所示。问题的设计涵盖了四种思维层次，其中核心问题的思维层次以创造层次为主，有利于学生思维的开发。但创造层次的问题还需进一步的优化，批判层次的问题可以适当增加，完善问题的层次分布。教师还应增加一些开放式、探究性的问题，提升探究学习的质量。

表 5.4.2－3　问题的思维层次统计

问题的思维层次	所有问题 频次	所有问题 百分比	核心问题 频次	核心问题 百分比
识记	24	27.6%	11	25.6%
推理	20	23.0%	10	23.3%
创造	32	36.8%	15	34.9%
批判	11	12.6%	7	12.2%

学生回答方式统计及次数分布分别如表 5.4.2－4 和表 5.4.2－5 所示。学生回答问题的方式多种多样，主要以个别回答方式为主，还包括集体回答、自由回答等。在层次分布上可以看出，涵盖了教室各个方位的学生，体现了课堂文化自由、平等、民主的理念。

表 5.4.2－4　学生回答方式统计

学生回答方式	频次	百分比
集体回答	28	32.9%
自由回答	25	29.4%
个别回答	30	35.3%
无答	2	2.4%

表 5.4.2-5　回答问题次数分布

过道				↑			过道	
						↑		↑
↑			↑		↑			
	↑	过道	↑	过道			过道	
↑						↑		
	↑						↑	
↑			↑	↑				↑
			讲台					

教师理答方式统计如表 5.4.2-6 所示，主要以追问为主，其次为整理并重复学生的答案，无不理睬和消极批评的方式。总的看来体现出教师对学生的关爱。但教师应该减少追问的次数，给学生独立思考问题的空间。另外，教师应多鼓励学生提出问题，肯定学生的回答，增强学生的自信心。其中有两位学生提出的问题非常有效，说明学生能够真正地思考问题，这与课堂的有效性有关，体现了把课堂还给学生的理念。

表 5.4.2-6　教师理答方式统计

教师理答方式	频次	百分比
整理并重复学生答案	31	35.6%
打断或自己带答	15	17.2%
不理睬或消极批判	0	0
追问	38	43.7%
鼓励称赞	2	2.3%
鼓励学生提出问题	1	1.2%

5.5 前后测模式

5.5.1 简介

（1）概念。

前测（pre-test）：在心理学上指对被试进行实验或实施计划之前的测试，其目的是与实验或计划实施之后的结构进行比较，通过前后的变化来判断出被试者的心理或行为变化的效应。

后测（post-test）：指在对被试进行实验或实施计划之后，对被试者进行测试，将测试结果与前测结果进行比较，分析被试是否有心理或行为上的变化。

（2）前后测的作用。

①前后测的第一个作用便是测试活动被测试者在通过实验或实施计划之后是否发生了变化。

②可以知道被测试者在实施计划之前的原有概念、错误概念等，找出被测试者存在的一些问题。

③通过前后测数据评价被测试者的当前状态，并为被测试者的进一步改进和发展提供数据依据。

（3）前后测形式。

前后测的形式多样，有纸笔测试、口头测试或者动作技能测试等。具体选取哪种形式，需要根据被测试者的年龄特点、背景、环境、性别、职业等来确定。纸笔测试便于研究者搜集和分析数据，是目前使用比较多的一种形式。

5.5.2 案例分析[①]

以高一下学期的"最简单的有机化合物——甲烷"为例，探讨高中有机化学前测的设置方法。这节课是高中阶段学习有机化学的入门课，学生在初中已

[①] 张伟：《"前测与后测"教学模式在高中有机化学教学中的应用》，载《中学化学教学参考》，2014年第22期，第29～30页。

经学习过天然气的主要成分是甲烷、甲烷可以燃烧等性质,结合高中阶段对学生的要求,笔者设计了三道前测思考题。

(1)前测环节。

学习有机化学,学生必须知道有机化合物是什么、无机物是什么,并能区分两者不同的化合物。所以给出的第一道前测是一道对有机化合物的判断题,题中设置了9种具有代表性的、含有碳元素的物质,让学生挑选出哪些是有机化合物,在进行判断前需要让学生阅读一下有机化合物的概念。前测的结果如表5.5.2-1所示。

表5.5.2-1 "甲烷"前测"判断有机化合物"

名称	$NaHCO_3$	Na_2CO_3	CH_4	$Fe(SCN)_3$	CCl_4	CH_3CH_2OH	CaC_2	C	CO和CO_2
样本数	33	33	33	33	33	33	33	33	33
正确数	33	33	33	30	32	33	29	25	31
正确率	1	1	1	0.91	0.97	1	0.88	0.76	0.94

通过对学生针对有机化合物的前测进行分析发现,大部分学生都可以从这9种化合物中判断出什么是有机化合物。通过分析,发现接近1/4的学生选择碳单质是有机化合物。有两位学生选择CO和CO_2的混合气体是有机物,说明有一部分学生并没有真正理解到有机化合物是由不同的元素组成的化合物,将单质和混合物认为是有机化合物的错误概念。也就是说,这部分学生对单质、化合物、混合物的概念比较模糊。因此,教师在上课时,需要重新为学生温习一下化合物的概念。而选择硫氰化铁和碳酸钙是有机物的学生,同样对有机物的概念出现了迷失。硫氰化铁和碳酸钙这两种物质具有无机化合物的性质,因此不属于有机物。通过数据,还发现有一位学生认为CCl_4不是有机物,他认为该物质不含有氢元素,因此教师在教学过程中,可以准备一些学生认为是有机物其实是无机物的案例,让学生清楚地认识到无机化合物与有机化合物的区别,形成正确的概念。

有机化学是从甲烷的学习开始的。甲烷具有有机物最典型的结构特点——正四面体构型。所以第二道前测让学生按照课本介绍的方法制作一个正四面体,在课堂上发给每位学生一些有机物球棍模型,让学生自己通过组装拼接出甲烷的正四面体模型。这部分学生完成得都很好。之后,教师应该继续为学生讲解甲烷的结构由来,让学生知道甲烷为什么是正四面体构型,加深学生对甲烷的结构认识。

这节课学生要学习一种新的反应类型——取代反应。取代反应和学生之前学习的置换反应和复分解反应具有相似的地方，但与置换反应与复分解反应有一定的差别。所以，第三道前测题便是让学生阅读取代反应的文字说明，之后让学生分别书写置换反应方程式和复分解反应方程式，教师给出一个取代反应的方程式，让学生将三者进行对比，前测结果见表5.5.2－2。

表5.5.2－2 "甲烷"前测"置换反应、复分解反应和取代反应的对比"

名称	置换反应	复分解反应	取代反应与前面两者的异同
样本数	33	33	33
正确数	29	30	2
正确率	0.88	0.91	0.06

从前测的结果来看，有少数学生并不能写出置换反应和复分解反应，说明这些学生在对反应类型的学习上存在着认知困难，不清楚置换反应与复分解反应是什么，因此对接下来的学习存在困难。将取代反应与置换反应，复分解反应进行对比，只有两位学生能够发现其中的差别。因此，教师在接下来的课程教学过程中应当温习一下置换反应和复分解反应的相关知识，然后将三种反应类型进行比较，并举出案例进行分析，加深学生对三种化学反应类型的概念认识，为学生后期学习减少认知障碍。

（2）后测环节。

后测中设计的第一题，是学完这节课之后，再次让学生判断有机化合物。后测结果如表5.5.2－3所示。

表5.5.2－3 "甲烷"后测"判断有机化合物"

名称	H_2CO_3	$CaCO_3$	CH_4	KSCN	$CHCl_3$	CH_3OH	C	CO和CO_2
样本数	33	33	33	33	33	33	33	33
正确数	33	33	33	33	32	33	33	33
正确率	1	1	1	1	0.97	1	1	1

接下来通过后测解决前测中学生暴露的问题，帮助学生理解和巩固知识。从后测结果来看，几乎所有的学生能准确判断哪些物质属于有机化合物，基本上实现了教学目标。

设计的第二题是重复前测的题目，让学生分别书写一个置换反应、复分解反应，再与本节课学习的甲烷与氯气在光照条件下发生的取代反应对比，分析出取代反应的特点。通过后测的检验发现学生对三种反应理解都比前测有所进步。学生能够总结取代反应的特点,即有机化合物中的原子或者原子团替换为其他的原子或者原子团的反应,与置换反应和复分解反应在形式上有相似的地方,但是物质范围不一样。

甲烷和氯气在光照下的取代反应是学生接触的第一个取代反应,教师在课堂上详细地研究了取代反应的过程,并让学生进行案例的分析和习题的练习。所以在后测中设置了一题让学生书写碘蒸气在光照的条件下和甲烷发生取代反应的方程式,测试学生是否真正地理解了什么是取代反应。后测结果见表5.5.2—4。

表5.5.2—4　"甲烷"后测"置换反应、复分解反应和书写取代反应方程式"

名称	置换反应	复分解反应	书写取代反应方程式
样本数	33	33	33
正确数	31	31	30
正确率	0.94	0.94	0.91

从后测的结果可以看出,大部分学生能够正确地理解三种反应类型,同时能正确书写取代反应方程式。但仍然有个别学生对三种类型的理解不够透彻,教师应当在课后对学生加以引导,为学生正确理解三种化学反应类型提供帮助。

(3) 结论。

前后测模式在教学过程中为促进学生和教师的共同发展起了重要作用。在使用前后测模式时,教师应当深挖教材,对问题的设计要精准,对学生的心理发展阶段要有所了解,选择学生接受的方式进行测试,提高学生的积极性与参与性,最大限度地反馈学生当前阶段的学习情况。通过前测反映学生的学习障碍,了解学生的认知薄弱点,有针对性地进行强化,再通过后测反馈出学生的学习情况,在促进学生发展的同时,也提高教师的教学能力,准确把握学生知识的薄弱环节。在后期教学过程中,教师应当着重讲解学生的薄弱环节,加强学生理解和学习。因此,教师应当在教学过程中,适当地引用前后测模式,提高学生学习效率。

5.6 问卷调查

5.6.1 简介

问卷调查是收集数据的一种调查方式，是根据调查者的调查目的而设计的，通过对被调查者进行调查，然后回收调查数据，对数据进行统计分析，最后得出调查结果。在进行问卷设计时需要严格遵循概率与统计原理，因而这种调查方式具有较强的科学性，同时也便于操作。问卷一般由四个部分组成，即开头部分、甄别部分、主体部分以及背景部分。同时也需要遵循六个原则：合理性、逻辑性、一般性、明确性、非诱导性、便于整理及分析。问卷的类型也可以从不同角度进行划分：如按问题回答的方式不同，可以分为结构式、半结构式、开放式；如按调查方式划分，可以分为访问问卷和自填问卷；如按问卷用途分，则分为甄别问卷、调查问卷和回访问卷。

（1）问卷结构。

问卷的基本结构一般是由问卷的前言部分、主体部分、致谢部分、总结部分四个部分组成。

①前言部分。

开头部分主要包括问候语、填表说明、问卷编号等内容。当然，对于不同的问卷调查，开头部分会有所差异。

A. 问候语：问候语也叫问卷说明，目的是引起被调查者的兴趣和重视，同时也能消除调查对象的顾虑，让被调查者能够积极参与调查问卷合作。一方面要求在问候语中涉及称呼、问候、调查目的、调查对象、被调查者需要完成问卷的时间和对被调查者的感谢语，另一方面要求尽量简短。

B. 调查背景：说明你所调查的环境，基于这样的环境进行调查。

C. 调查目的：说明你为什么要对某一现象进行调查，其目的是什么。

D. 调查对象：指你所需要调查的人员，如教师、学生、医生等群体。

E. 调查方法：说明你所采用的调查方式，如结构式、半结构式、开放式。

②主体部分。

主体部分，作为问卷的核心部分，包括所要调查的全部问题，主要由调查者设计的问题和答案构成。

问卷设计的过程其实就是将研究内容细化的过程。根据研究内容和调查目的,确定问卷的主体框架,然后在这个大的框架中设置不同的调查维度,每个维度又包括不同的问题。这样就可以从框架到维度再到问题,就可以得到调查者所需要的结果。这好比先确定好树干,然后再根据需要,每个树干设计分支,每个问题是树叶,最终构成一棵树。因此在对问卷进行设计之前,调查者应该具有一定的整体框架结构。

在主体问卷的不同维度进行设计时需要保证每个维度的相对独立性,维度下的问题设置也要保持相对的独立性,这样问卷的条理更加清晰明了,整体感更加突出。

主体问卷设计应简明,内容不宜过多、过繁,应根据需要而确定,避免可有可无的问题。

问卷设计要具有逻辑性和系统性,一方面可以确保所需要的问题不会被遗漏,另一方面被调查对象也会感到问题集中、提问合理。相反,如果所提的问题是发散的、随意性的,问卷就会给被调查者思维混乱的感觉。

问卷题目设计必须有目的性,明确被调查人群,适合被调查者身份、调查者要充分考虑到被调查者的文化水平、年龄层次等;在问题设计上要随机应变,比如面对文化水平较低的人做调查,在语言上就必须尽量通俗,而对于文化水平较高的被调查者,在题目语言的设计上可以提高一定的层次。这样的细节考虑,有利于达到调查者的目的。

(2) 问卷设计的原则。

问卷设计的好坏很大程度上又与设计原则有关,其主要的设计原则有以下六点:

①合理性。

合理性指的是问卷内容要与调查主题密切相关,如果不遵守这一要求,问卷将变得毫无意义。而所谓问卷体现调查主题其实质是在问卷设计之初要找出与"调查主题相关的要素"。

②一般性。

一般性,即问题的设置是否具有普遍意义。这是问卷设计的一个基本要求,如果我们在设计问卷时,出现了一定常识性的错误,将不利于调查成果的整理分析。

③逻辑性。

问卷的设计要有整体感,即在对问题设计时也需要考虑问题之间的逻辑

性，哪怕独立的问题也不能出现逻辑上的错误。问题设置紧密相关，才能够获得比较完整的信息。调查对象也会感到问题集中、提问有章法。相反，假如问题是发散的、随机的，这会使被调查者感觉问卷并不严谨，不需要认真接受调查。因此，问卷的逻辑性对问卷设计具有重要作用。

④明确性。

调查者在设计问题时，所提的问题应明确，确定不会对被调查者产生其他误解。这样有利于被调查者能够清晰明确地作答。

⑤非诱导性。

非诱导性指问题要设置在中性位置、不参与提示或主观臆断，完全将被调查者的独立性与客观性摆在问卷操作限制条件的位置上。如果设置具有了诱导和提示性，就会在不自觉中干扰被调查者作出判断。

⑥便于整理、分析。

在对被调查者进行问卷调查之后需要考虑如何对收集到的信息进行整理和分析，同时整理出的结果能够清楚明了地说明所要调查的问题，只有这样才能收到预期的效果。

(3) 问卷的分类。

①按问题回答的方式不同，可以分为结构式问卷、半结构式问卷、开放式问卷。

A. 结构式问卷。

结构式问卷又叫封闭式问卷，也就是说，被调查者只能在已经设定好的选项中选择自己的答案。

B. 半结构式问卷。

半结构式问卷又叫综合式问卷，同时包含开放式提问和封闭式提问，具备两种提问方式的优点，即被调查者在作答时可以在已设定的选项中选择答案，也可以进行自由作答，能够使调查者获得较全面的信息。

C. 开放式问卷。

被调查者可以根据自身情况自由作答，由于采取这种方式提问会得到各种不同的答案，不利于统计分析资料，因此在调查问卷中不宜过多。

②按调查方式划分，可以分为访问问卷和自填问卷。

A. 访问问卷。

访问问卷，是调查者通过对被调查者进行采访，由调查者填写问卷。

B. 自填问卷。

自填问卷，是被调查者自己填写答案。

③按问卷用途分,则分为甄别问卷、调查问卷和回访问卷。

A. 甄别问卷。

甄别问卷指在对被调查者进行正式的问卷调查之前,首先需要筛选出符合被调查的人群。

B. 调查问卷。

调查问卷主要是以问题的形式记载所要调查内容的一种调查方式。

C. 回访问卷。

回访问卷主要是调查者想要知道被调查者经历过或使用某一件物品之后对被调查者进行调查,想要获取被调查者的想法和感受。

(4) 注意事项。

①有明确的主题:所设计的问题清晰明确,重点突出,将可有可无的问题抛弃。

②结构合理、逻辑性强:在设计问题的顺序排列时,要注重问题的逻辑顺序,符合被调查者的思维程序。一般是先易后难,先简后繁,先具体后抽象。

③通俗易懂。问卷题目应使被调查者能够一目了然,并愿意如实回答。问卷中语气要亲切,符合应答者的理解能力和认识能力,避免使用专业术语。对敏感性问题采取一定的技巧调查,使问卷具有合理性和可答性,避免主观性和暗示性,以免干扰答题者作答。

④控制问卷的长度。回答问卷的时间控制在 20 分钟左右,同时问卷中不能出现低级性错误。

⑤便于资料的回收、整理和统计。

5.6.2 案例分析[①]

以对高中化学微课教学的问卷调查为例,由于需要知道学生对于微课教学保持怎样的态度、什么样的素材适合于微课教学、如何做出一个好的微课等,在对某学校高中部进行调查分析后,初步编制调查问卷。问卷主要由两个部分构成:第一部分为共性内容,旨在调查学生接触微课的时间、对微课教学的认可度以及是否有利用信息技术手段解决学习中的困难等情况;三个年级的第二部分内容各不相同,依据教学内容和学生学情设置。

---

① 蒋腊梅:《高中化学微课教学的问卷调查与分析》,载《教育研究与评论(中学教育教学)》,2019 年第 3 期,第 67~71 页。

问卷的题型分为封闭式选择题和开放式问答题两类。调查的对象分别为：高一的某一个班级，高二和高三在选修班中各选取一个班级。此次调查共发放纸质问卷112份，回收有效问卷111份，回收率为99.11%。其中，高一发放44份，回收44份，回收率为100%；高二发放28份，回收28份，回收率为100%；高三发放40份，回收39份，回收率为97.5%。整体的男、女生比例接近1∶1。

（1）调查情况与分析。

①学生对微课情况的了解主要是选择题（如下），三个年级的题目相同。

1. 你接触微课的时间有多长？（　　）

A. 6个月以内

B. 6个月~1年

C. 1年以上

2. 你喜欢教师用微课教学吗？（　　）

A. 非常喜欢

B. 喜欢

C. 不喜欢

3. 你怎样解决学习中的困难？（　　）

A. 问教师

B. 和同学讨论

C. 利用网络资源

D. 其他

调查结果情况如表5.6.2-1所示。

表5.6.2-1　调查结果情况

题序	1			2			3			
选项	A	B	C	A	B	C	A	B	C	D
总人数	86	5	20	38	51	22	32	44	38	14
高一人数	39	1	4	14	15	15	10	12	12	3
高二人数	18	1	9	14	8	6	10	14	6	6
高三人数	29	3	7	10	28	1	12	18	20	5

从表 5.6.2-1 中数据可以看出，86 位学生接触微课的时间在 6 个月以内，占比 77.48%，说明学生接触微课的时间较短。学生喜欢上微课的比例高达 80.1%，由此可见，学生对教师用微课进行教学的接受度较高。且从高一到高二到高三，比例由 65.91% 到 78.57% 再到 97.44%，说明随着学习要求的提高和学习能力的增强，学生对微课教学需求度在逐步提高。在面对学习中的困难时，学生首选的解决办法是"和同学讨论"，紧随其后的是"利用网络资源"，可见学生愿意利用网络资源进行学习。调查还发现，相比于课堂教学，学生更愿意将微课用于课后复习，这也与微课适应差异化学习的特点相吻合。当然，还有 19.82% 的学生不喜欢微课教学。与这部分学生交流后了解到，他们不喜欢微课教学主要是因为微课教学缺乏互动性和情感交流。

② 高一学生微课教学调查。

对于刚进入高中的高一学生来说，初、高中化学知识的落差经常影响他们高中化学知识的学习，所以高一问卷的第 4 题是关于初、高中知识衔接的问题。

4. 为顺利完成初、高中的衔接，你采取什么方式？（　　）

A. 课外辅导班

B. 自己复习

C. 利用学校开设的衔接课程

D. 利用有针对性的网络微课

调查显示，22.73%（10）的学生选择上课外辅导班，47.73%（21）的学生通过自己复习完成，18.18%（8）的学生觉得学校开设的衔接课就能达到要求，只有 2.27%（1）的学生选择利用有针对性的网络微课。这说明学生没有利用教学资源学习的习惯。

第 5 题至第 9 题主要了解学生学习必修一中几个重要知识点。第 5 题：离子反应。第 6 题：氧化还原反应。第 7 题：物质的量。第 8 题：典型物质性质的学习方法。第 9 题：元素化合物的学习困难。分析数据发现，对于离子反应的学习难点，18.18%（8）的学生认为是离子方程式的书写，25.00%（11）的学生认为是离子间反应规律的理解，20.45%（9）的学生不会判断离子共存情况，20.45%（9）的学生对物质在水溶液中以什么微粒形式存在认识不清。而氧化还原反应的学习难点相对集中：47.72%（21）的学生认为主要问题在计算。对于必修一中特别重要的元素化合物部分，38.64%（7）的学生依靠死记硬背，同时，近 1/3 的学生觉得学习金属元素和非金属及其化合物知识的困难在于太琐碎。第 10 题调查学生更愿意利用微课进行哪些方面的学习。

11.36%（5）的学生用于新课学习，15.91%（7）的学生用于理解学习重难点，29.55%（13）的学生用于课后复习，20.45%（9）的学生用于化学实验演示的学习。第11题是开放性问答题，旨在了解学生认为必修一和必修二中适合通过微课学习的内容。调查情况见表5.6.2-2。

表5.6.2-2 高一学生微课教学调查情况

内容	比例
金属、非金属及其化合物的性质递变规律	从高到低
难以在课堂中做的实验，实验器材	
元素周期表	
离子反应	
物质的量的计算，特别是有关电子转移的计算	
金属、非金属相关方程式	
有机化合物	
原电池	

从上述调查数据可知，高一学生的化学学习中存在很多共性的需求，反映了微课有很大的发展空间。当然，我们也注意到，不同的学生对于微课有着不一样的期望，不同课型和内容的微课呈现方式需要多样化。如果能建立完整的微课资源库，便可以为学生的自主学习创设更大的空间。

③高二学生微课教学调查。

高二问卷的第4题调查学生选修4中"化学平衡"的学习困难。42.86%（12）的学生不能准确判断平衡是否发生移动；35.71%（10）的学生感觉平衡过程看不见，摸不着，太过于抽象，难以建立起解决化学平衡问题的模型；而21.43%（6）的学生意识较弱，并不能根据图形获取与平衡有关的有效信息。

第5题调查选修4中"电解质溶液"的学习困难。39.28%（11）的学生表示，当溶液中存在多种电解质时，不会比较溶液中微粒浓度的大小；42.86%（12）的学生不能将溶液的宏观现象与微观的微粒变化及化学符号建立联系。

第6题调查选修4中"电化学"的学习困难。39.28%（11）的学生认为电极反应方程式书写困难；39.3%（11）的学生进行有关原电池和电解池的计算时容易出错；42.86%（12）的学生对原电池、电解池工作后相应的电解质溶液中微粒的变化情况没有直观的印象。可见，学生对抽象思维要求较高的化学原理部分知识普遍感觉难度较大，而且每个学生学习的困难又不完全一致。若将难点内容做成可以反复播放、观看、揣摩的微课，则更有利于难点的突破。

第 7 题调查有机化学（选修 5）的学习困难。32.14%（9）的学生对重要的有机官能团的性质不熟悉；50.00%（14）的学生觉得有机反应条件多，完成有机反应时条件选择困难，合成时难以找到最佳路线。可见，学生对有机化学知识学习的微课需求，更多地体现在官能团反应时断键方式的呈现和重要有机反应现象的再现上。

第 8 题调查学生如何进行"补差"。53.57%（15）的学生希望通过自己复习来解决，42.86%（12）的学生希望学校提供有针对性的在线微课。

第 9 题调查学生对于微课的使用意向。35.71%（10）的学生觉得微课可以用于课后复习，随时可以进行学习。60.71%（17）的学生觉得微课可以提高自主学习能力。

第 10 题是开放性问答题，意在了解学生眼中选修 4 和选修 5 中适合通过微课学习的内容。调查情况见表 5.6.2－3。

表 5.6.2－3　高二学生微课教学调查情况

模块		内容
选修 4	化学平衡	影响化学反应速率的因素、化学平衡的概念、勒夏特列原理、等效平衡
	电解质溶液	水的电离和溶液的酸碱性、弱电解质的电离、盐类的水解原理、盐溶液中的电荷守恒、盐溶液中的物料守恒、盐溶液中的水解守恒、难溶电解质的溶解平衡
	电化学	金属的电化学腐蚀与防护、电解池、化学电源、原电池工作原理、原电池电极反应式书写
选修 5		有机化合物的结构特点、同分异构体的概念和书写、乙醇的催化氧化和消去反应、乙醛的银镜反应、乙酸的酯化反应、有机合成路线分析、肥皂去污原理、氨基酸的成肽反应、蛋白质的盐析和变形、蛋白质的颜色反应、加成反应和加聚反应

④高三学生微课教学调查。

高三问卷主要围绕江苏高考化学试卷（以 2018 年的试卷为例）的题型设置问题，涉及溶液中微粒浓度大小、化学平衡、工艺流程、有机化学、综合计算、实验方案设计、证据推理等。第 4 题调查高考卷选择题第 14 题——电解质溶液相关的难点。28.21%（11）的学生常常不知道混合溶液中哪种微粒的

电离平衡或水解平衡影响溶液的性质，41.03%（16）的学生不会判断混合溶液中各种微粒相互影响导致微粒发生的变化及变化后浓度的大小。

第5题调查高考卷选择题第15题——化学平衡相关的难点。35.90%（14）的学生表示还没有建立合理的平衡模型来定性分析和推断化学平衡状态；56.41%（22）的学生不能熟练运用勒夏特列原理判断选项中的设问，判断等效平衡时经常失误；7.69%（3）的学生对Q和K值的定量计算不熟练，对有关定量的选项把握性小。

第6题调查高考卷选择题第16题——工艺流程题的难点。超过一半的学生（20）不会将生产原理与所学化学知识建立联系，不会分析判断一些新颖的生产工艺的目的。

第7题调查高考卷选择题第17题——有机化学综合题的易错点。28.21%（11）的学生表示限定条件的同分异构体的书写有困难；56.41%（22）的学生不会设计规定物质的合成路线。

第8题调查高考卷选择题第18题——化学计算相关的难点。35.90%（14）的学生综合运用原理、概念和元素化合物知识定量分析问题、解决问题的能力弱；30.77%（12）的学生图表信息加工能力弱，数据处理经常出错。

第9题意在调查学生如何使用微课。25.64%（10）的学生用作重难点的题型突破；33.33%（13）的学生用作知识的归纳和总结；20.51%（8）的学生希望教师用微课呈现重点内容，加快复习进程。

第10题是开放性问答题，意在了解学生眼中高三化学复习时适合通过微课进行的内容。具体有实验课、有机和化学平衡、选择题解题技巧、基础知识点整理、元素化合物知识、实验中部分步骤的目的、等电子体等。

5.6.3 总结

经过调查分析了解到，学生认为微课最吸引他们的地方是具有针对性、对知识点的理解有很大的帮助，同时认为微课可以帮助查缺补漏、夯实知识基础。

而我们认识到，微课不仅仅是一种工具，而且是教师教育观念的变革，更是教师教学方式的改变。虽然其能在一定程度上吸引学生，保持学生的注意力，但其核心在于课程内容的质量。微课与传统课堂各有优势，若能将二者有机整合，则一方面能弥补传统课堂的缺陷，提高传统课堂的教学质量；另一方面也能使微课得到长足的发展，提高学生的学习效率。

第 6 章 化学实验在新高考评价体系中的作用、地位及实施特点

6.1 新高考评价体系内涵

教育的根本问题是解决好培养什么人、怎样培养人、为谁培养人，学业水平考试标准的制定也必须回答这个根本问题，统筹谋划好"为什么考、考什么和怎么考"。为了回答此问题，2019 年底教育部考试中心发布了以"一核四层四翼"为内涵的新高考评价体系，对高考试题的命制起到了导向引领作用[①]。"一核"回答了为什么考；"四层"规定了考试内容，发挥引导命题理念的作用；"四翼"保障考试水平，同时以真实的试题情境作为"四层"与"四翼"的考查载体。三者关系如图 6.1-1 所示。

---

① 孙小芳、王世存：《基于高考评价体系的 2021 年河北省新高考化学试题评析及启示》，载《教育测量与评价》，2021 年第 8 期，第 35 页。

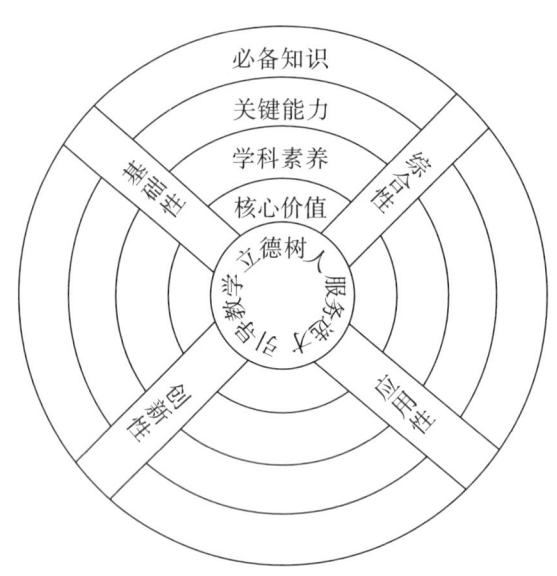

图 6.1-1 "一核四层四翼"关系图

一核：这一高考核心其内涵是指高考要发挥"立德树人、服务选才、引导教学"的作用，回答了为什么考的问题。

四层：即考查内容，回答了考什么的问题。它从知识的价值、学科中的素养以及学生应当掌握的知识和能力的角度出发，规定了考试的内容，包括"核心价值、学科素养、关键能力、必备知识"四个层面。

核心价值是从化学学科内涵出发，主要包括化学学科的社会价值、化学学科的本质价值和化学学科的育人价值三方面。化学学科的社会价值包含弘扬爱国主义情怀、增强民族自信、绿色化学的思想、可持续发展的意识以及对社会热点问题做出正确的判断并提供解决方案等，化学学科的本质价值需要学生能够体会化学对人类生活和发展所发挥的巨大贡献，化学学科的育人价值包括激发学生对学习化学的兴趣以及科学精神。

化学学科素养是基于对化学学科本质的探寻、高考评价体系的细化以及化学课程标准的落实三个维度进行构建。化学科学研究本质的内涵包括三个方面，分别为"研究什么""怎么研究"以及"为什么研究"，它与化学教育教学的"学什么""怎么学"以及"为什么学"一一对应。在化学学科核心素养的基础上，将化学学科素养进一步细化为化学观念、实践探索、思维方法和态度责任。其中，化学观念对应"学什么"，包括"宏观辨识与微观探析"和"变化观念与平衡思想"；实践探索对应"怎么学"，也同时对应"科学探究与创新精神"；思维方法对应"怎么学"，包括"宏观辨识与微观探析""变化观念与平衡思想"以及"证据推理与模型认识";态度责任对应"为什么学",同时对应"科学态度与社会责任"。关键能力指的是学生在面对真实复杂情境时,认识问题、分析问题、解决问题所必须具备的能力。高考评价体系将关键能力划分为理解与辨析能力、分析与推测能力、归纳与论证能力和探究与创新能力。其中,理解与辨析能力包括掌握基础知识、辨析基本概念,分析与推测能力包括判断物质的结构、分析物质的性质、预测反应的现象、推断反应的结果,而归纳与论证能力包括识别有效证据、处理转化数据、科学推理论证、归纳总结规律,探究与创新能力包括描述实验现象、分析实验数据、设计探究方案、评价探究方案。

必备知识主要包含必修和选择性必修部分的知识,是对化学课程标准更加精细的分类与系统的整合。高考评价体系将必备知识划分为化学语言与概念、物质结构与性质、反应变化与规律、物质转化与应用、实验原理与方法。化学语言与概念包括元素符号、化学基本概念以及方程式书写等化学用语,物质结构与性质包括典型无机物和有机物的性质及其转化,反应变化规律包含热力学、动力学、电化学以及与电解质溶液相关的知识,物质结构与性质包含化学键、分子间的作用力、原子结构、分子结构、晶体结构,实验原理与方法包含实验基础知识、实验基本操作、物质的检验、分离和提纯、定性与定量分析等。

四翼:即考查要求,回答了怎么考的问题。它从知识的掌握程度和能力要求的角度出发,规定了考试的要求,其中包括"基础性、综合性、应用性、创新性"。其中,基础性与知道、了解这类词相对应,包含基本知识、基本技能、基本方法等;综合性与理解这类词相对应,包含学科内的知识综合、学科间的知识综合、方法的综合以及形式的综合;应用性与分析、应用这类词相对应,包含运用自己所学知识解释生活中的化学现象、解决生产生活中的化学问题、解答实验中的疑问等;创新性与设计、评价这类词相对应,包含内容创新、方法创新、形式创新以及思维创新[①]。

"四层"和"四翼"的有效实施需要问题情境来作为载体,问题情境可分为"日常生活情境""生产环保情境""学术探究情境""实验探究情境""化学史料情境"。问题情境的设计与安排不管是高考还是一般课堂教学,都能够快速吸引学生注意力,帮助学生快速进入状态,激发学生解决问题的热情以及在

---

① 严智伟、颜桂炀、郑柳萍:《基于高考评价体系视角的北京市新高考化学试卷分析》,载《化学教与学》,2021年第20期,第61~66页。

解决问题的过程中学习化学知识和培养学生的学科核心素养。

6.2 化学实验在高中化学课程中的地位

化学是在原子、分子水平上研究物质的组成、结构、性质及其应用的一门基础自然科学，其特征是研究物质和创造物质。化学不仅与我们的日常生活密切相关，同时也是材料科学、生命科学、信息科学、环境科学和能源科学等现代科学技术的重要基础，是推进现代社会文明和科学技术进步的重要力量。化学在缓解人类面临的一系列问题，如能源危机、环境污染、资源匮乏和粮食供应不足等方面，同样做出了积极的贡献。

化学学科除上述的特征外，更为突出、明显的特征是：化学是一门以实验为基础的学科，无论是研究物质还是创造物质，无论是解决能源问题还是环境污染，这一切问题的大规模解决都是以小型的实验为基础。而在教学中，教师应去创设以实验为主的科学探究活动，目的是激发学生对化学的兴趣，通过以化学实验为主的多种科学探究活动，使学生体验科学研究的过程，强化科学研究的意识，促进学习方式的转变，培养学生的创新精神和实践能力。

据统计，高中化学教材中的实验数量高达 83 个，化学实验贯穿着整个高中化学课程。可以看出化学实验在整个高中化学课程的重要性，它是高中学生学习化学的基础工具，也是学习过后学生提炼升华的重要方式。

6.3 化学实验在高中化学课堂中的地位

实验和实验教学在学生化学学科核心素养培养过程中发挥着重要的作用。目前很多教师在他们的课堂中并不重视实验，面对高考的压力，他们更重视化学知识的传授以及化学的解题技巧，忽视了学生的全面发展。教师"灌输式"的教学枯燥地传授着化学原理和化学实验，这种教学方法逐渐让学生对化学失去兴趣，影响其教学效果。而化学实验教学方法的应用，不仅能有效消除"灌输式"教学的弊端，而且可让教师在化学教学中通过实验来吸引学生的注意力，调动学生的学习热情，让学生全身心投入化学学习中，让学生更快地掌握化学知识点，从而提高课堂教学效率。

在课堂中关于实验问题的处理，他们大多数都是通过演示实验视频向学生进行相关化学知识的讲解，缺少了课堂实验这么一种直观性，学生的学习感受和学习效果肯定没有课堂实验好。课堂实验相比实验视频最大的两点不同就是实践性和直观性。实践性是指在课堂中学生可以在教师的指导下亲自动手，培养学生的实践能力；直观性是指在课堂中当着学生的面进行实验，相比实验视频更能吸引学生的注意以及激发学生的学习兴趣，更能深刻地感受化学的独特与魅力，在学生的内心种下"化学具有价值"这么一颗种子。

6.4 化学实验在高考中的地位

从课标出发，无论是2003年的实验版课标，还是2017年的新课标都体现了实验在化学学科中举足轻重的地位。新课标凝练的"科学探究与创新意识"从实践层面鼓励学生勇于创新，形成在生活中发现现象、形成问题、分析问题并解决问题的思维方式，以核心素养为导向，将化学基础知识和基本技能、基本方法以及学科思想综合应用到实际问题中，对学生化学知识的建构和科学探究能力的提升提出了具体要求。

从考试大纲出发，高考考试大纲对学生应具备的化学实验素养有明确的要求，主要包含两个方面。一是化学实验知识与技能的要求，主要包括：①认识化学是以实验为基础的一门科学，了解化学实验是科学探究过程中的一种重要方法，学会运用以实验和推理为基础的科学探究方法；②了解化学实验室常用仪器的主要用途和使用方法；③掌握化学实验的基本操作，能识别化学品安全使用标识，了解实验室一般事故的预防和处理方法；④掌握常见气体的实验室制法（包括所用试剂、仪器，反应原理和收集方法）；⑤能对常见的物质进行检验、分离和提纯，能根据要求配制溶液；⑥能根据实验试题要求，做到：设计、评价或改进实验方案，了解控制实验条件的方法，分析或处理实验数据，得出合理结论，绘制和识别典型的实验仪器装置图；⑦以上各部分知识与技能的综合应用。二是化学实验与探究能力的要求，主要包括：①了解并初步实践化学实验研究的一般过程，掌握化学实验的基本方法和技能；②在解决简单化学问题的过程中，运用科学的方法，初步了解化学变化规律，并对化学现象提出科学合理的解释；③养成科学、严谨、实事求是的实验态度[①]。

---

① 蒋小钢：《立足实验素养考查的高考"评价型"实验题的命题特点》，载《化学教育》，2014年第1期，第41~43页。

从高考试题的角度出发，化学实验作为高考化学试卷中的必考题，位置一般处于试卷中的26~28题，化学实验大题所占分值一般12~15分，考查形式多样，如基本实验操作、物质的转化与除杂、工艺流程、实验探究；考查的内容丰富，主要为元素化合物的相关知识；现阶段化学实验题大多为"评价型"实验题，还会考查学生对实验方案的评价与改进。除此之外，高考化学试卷中，选择题里也会考查与实验相关的知识，如实验操作、实验现象、实验结果等；在其他知识点中也会渗透着考查相关实验原理，如化学方程式的书写。并且高考化学实验大题综合性强，区分度高，对学生化学学科综合能力要求比较高。它不仅考查学生对化学基础知识和基本操作技能的掌握程度，而且强调用化学知识解决实际问题的能力，是真正意义上理论与实践的结合，体现了高考的选拔性。

【试题】例1（2022全国甲卷化学第26题）

26.（14分）硫酸锌（$ZnSO_4$）是制备各种含锌材料的原料，在防腐、电镀、医学上有诸多应用。硫酸锌可由菱锌矿制备，菱锌矿的主要成分为$ZnCO_3$，杂质为SiO_2以及Ca、Mg、Fe、Cu等的化合物。其制备流程如图6.4-1所示。

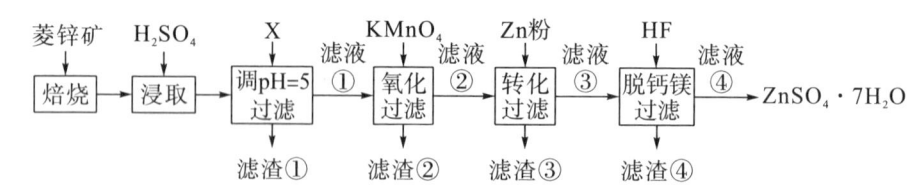

图6.4-1 $ZnSO_4$制备工艺流程

本题中所涉及离子的氢氧化物溶度积常数如表6.4-1所示。

表6.4-1 溶度积常数表

离子	Fe^{3+}	Zn^{2+}	Cu^{2+}	Fe^{2+}	Mg^{2+}
K_{sp}	4.0×10^{-38}	6.7×10^{-17}	2.2×10^{-20}	8.0×10^{-16}	1.8×10^{-11}

回答下列问题：

（1）菱锌矿焙烧生成氧化锌的化学方程式为_____。

（2）为了提高锌的浸取效果，可采取的措施有_____、_____。

（3）加入物质X调溶液pH=5，最适宜使用的X是____（填标号）。
A. $NH_3 \cdot H_2O$　　B. $Ca(OH)_2$　　C. NaOH

滤渣①的主要成分是_____、_____、_____。

（4）向 80~90℃ 的滤液①中分批加入适量 KMnO₄ 溶液，充分反应后过滤，滤渣②中有 MnO₂，该步反应的离子方程式为_____。

（5）滤液②中加入锌粉的目的是_____。

（6）滤渣④与浓 H₂SO₄ 反应可以释放 HF 并循环利用，同时得到的副产物是_____、_____。

6.5　化学实验在高考评价体系中的地位

高考是对学生的一种评价方式，而高考评价体系作为评价标准，对高考的命题起着制约和指导作用。从上面的分析可知，化学实验在高考化学试卷中是必考题，且分值占比不低，并且在其他试题中，除了会考查相应的化学基础知识，也会渗透考查一些化学实验原理及基本化学实验操作、方法。

在高考评价体系中，化学实验的地位是怎样的呢？高考化学试题是怎么通过化学实验去落实评价体系中的"一核四层四翼"要求的？通过对 2021 年河北省新高考化学实验试题的分析可知。

【试题】例 2（2021 年河北省新高考化学实验试题）

14.（14 分）化工专家侯德榜发明的侯氏制碱法为我国纯碱工业和国民经济发展做出了重要贡献，某化学兴趣小组在实验室中模拟并改进侯氏制碱法制备 NaHCO₃，进一步处理得到产品 Na₂CO₃ 和 NH₄Cl，实验流程如图 6.5-1 所示。

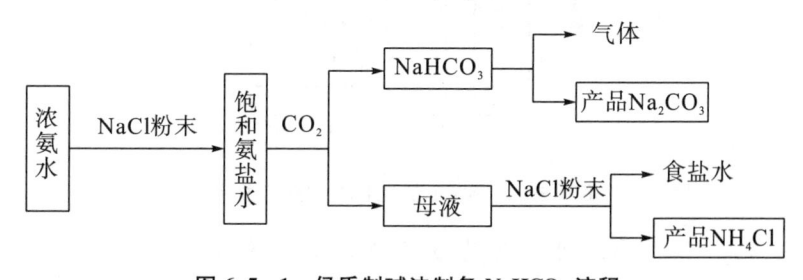

图 6.5-1　侯氏制碱法制备 NaHCO₃ 流程

回答下列问题：

（1）从 A~E 中选择合适的仪器制备 NaHCO₃，正确的连接顺序是_____（按气流方向，用小写字母表示）。为使 A 中分液漏斗内的稀盐酸顺利滴下，可将分液漏斗上部的玻璃塞打开或_____。

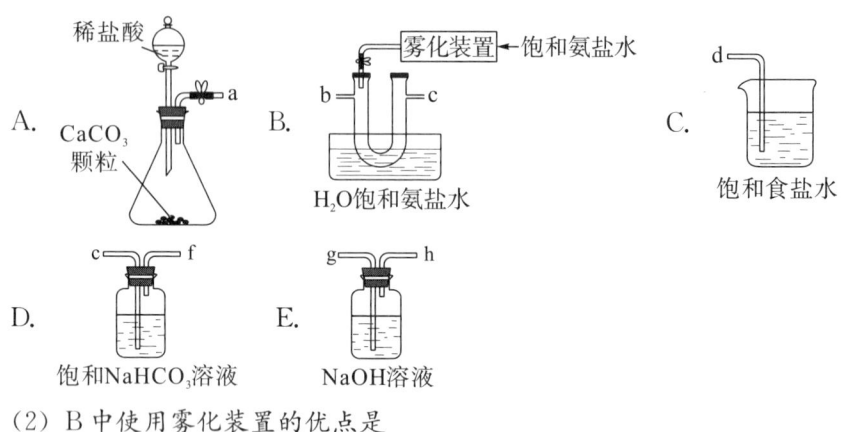

A. 稀盐酸 CaCO₃颗粒
B. 雾化装置 饱和氨盐水 H₂O饱和氨盐水
C. 饱和食盐水
D. 饱和NaHCO₃溶液
E. NaOH溶液

（2）B中使用雾化装置的优点是_____。

（3）生成NaHCO₃的总反应的化学方程式为_____。

（4）反应完成后，将B中U形管内的混合物处理得到固体NaHCO₃和滤液：

①对固体NaHCO₃充分加热，产生的气体先通过足量浓硫酸，再通过足量Na₂O₂，Na₂O₂增重0.14 g，则固体NaHCO₃的质量为_____g。

②向滤液中加入NaCl粉末，存在过程NaCl(s)+NH₄Cl(aq)⟶NaCl(aq)+NH₄Cl(s)。为使NH₄Cl沉淀充分析出并分离，根据NaCl和NH₄Cl溶解度曲线（如图6.5-2所示），需采用的操作为_____、_____、洗涤、干燥。

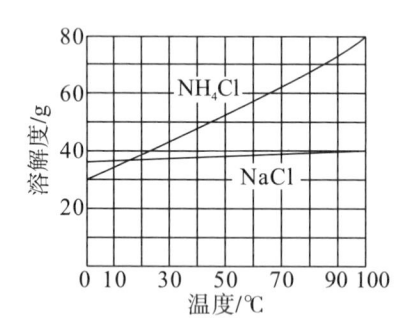

图6.5-2 NaCl和NH₄Cl溶解度曲线

（5）无水NaHCO₃可作为基准物质标定盐酸浓度。称量前，若无水Na₂CO₃保存不当，吸收了一定量水分，用其标定盐酸浓度时，会使结果_____（填标号）。

A. 偏高　　　B. 偏低　　　C. 不变

第一，该套化学试题通过真实问题情境作为载体来进行考察，侯氏制碱法展示了我国辉煌的工艺成就，能够引导学生去关注中华文化中的科学元素，继承、弘扬、创新我国的科学精神和科技文明。并且该套试卷的第 18 题介绍了我国拥有完全自主知识产权的化学药物丁苯酞。这些内容是我国最新科研成果的缩影，显示了当今中国雄厚的科研实力，可以增强学生的民族自信心，培养学生的爱国主义情怀，激发学生对化学学习的热情以及帮助学生树立化学科学对人类社会发展具有重要贡献的认识。这些真实的问题情境不仅可帮助学生更好地学习化学，激发学习热情，锻炼学生解决问题的能力，也可起到独特的育人功能，很好地落实"一核"中的育人价值。

第二，在落实评价体系中的"四层"要求时，我们通过对该套实验试题的问题情境进行总结分析，例如"侯氏制碱法""绿色化学""碳达峰、碳中和"的相关资料背景，通过这些试题情境，可以让学生充分了解化学科学的社会价值和学科价值。侯氏制碱法的发明不仅可让学生了解我国的化学工艺，还能够增强学生的民族自信，激发学生的爱国情怀以及学习兴趣。"绿色化学"这一试题情境能够让学生认识到化学科学的学科价值，认识到化学科学对人类社会发展所做的巨大贡献。这些试题情境很好地落实了"四层"命题理念中的体现化学学科的核心价值理念。在化学学科核心素养方面，该题第一、二问考查的是学生对实验仪器的宏观辨识以及装置的连接使用，要求学生具备基本的实验操作知识及技能；第三问要求学生书写化学方程式。前三问考查了学生的宏观辨识与微观探析素养。第四问通过提问学生生成的固体 $NaHCO_3$ 的质量，考查学生的推理与计算能力以及考查学生蒸发结晶过程中的实验操作，该问在核心素养方面体现了对证据推理与模型认知素养以及科学探究素养的考查。第五问考查的内容是实验操作中的误差分析，通过该问可以考查学生的证据推理能力，体现对证据推理与模型认知素养的考查，并且该题通过设立的"侯氏制碱法"试题情境，引导学生从实际出发去解决实际问题，能够培养学生的科学态度与社会责任意识。从该题我们可以看出，化学实验题综合性较强，考查的知识内容面较广，体现了对五大核心素养的考查。在关键能力方面，该题主要体现了对学生理解与辨析、分析与推测能力的考查。在必备知识方面，该题考查了化学语言与概念、实验原理与方法、物质结构与性质、物质转化及应用四类知识，具体知识点不再赘述。

通过对该题的分析，我们可以看出化学实验题能够全面、细致地落实"四层"命题要求，能够将"四层"命题要求的每个方面都体现出来。

第三，在落实评价体系中的"四翼"要求时，该题以侯氏制碱法为背景，通过实验室模拟并改进侯氏制碱法来考查学生对相关化学知识的掌握情况以及化学思维，体现了化学的应用价值，通过对该题设问的分析，可以看出该题的

提问比较基础，重在对学生基础知识的考查，符合考查要求的基础性。其实现在的高考化学实验题十分注重"评价"，也就是要求学生对实验装置、实验方案做出评价并改进，体现了"四翼"要求中的创新性，这类评价型实验题也是今后高考化学实验命题的重要题型。

综上所述，通过对 2021 年河北省新高考化学试题的第 14 题的分析，我们可以看出，化学实验大题既可以很好地落实高考评价体系中的"一核四层四翼"要求，还可以很好地考查学生的综合化学学科素养水平，倘若学生对化学实验是陌生的，是畏惧的，说明学生对化学的学习还没有入门，所以化学实验大题在高考化学试题中作为必考题是有原因的，化学实验在落实高考评价体系时起着巨大的作用，有着举足轻重的地位。

6.6 化学实验在新高考评价体系中的作用

前面我们已经了解了新高考评价体系的内涵，那么化学实验在新高考评价体系中的作用是怎么体现的呢，作为教师我们又该怎么去理解呢？接下来通过对 2021 年的高考实验真题进行详细分析来回答。

【试题】例 3（2021 年全国甲卷理综化学第 9 题）

9. 实验室制备下列气体的方法可行的是（　　）

选项	气体	方法
A	氨气	加热氯化铵固体
B	二氧化氮	将铝片加到冷浓硝酸中
C	硫化氢	向硫化钠固体滴加浓硫酸
D	氧气	加热氯酸钾和二氧化锰的混合物

2021 年全国甲卷理综化学选择题第 9 题考查的内容是实验室气体的制备。这类题所考查的内容一般为课本上所出现过的实验，这要求学生首先要对课本上出现过的实验，包含该实验的实验原理、实验装置图、实验现象、实验操作步骤十分熟悉；同时对于课本未出现的实验，如该题选项 B（铝片与浓硝酸反应制二氧化氮气体），其考查的内容主要为化学反应原理，但是在课本中，关于铝以及铁与浓硝酸反应的化学方程式并未写出，只提及了两者与浓硝酸反应会钝化，而课本上分别写出了铜与稀硝酸和浓硝酸反应的化学方程式，但铝和

铁面对不同浓度的硝酸所产生的气体与铜是一致的，所以要求学生对课本上所出现的化学反应原理以及化学反应规律要熟练掌握。

该题考查的内容在课本中都有详细描述，主要考查学生对相关化学基础知识的理解和掌握，只要学生认真复习都能够回答正确，在"四翼"要求中体现了基础性。

【试题】例4（2021年全国甲卷理综化学第27题）

27.（15分）胆矾（$CuSO_4 \cdot 5H_2O$）易溶于水，难溶于乙醇。某小组用工业废铜焙烧得到的CuO（杂质为氧化铁及泥沙）为原料与稀硫酸反应制备胆矾，并测定其结晶水的含量。回答下列问题：

（1）制备胆矾时，用到的实验仪器除量筒、酒精灯、玻璃棒、漏斗外，还必须使用的仪器有_____（填标号）。

　　A. 烧杯　　B. 容量瓶　　C. 蒸发皿　　D. 移液管

（2）将CuO加入适量的稀硫酸中，加热，其主要反应的化学方程式为_____，与直接用废铜和浓硫酸反应相比，该方法的优点是_____。

（3）待CuO完全反应后停止加热，边搅拌边加入适量H_2O_2，冷却后用$NH_3 \cdot H_2O$调pH为3.5~4，再煮沸10 min，冷却后过滤。滤液经如下实验操作：加热蒸发、冷却结晶、_____、乙醇洗涤、_____，得到胆矾。其中，控制溶液pH为3.5~4的目的是_____，煮沸10 min的作用是_____。

（4）结晶水测定：称量干燥坩埚的质量为m_1，加入胆矾后总质量为m_2，将坩埚加热至胆矾全部变为白色，置于干燥器中冷至室温后称量，重复上述操作，最终总质量恒定为m_3。根据实验数据，胆矾分子中结晶水的个数为_____（写表达式）。

（5）下列操作中，会导致结晶水数目测定值偏高的是_____（填标号）。

①胆矾未充分干燥　②坩埚未置于干燥器中冷却　③加热时有少胆矾迸溅出来

该题我们可以看出考查的内容是评价体系"四层"中的必备知识，为物质的转化及除杂，其中第一问和第三问考查的是实验仪器的选择以及相关实验操作，第二问考查的相关化学反应原理，第四问考查的是相关计算，第五问考查的是实验操作以及误差分析。

第一问通过考查学生蒸发结晶过程中所需实验仪器，来检验学生对基础化学知识的掌握情况，体现了考查要求的基础性。

第二问通过考查学生对氧化铜和稀硫酸反应的化学反应原理以及比较废铜

与浓硫酸反应哪个实验方案更优,来检验学生对相关基础化学知识的掌握情况以及培养学生的科学探究和创新意识,体现了考查要求的探究性和创新性。

第三问通过提问学生制备胆矾的完整流程,要求学生将流程补充完整,以及说明调控 pH 和煮沸 10 min 的目的,这就要求学生对氢氧化铁沉淀的 pH 值范围以及氢氧化铁胶体在加热情况下易聚沉这两点知识点理解透彻、熟练掌握,主要考查学生的科学探究能力和分析能力,培养学生的科学探究和创新意识,体现了考查要求的探究性、创新性。

第四问通过关于结晶水的测定问题,考查学生的分析能力、数据处理能力以及计算能力,体现了考查要求的基础性、探究性。

第五问通过考查学生对实验操作以及误差分析的掌握情况,培养学生的实践能力和分析能力,体现了考查要求的基础性、探究性。

综上分析,我们可以看出化学实验题在高考化学试卷中主要分为两个部分,一个为选择题,一个为实验大题。选择题所考查的内容比较基础,难度较低,主要是为了检验学生对化学基础知识的掌握情况,符合"四翼"中的基础性。而高考评价体系的"一核"中的内涵之一是"服务选才",要起到选拔人才的作用,那么这样的基础题是不够的,所以化学实验大题就承载起了这样的任务。通过对以上真题的分析可以知道,化学实验大题一般难度较大,涉及的知识点散,知识面广,区分度较高,对学生的综合能力要求较高,例如 2021 年全国甲卷理综化学第 27 题第三问,主要考查学生的科学探究能力。所以化学实验大题的设置是必要的,化学实验大题是高考化学起到遴选人才作用的重要题型。

6.7 化学实验在高考中的实施特点

化学是一门以实验为基础的科学,虽然在高考化学试题中,有些题并不以考查化学实验知识为主,但是在一些选项或者小问中,仍会涉及对化学实验原理以及相关化学实验操作的考查,可见化学实验是渗透在整个高考化学试题中的。在高考化学试题中,主要考查化学实验知识的有一道选择题和一道实验大题,那么接下来通过对近三年(2022、2021、2020 年)高考全国甲卷化学实验真题进行分析来总结化学实验在高考中的实施特点,主要分为选择题和实验大题两部分。

6.7.1 选择题

【试题】例 5（2022 年高考全国甲卷化学第 13 题）

13. 根据实验目的，下列实验及现象、结论都正确的是（　　）。

选项	实验目的	实验及现象	结论
A	比较 CH_3COO^- 和 HCO_3^- 的水解常数	分别测浓度均为 $0.1\ mol \cdot L^{-1}$ 的 CH_3COONH_4 和 $NaHCO_3$ 溶液的 pH，后者大于前者	$K_h(CH_3COO^-)<K_h(HCO_3^-)$
B	检验铁锈中是否含有二价铁	将铁锈溶于浓盐酸，滴入 $KMnO_4$ 溶液，紫色褪去	铁锈中含有二价铁
C	探究氢离子浓度对 CrO_4^{2-}、$Cr_2O_7^{2-}$ 相互转化的影响	向 K_2CrO_4 溶液中缓慢滴加硫酸，黄色变为橙红色	增大氢离子浓度，转化平衡向生成 $Cr_2O_7^{2-}$ 的方向移动
D	检验乙醇中是否含有水	向乙醇中加入一小粒金属钠，产生无色气体	乙醇中含有水

A 选项考查的必备知识是反应变化与规律，具体考查的内容是比较醋酸根离子和碳酸氢根离子的水解常数，要求学生对盐类的水解相关知识要理解透彻并熟练掌握，在学科核心素养方面主要考查学生宏观辨识与微观探析以及变化观念与平衡思想的学科核心素养，在关键能力方面，考查学生理解与辨析以及分析与推测两大关键能力。

B 选项考查的必备知识是实验原理与方法以及物质的转化与应用，具体考查的是二价铁离子被酸性高锰酸钾溶液氧化成三价铁离子，但是考生同样要掌握浓盐酸与酸性高锰酸钾溶液也会发生氧化还原反应，从而使紫色酸性高锰酸钾溶液褪色，在学科核心素养方面，主要考查学生宏观辨识与微观探析以及证据推理与模型认知两大学科核心素养，在关键能力方面，主要考查学生理解与辨析以及分析与推测的关键能力。

C 选项考查的必备知识是物质的转化与应用以及反应变化与规律，具体考查的内容是铬酸根离子与重铬酸根离子在酸性条件下的相互转化，要求学生掌握铬酸根与重铬酸根离子相互转化的实验条件和实验现象，考查内容较基础，在学科核心素养方面，主要考查学生宏观辨识与微观探析以及变化观念与平衡思想的两大学科核心素养，在关键能力方面，主要考查学生的理解与辨析能力。

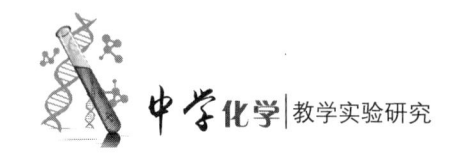

D选项考查的必备知识是物质的转化与应用以及物质的结构与性质，具体考查的内容是金属钠与水反应、金属钠与乙醇反应，水和乙醇与金属钠反应都会生成氢气，要求学生对这两个反应都要熟练掌握，并能辨析两者反应现象的相同之处和不同之处，在学科核心素养方面，主要考查学生宏观辨识与微观探析素养，在关键能力方面，主要考查学生理解与辨析能力。

【试题】例6（2020高考全国甲卷化学第9题）

9. 下列气体去除杂质的方法中，不能实现目的的是（　　）。

选项	气体（杂质）	方法
A.	SO_2（H_2S）	通过酸性高锰酸钾溶液
B.	Cl_2（HCl）	通过饱和的食盐水
C.	N_2（O_2）	通过灼热的铜丝网
D.	NO（NO_2）	通过氢氧化钠溶液

该题考查的是实验室气体除杂，分别列举了二氧化硫、氯气、氮气、一氧化氮四种气体所混有的杂质以及除杂方法，这四大选项考查的必备知识都是物质的转化与应用，只不过具体内容不同而已。

A选项考查的具体知识是二氧化硫气体中混入硫化氢气体如何除杂，题目给出的解决方法是通过酸性高锰酸钾溶液，这要求学生要熟练掌握二氧化硫和硫化氢气体两者都会被酸性高锰酸钾溶液氧化，导致除杂失败。在学科核心素养方面主要考查宏观辨识与微观探析以及变化观念与平衡思想，在关键能力方面主要考查学生理解与辨析能力。

B选项考查的具体知识是氯气中混入氯化氢气体，然后通过饱和食盐水来达到除去氯化氢气体的目的，这要求学生要能够理解氯气因为饱和食盐水中氯离子的饱和导致溶解度很小，而氯化氢气体由于极易溶于水，所以能够达到除杂的目的。在学科核心素养方面主要考查宏观辨识与微观探析以及变化观念与平衡思想，在关键能力方面主要考查学生理解与辨析能力。

C选项考查的具体知识是氮气中混入氧气，然后通过灼热的铜丝网来进行除杂，该选项考查的知识内容很基础，氮气性质十分稳定，一般不发生反应，相反，氧气通过灼热的铜丝网会和铜丝反应生成氧化铜，以达到除杂的目的，要求学生对氮气和氧气的化学性质活泼程度能够识记。在学科核心素养方面主要考查宏观辨识与微观探析以及变化观念与平衡思想，在关键能力方面主要考查学生理解与辨析能力。

第 6 章　化学实验在新高考评价体系中的作用、地位及实施特点

D 选项考查的具体知识是一氧化氮气体中混入了二氧化氮气体，然后通过氢氧化钠溶液来达到除杂的目的，要求学生对一氧化氮和二氧化氮气体的物理化学性质要了解，一氧化氮不溶于水，二氧化氮能够与水反应生成硝酸，然后与氢氧化钠反应。在学科核心素养方面主要考查宏观辨识与微观探析以及变化观念与平衡思想，在关键能力方面主要考查学生理解与辨析能力。

以上对 2022 年和 2020 年的全国甲卷化学选择题中的实验部分进行了详细分析，2021 年高考全国甲卷化学选择第 9 题的分析详见 6.6 节化学实验在新高考评价体系中的作用。分析汇总情况见表 6.7－1（2020—2022 年高考全国甲卷化学实验选择部分考查情况），表中以每一题中每一个选项作为一个单独的题号，从试题情境、必备知识、具体考查内容、学科核心素养、关键能力这五个方面对 2020—2022 年三年高考全国甲卷化学实验选择题部分进行分析汇总。

表 6.7－1　2020—2022 年高考全国甲卷化学实验选择部分考查情况

题号	试题情境	必备知识	具体考查内容	学科核心素养	关键能力
2020A	气体除杂	物质的转化与应用	二氧化硫和硫化氢气体具有还原性，酸性高锰酸钾溶液具有氧化性	宏观辨识与微观探析、变化观念与平衡思想	理解与辨析能力
2020B			氯气性质以及水中溶解平衡		
2020C			氧气和氮气化学性质		
2020D			一氧化氮、二氧化氮的物理化学性质		
2021A	实验室气体制备	物质的转化与应用	实验室制氢气	变化观念与平衡思想、科学探究与创新意识	分析与推测能力
2021B			二氧化氮气体的制备		
2021C			硫化氢气体的制备		
2021D			实验室制氧气		

续表

题号	试题情境	必备知识	具体考查内容	学科核心素养	关键能力
2022A	根据实验目的，下列实验及现象、结论都正确的是	反应变化与规律	醋酸根离子和碳酸氢根离子的水解常数	宏观辨识与微观探析、变化观念与平衡思想	理解与辨析能力、分析与推测能力
2022B		实验原理与方法以及物质的转化与应用	二价铁离子以及浓盐酸与酸性高锰酸钾溶液的反应		
2022C		物质的转化与应用以及反应变化与规律	铬酸根和重铬酸根之间的相互转化		
2022D		物质的转化与应用以及物质的结构与性质	水、乙醇分别与钠反应		

化学实验选择部分命题特点如下。

（1）考查的知识面广，综合性强，区分度高。

根据表6.7-1我们可以看出，高考化学实验选择部分，每一道题中试题背景是一样的，例如"实验室气体的制备""根据实验目的，下列实验想象或结论哪一个是正确的""气体除杂"，通过这些试题背景来设置选项进行提问，但每一题的四个选择虽然可能考查的是同一必备知识，但考查的具体内容是不一样的。三年真题，12个选项，考查了12个知识点，考查的知识面较广，并且知识的综合性很强。虽然大部分选项所考查的知识较基础简单（如水和乙醇与金属钠的反应、实验室制氨气等），但是有些选项所考查的知识也具有一定的难度（如醋酸根离子和碳酸根离子水解常数的比较、铬酸根和重铬酸根离子之间的相互转化），选择题部分也具有一定的区分度，起到一定的选拔作用。

（2）注重课本知识的考查，注重基础性考查。

通过对2020—2022年三年高考化学真题的分析汇总发现，化学实验选择题部分所考查的知识点，在书中都能够找到出处，除了极个别知识点属于拓展知识外，选择题中的绝大部分知识都是课本基础知识，实验选择题注重对学生基础性，如对氮气和氧气的化学性质活泼程度、实验室制氧气的方法（该方法在初中化学就已经学习过）、二价铁离子、浓盐酸能够被酸性高锰酸钾氧化等这些知识都是课本中的基础知识，也有如铬酸根离子和重铬酸根离子的相互转化等扩展知识。

（3）学科核心素养方面，注重宏观辨识与微观探析素养的考查。

通过表6.7-1汇总分析发现，在化学实验选择题部分，对学生学科核心素养的考查首先表现为宏观辨识与微观探析素养的考查，当然也有涉及对变化观念和平衡思想素养的考查，总结三年真题可以发现，问题的设置都是要求学生要能够辨识相关反应现象以及知道背后的反应原理，如在气体除杂中，二氧化硫和硫化氢气体都具备还原性，能够被酸性高锰酸钾溶液氧化，均可导致紫色酸性高锰酸钾溶液褪色，所以学生一要会根据宏观实验现象去进行辨别，二要能从微观粒子的角度去解释相关反应现象才能够做出正确的选择。其次对学生变化观念和平衡思想素养也有考查，如醋酸根离子和碳酸氢根离子水解平衡常数的比较，要求学生对水解平衡相关知识掌握清楚，逻辑思维清晰。

（4）关键能力方面，注重理解与辨析、分析与推测能力的考查。

通过表6.7-1的汇总分析发现，化学实验选择部分在考查学生关键能力方面，注重对学生的理解与辨析、分析与推测两大关键能力的考查，如气体除杂中，一氧化氮中混有二氧化氮气体，根据两者不同的物理、化学性质，可利用二氧化氮溶于水并与水反应生成硝酸，再利用氢氧化钠溶液吸收来达到除杂的目的，该题就考查了学生了辨析能力、分析能力；二价铁离子和浓盐酸均能够使紫色酸性高锰酸钾溶液褪色，所以将铁锈溶于浓盐酸中，再加入酸性高锰酸钾溶液，紫色褪去，由于浓盐酸的干扰作用，并不能证明铁锈中含有二价铁，该题同样考查学生的理解与辨析、分析与推测两大关键能力。

6.7.2 实验大题

【试题】例7（2022高考全国甲卷化学第27题）

硫化钠可广泛用于染料、医药行业。工业生产的硫化钠粗品中常含有一定量的煤灰及重金属硫化物等杂质。硫化钠易溶于热乙醇，重金属硫化物难溶于乙醇。实验室中常用95%乙醇重结晶纯化硫化钠粗品。回答下列问题：

1. 工业上常用芒硝（$Na_2SO_4 \cdot 10H_2O$）和煤粉在高温下生产硫化钠，同时生成CO，该反应的化学方程式为_____。

2. 溶解回流装置如图6.7-1所示，回流前无需加入沸石，其原因是_____。回流时，烧瓶内气雾上升高度不宜超过冷凝管高度的1/3。若气雾上升过高，可采取的措施是_____。

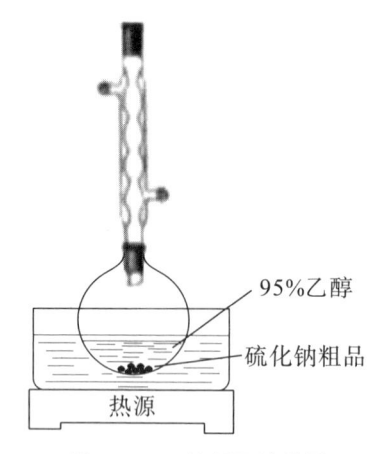

图 6.7－1　溶解回流装置

3. 回流时间不宜过长，原因是_____。回流结束后，需进行的操作有①停止加热　②关闭冷凝水　③移去水浴，正确的顺序为_____（填标号）。

A. ①②③　　B. ③①②　　C. ②①③　　D. ①③②

4. 该实验热过滤操作时，用锥形瓶而不能用烧杯接收滤液，其原因是_____。热过滤除去的杂质为_____。若滤纸上析出大量晶体，则可能的原因是_____。

5. 滤液冷却、结晶、过滤，晶体用少量_____洗涤，干燥，得到 $Na_2S \cdot xH_2O$。

在对该题进行分析之前，我们将每一问的每一空都作为一个小题，从"问题情境""四层""四翼"的角度进行详细分析。

该题以硫化钠的实际生产应用和硫化钠的实验操作提纯为问题情境，将学生带入一个解决实际问题的环境中，可以增强学生对化学与实际生产生活的联系的感受，激发学生对化学的学习兴趣。

第一小问考查的必备知识是实验原理与方法，具体考查的内容是要求学生根据题设写出相关化学反应式；在关键能力方面，考查学生的理解与辨析能力。

第二小问考查的必备知识是化学语言与概念，具体考查的内容是沸石的概念与性质以及乙醇的性质；在学科核心素养方面，考查学生的证据推理与模型认知以及科学探究与创新意识素养；在关键能力方面，考查学生的分析与推测能力。

第三小问考查的必备知识是化学语言与概念以及实验原理与方法，具体考查的内容是硫化钠在乙醇中的溶解度以及相关实验操作问题；在学科核心素养方面，考查学生的证据推理与模型认知以及科学探究与创新意识素养；在关键能力方面，考查学生的分析与推测能力。

第四小问考查的必备知识是实验原理与方法，具体考查的内容是学生对相关实验操作的原因分析；在学科核心素养方面，考查学生的证据推理与模型认知以及科学探究与创新意识素养；在关键能力方面，考查学生的分析与推测能力。

第五小问考查的必备知识是实验原理与方法，具体考查的内容是硫化钠结晶过程及操作；在学科核心素养方面，考查学生的证据推理与模型认知素养；在关键能力方面，考查学生的分析与推测能力。

从"四翼"考查要求层面可以看出，该题综合体现了考查要求的基础性、应用性、综合性。

其中基础性体现在第一问中，第一问要求学生根据题设写出相关化学反应式，难度较低，主要能够体现学生基本的化学思维与素养；应用性主要是从该题的全局出发，能够看出，该题主要是考查硫化钠重结晶的实验操作过程，让学生去体会以及思考重结晶这个实验过程中的一些步骤、问题以及原因分析；而综合性从第二、三、四问中都可以看出，相关问题的设置，是要求学生能够根据物质的性质以及实验操作可能引起的问题、实验现象去思考并回答问题。

可以从这道化学实验大题中看出，化学实验大题所考查的知识内容较广，难度较大，对学生的综合能力要求较高，特别是在这道题中，对学生的实验素养以及分析能力都要求较高，能够将"四层"命题理念中的各方面都落实到位，将"四翼"考查要求中的多方面都体现出来，相比选择题所体现的基础性，实验大题还能够体现考查要求的综合性、应用性以及创新性，可以看出化学实验大题在高考化学中承担着重要的任务。

【试题】例8（2020年高考全国甲卷化学第27题）

27. 为验证不同化合价铁的氧化还原能力，利用下列电池装置进行实验，如图6.7-2所示。

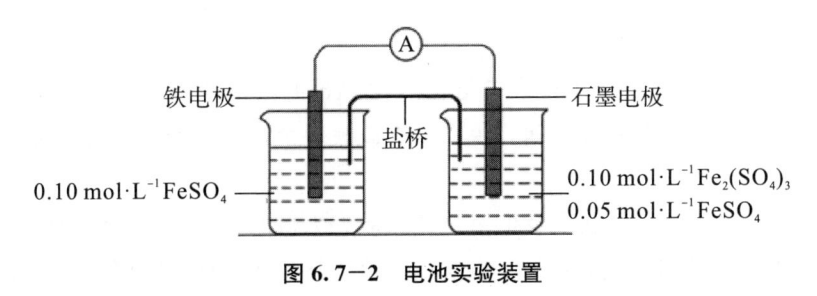

图6.7-2 电池实验装置

回答下列问题：

1. 由 FeSO$_4$·7H$_2$O 固体配制 0.10 mol·L^{-1} FeSO$_4$ 溶液，需要的仪器有药匙、玻璃棒、_____（从图 6.7－3 中选择，写出名称）。

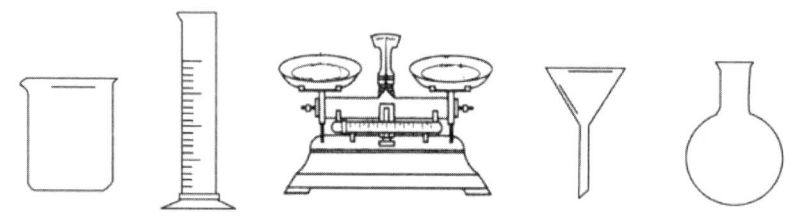

图 6.7－3　化学实验基本仪器

2. 电池装置中，盐桥连接两电极电解质溶液。盐桥中阴、阳离子不与溶液中的物质发生化学反应，并且电子迁移率（u_e）应尽可能地相近。根据表 6.7－2 数据，盐桥中应选择_____作为电解质。

表 6.7－2　阴阳离子基本数据表

阳离子	$u_e[×10^8/(m^2·s^{-1}·V^{-1})]$	阴离子	$u_e[×10^8/(m^2·s^{-1}·V^{-1})]$
Li$^+$	4.07	HCO$_3^-$	4.61
Na$^+$	5.19	NO$_3^-$	7.40
Ca^{2+}	6.59	Cl$^-$ b	7.91
K$^+$	7.62	SO$_4^{2-}$	8.27

3. 电流表显示电子由铁电极流向石墨电极。可知，盐桥中的阳离子进入_____电极溶液中。

4. 电池反应一段时间后，测得铁电极溶液中 $c(Fe^{2+})$ 增加了 0.02 mol·L^{-1}。石墨电极上未见 Fe 析出。可知，石墨电极溶液中 $c(Fe^{2+})$ =_____。

5. 根据 3、4 实验结果，可知石墨电极的电极反应式为_____，铁电极的电极反应式为_____。因此，验证了 Fe^{2+} 氧化性小于_____，还原性小于_____。

6. 实验前需要对铁电极表面活化。在 FeSO$_4$ 溶液中加入几滴 Fe$_2$(SO$_4$)$_3$ 溶液，将铁电极浸泡一段时间，铁电极表面被刻蚀活化。检验活化反应完成的方法是_____。

该试题以验证不同价态铁的氧化还原能力为目的，设置了相应的原电池装置，拉近了试题与学生的距离，也拉近了化学与实际生活的距离，能够让学生感受到化学的实际用处。

第一问考查的必备知识是实验原理与方法,具体知识考查的是一定物质的量浓度溶液的配置相关知识,要求学生对该类实验掌握十分熟悉;在学科核心素养方面,主要考查学生的宏观辨识;在关键能力方面,主要考查学生的理解与辨析能力。

第二问考查的必备知识是实验原理与方法,具体知识是在题目给定的实验原理下选择盐桥中的电解质溶液;在学科核心素养方面,主要考查学生的宏观辨识素养;在关键能力方面,主要考查学生的理解与辨析能力。

第三问考查的必备知识是反应变化与规律,具体考查的知识是根据原电池中电子流动的方向,判断电池中的正负极以及得失电子情况;在学科核心素养方面,主要考查学生宏观辨识与微观探析素养;在关键能力方面,主要考查学生理解与辨析以及分析与推测能力。

第四问考查的必备知识是反应变化与规律,具体考查的内容是根据原电池的反应原理去计算石墨电极溶液中亚铁离子的浓度变化;在学科核心素养方面,主要考查学生宏观辨识与微观探析以及证据推理与模型认知素养;在关键能力方面,主要考查学生分析与推测能力。

第五问考查的必备知识是反应变化与规律,具体考查的内容是结合三四问的答案去总结写出电极反应式以及得出相应实验结论;在学科核心素养方面,主要考查学生宏观辨识与微观探析以及证据推理与模型认知素养;在关键能力方面,主要考查学生分析与推测能力。

第六问考查的必备知识是反应变化与规律以及物质的结构与性质,具体考查的内容是三价铁离子与铁单质之间发生氧化还原反应,增加亚铁离子的浓度;在学科核心素养方面主要考查学生宏观辨识与微观探析以及证据推理与模型认知素养;在关键能力方面,主要考查学生的分析与推测以及探究与创新能力。

其实从该题整体出发,该题为实验探究题,通过设计实验去证明铁单质、亚铁离子、三价铁离子三者之间的氧化还原能力,所以从整体来看是在考查学生的科学探究与创新意识素养。

该题从"四翼"考查要求层面出发,体现考查要求的基础性、综合性、创新性。

其中基础性在前五问当中都有体现,如第一问考查一定物质的量浓度溶液的配置,考查的就是相关实验仪器有哪些,再如第二、三问,都是在题目给出的提示下进行回答,难度较低,主要目的是考查学生的基础化学知识是否掌握

牢固；但由于考查的知识面较广，如必备知识里的实验原理与方法、物质的转化与应用以及物质的结构与性质，体现了考查的综合性；第六问关于铁电极表面活化的问题，倘若铁电极表面未进行活化那么可能会干扰实验结果，其实这一问的提出也相当于是对实验的一种改进，可以激发学生的学习兴趣与思考，体现了考查的创新性。

以上对2022年和2020年的全国甲卷化学实验大题进行了详细分析，2021年高考全国甲卷化学实验大题第27题的分析详见6.6节化学实验在新高考评价体系中的作用。分析汇总情况可见表6.7-3（2020—2022年高考全国甲卷化学实验大题部分考查情况），表中以每一题中每一个小问作为一个单独的题号，从试题情境、必备知识、具体考查内容、学科核心素养、关键能力这五个方面对2020—2022年三年高考全国甲卷化学实验大题部分进行分析汇总。

表6.7-3　2020—2022年高考全国甲卷化学实验大题部分考查情况表

题号	试题情境	必备知识	具体内容	学科核心素养	关键能力
2020(1)	通过原电池实验装置，验证不同氧化态铁的氧化还原能力	实验原理与方法	一定物质的量浓度溶液的配置	宏观辨识与微观探析	理解与辨析能力
2020(2)		实验原理与方法	盐桥中的电解质溶液	宏观辨识与微观探析	理解与辨析能力
2020(3)		反应变化与规律	原电池中正负极判断以及电子得失问题	宏观辨识与微观探析	理解与辨析以及分析与推测能力
2020(4)		反应变化与规律	根据原电池的反应原理去计算石墨电极溶液中亚铁离子的浓度变化	宏观辨识与微观探析以及证据推理与模型认知素养	分析与推测能力
2020(5)		反应变化与规律	电极反应式铁单质、亚铁以及三价铁的氧化还原能力	宏观辨识与微观探析以及证据推理与模型认知素养	分析与推测能力
2020(6)		反应变化与规律以及物质的结构与性质	三价铁离子与铁单质之间发生氧化还原反应	宏观辨识与微观探析以及证据推理与模型认知素养	分析与推测以及探究与创新能力

续表

题号	试题情境	必备知识	具体内容	学科核心素养	关键能力
2021(1)	CuO与稀硫酸反应制备胆矾,并测定其结晶水的含量	实验原理及方法	过滤所需实验仪器	宏观辨识与微观探析	理解与辨析能力
2021(2)		物质的转化与应用	氧化铜和稀硫酸反应原理以及杂质的干扰	宏观辨识与微观探析	分析与推测能力
2021(3)		实验原理及方法、物质的结构与性质	硫酸铜溶液的蒸发结晶	宏观辨识与微观探析	分析与推测能力
2021(4)		化学语言与概念	结晶水含量的计算	证据推理与模型认知	分析与推测能力
2021(5)		实验原理及方法	实验误差分析	证据推理与模型认知	分析与推测能力
2022(1)	乙醇重结晶纯化硫化钠粗品	实验原理与方法	化学反应式的书写	宏观辨识与微观探析	理解与辨析能力
2022(2)		化学语言与概念	沸石的概念与性质以及乙醇的性质	证据推理与模型认知以及科学探究与创新意识素养	分析与推测能力
2022(3)		化学语言与概念以及实验原理与方法	硫化钠在乙醇中的溶解度以及相关实验操作	证据推理与模型认知以及科学探究与创新意识素养	分析与推测能力
2022(4)		实验原理与方法	热过滤实验操作及原因分析	证据推理与模型认知以及科学探究与创新意识素养	分析与推测能力
2022(5)		实验原理与方法	硫化钠结晶过程及操作	证据推理与模型认知素养	分析与推测能力

化学实验大题部分命题特点如下。

（1）考查的知识面广，题目综合性强。

通过对2020—2022年三年高考真题的分析，可以看出高考化学实验大题一般有5～6个小问，每个小问所考查的知识点是不一样的，题目也由简至难，整个大题的综合性很强，能够满足"一核"当中的选择人才的作用。如2020年的前三问都较基础，但所涉及的知识点却不一样，第一问是关于实验仪器的选择，第二问是在给定的条件下回答问题，第三问则是电化学基础，但是该题

的第六问则难度较大，同时体现了考查的创新性。所以我们可以看出，实验大题由于题量的增大，所考查的知识面比较广，题目综合性强且具区分度。

（2）学科核心素养方面，注重证据推理与模型认知素养的考查。

通过对三年高考化学实验大题的分析，可以看出，相比选择题部分，实验大题在宏观辨识与微观探析核心素养的基础上，更注重对证据推理与模型认知素养的考查，整个大题的设问都会要求学生基于提示或者基础化学知识围绕一定的角度（如实验安全角度、达到实验目的角度、生产效率角度等）进行分析，回答问题，更加注重学生的分析推理能力。如2020年的第三问，根据电子的流动方向判断原电池的正负极；第四问，要求学生根据铁电极中亚铁离子浓度的增加，来分析石墨电极中亚铁离子浓度的增加情况；第五问，要求学生根据第三、四问的结果来书写相应的电极反应式，并回答实验探究结果。

（3）关键能力方面，注重对学生分析与推理能力以及探究与创新能力的考查。

通过对2020—2022年三年高考全国甲卷化学实验大题的分析，可以看出，在关键能力方面，相比选择题而言，更加注重对学生分析与推测能力以及探究与创新能力的考查，如2022年第27题第二问，要求学生回答"回流前不用加入沸石"的原因以及气雾不宜超过冷凝管的1/3，气雾过高所应采取的措施；再如2022年真题的第三问第一空"回流时间不宜过长的原因"，这些题目的设置都对学生的思考能力、分析能力做出了较高的要求。

（4）试题情境真实，以实际问题为测试任务，突显"四翼"考查要求。

通过对这三年真题的观察发现，三年真题的试题情境都是真实的，都是从实际问题出发，以解决问题为目的而设置相应问题，能够让学生更近距离地接触化学，感受化学的实用性以及对人类社会发展所做的贡献，并且整个大题各小问的设置，难度逐渐递增，知识面考查广，突显了"四翼"考查要求。如2022年真题突显了基础性、综合性、应用性，2021年真题突显了基础性、综合性、探究性、应用性，2020年真题突显了基础性、综合性、创新性，可看出高考化学实验大题能够很好且全面地落实"四翼"考查要求，同时反过来体现了化学实验大题在新高考评价体系中的地位。

第 7 章 化学实验在中学化学课堂教学中的功能价值

7.1 教学价值

技能学习是在化学学习中十分重要的内容,在化学三维目标的制定中,第一个维度便是知识与技能。化学实验的教学价值大概分为四个方面:化学知识有利于学生对知识的理解、建构和记忆,也有利于教师对学生传授知识;化学知识有利于学生动作技能和心智技能的获取;化学实验能够提高学生的观察识记能力;化学实验能够培养学生总结和综合分析问题的能力、合作学习能力和交流讨论能力。化学实验是培养学生技能的关键活动,在化学实验活动中,不仅需要动作技能,也需要心智技能。动作技能主要指学生在化学实验中进行的实验操作,心智技能则体现为化学实验过程中的思路和方法。化学中的其他活动课程也有训练学生动作技能和心智技能的功能,但相对于其他知识类课程模块(包括必修模块),在学习实验技能和方法上,"实验化学"有较系统的技能、方法训练。

7.1.1 化学实验有助于学生对知识的理解、建构和记忆

关于学习知识,不同的研究者有不同的分类和解释。例如美国认知心理学家奥苏贝尔的学习理论,将学习分为有意义学习和机械学习,并将有意义学习由简到繁分为五类:表征性学习、概念学习、命题学习、概念和命题的运用、解决问题与创造。美国教育心理学家加涅的学习结果分类理论,将学习结果分为五类:言语信息、智慧技能、认知策略、动作技能、态度。美国教育心理学家安德森将知识分为两类:陈述性知识和程序性知识。皮连生主张:学校教育

发展学生智力的任务，实际上就是帮助学生有效地掌握陈述性知识、程序性知识和策略性知识。化学实验有助于学生对知识的理解、建构和记忆。

陈述性知识也叫描述性知识，是个人能用语言进行直接陈述的知识。这类知识主要用来回答事物"是什么""怎么样"的问题，可用来区别和辨别事物。学生在实际操作的过程中会接触各种各样的化学知识，例如比起教科书中图片上的焰色反应，真实的焰色反应实验场景会让学生对焰色反应的印象更加深刻。学生在真实的焰色反应情境中，会经历"①将铂丝蘸稀盐酸在无色火焰上灼烧至无色；②蘸取试样（固体也可以直接蘸取）在无色火焰上灼烧观察火焰颜色（若检验钾要透过蓝色钴玻璃观察，因为大多数情况下制钾时需要用到钠，因此钾离子溶液中常含有钠离子，而钠的焰色反应为黄色，黄色与少量的紫色无法分辨出来）；③将铂丝再蘸稀盐酸灼烧至无色，就可以继续做新的实验了"这一系列过程。学生也不再单纯依靠背诵来记忆各金属点燃时产生火焰的颜色，更为学生提供了一系列的情境记忆。

程序性知识是个人没有意识提取线索，只能借助某种作业形式间接推论其存在的知识。程序性知识是一套办事的操作步骤，是关于"怎么办"的知识。在学习过程性知识的第一个阶段，是习得过程性知识的陈述性形式，新知识进入原有的命题网络，与原有知识形成联系。第二阶段，经过各种变式练习，使贮存于命题网络中的陈述性知识转化为以产生式系统表征和贮存的程序性知识。第三阶段，过程性知识依据线索被提取出来，解决"怎么办"的问题。不仅仅是焰色反应这类陈述性知识，化学实验对于学生对程序性知识的熟悉和理解更为有效，程序性知识因其相互关联的环节，原本就需要学生的大量练习，例如配制氯化钠溶液，需要学生学会以下过程：①计算。②用托盘天平称量 10 克的氯化钠，倒入烧杯中；用量筒量取 90mL 的水，倒入盛有氯化钠的烧杯里，用玻璃棒搅拌，使氯化钠溶解。③把配好的溶液装入试剂瓶并贴上标签（标签中应包括药品名称和溶液中溶质的质量分数），放到试剂柜中。学生在真实的化学实验情境中进行反复的练习，才能够有效地获取程序性知识。

7.1.2 化学实验有助于学生动作技能与心智技能的获取

在社会发展对青少年健康关注的外在驱动下以及体育教育对自身发展完善的内驱下，基本动作技能（Fundamental Movement Skills，FMS）在国内外的相关体育政策与健康促进计划中都占有重要的位置。如我国香港地区的种子计划、加拿大的青少年运动能力长期发展模式（Long－Term Athletic

第 7 章　化学实验在中学化学课堂教学中的功能价值

Development，LTAD）计划、澳大利亚的学生健身和体育活动行动计划（Student Fitness and Physical Activity Action Plan）、我国的儿童基本运动技能发展与教育促进计划等都提到了发展基本动作技能的重要性，而且都把基本动作技能教学作为教师专业能力的一部分进行系统开发，目的是培养学生的身体素养（Physical Literacy）。幼小时期从事基本动作技能教学，不仅能增强儿童的身体活动水平和自信心，而且还能增长相关的基本动作技能知识。然而，基本动作技能的熟练掌握并不是随着生长发育自然产生的，而是需要接受结构化的教学、练习与巩固。根据体育中对动作技能的定义，化学实验操作中的动作技能就是：学生能够根据现有的实验药品和实验仪器，熟练与规范地进行实验操作，安全地达成实验目的的能力。

化学实验可以通过系统的实验方法和步骤对学生起到技能训练的作用，这样一步步通过一系列渐进的学习性、训练性和应用性实验，引导学生逐渐形成实验技能。学生在化学学习中会接触到各种各样的实验，例如，在粗盐提纯这一实验中，学生会反复多次重复倾倒溶液、过滤等操作。过滤操作简单而言就是一贴、二低、三靠。一贴：滤纸要紧贴漏斗内壁。二低：①滤纸要低于漏斗边缘；②滤液要低于滤纸边缘。三靠：①"盛待过滤液"的烧杯尖口紧靠玻璃棒；②玻璃棒靠在滤纸三层处；③漏斗末端较长处靠在"盛滤液"的烧杯内壁。学生在重复操作中不断过滤操作，反复多次运用各种单项实验操作，可巩固、提高动作技能。

在化学实验中，中学生包括刚刚由高中升入大学的新生，对于化学实验大部分都存在着恐惧心理，这主要是由于初中课堂对于学生的实验技能训练不够。在传统课堂中，学生长期看实验、看实验视频、利用教学软件模拟实验等，虽然在很多发达地区，一系列沉浸式设备已经可以达到将模拟化学实验做到以假乱真的地步，却仍然不能展示出真实实验场景的精髓。例如，进实验室之前，学生就一定会学习实验室安全条例，学习安全使用实验仪器和药品。安全对于实验来说一定是最重要的，但在真实实验场景中，即使完全规范操作，仍然有概率会发生安全问题，此时学生的应急能力十分重要。在酒精灯的使用过程中，学生必须注意：①绝对禁止用酒精灯引燃另一盏酒精灯，而应用燃着的火柴或木条来引燃。②用完酒精灯，灭火时要用酒精灯的灯帽盖灭酒精灯，盖灭后再重复一次，以避免以后使用时灯帽打不开。不可用嘴去吹灭酒精灯，否则可能将火焰沿灯颈压入灯内，引起着火或爆炸。③不要碰倒酒精灯，万一洒出的酒精在桌上燃烧起来，不要惊慌，应立即用湿抹布盖灭。④酒精灯灯焰分外焰、内焰、焰心三部分，在给物质加热时，应用外焰加热，因为外焰温度

• 211 •

最高。⑤在用酒精灯加热液体时，可以使用试管、烧瓶、烧杯、蒸发皿。在加热固体时可用干燥的试管、蒸发皿等。有些仪器如集气瓶、量筒、漏斗等是不允许用酒精灯加热的。烧杯、烧瓶不可直接放在火焰上加热，需要垫石棉网。⑥如果被加热的玻璃容器外壁有水，应在加热前先擦拭干净，然后加热，以免容器炸裂。⑦加热之际，不要使玻璃容器的底部跟灯芯接触，也不要离得很远。距离过近或过远都会影响加热效果，烧得很热的玻璃容器，不要立即用冷水冲洗，否则可能破裂，也不要立即放在实验台上，以免烫坏实验台。⑧给试管里的固体加热，应先进行预热。预热的方法是：在火焰上来回移动试管，对已固定的试管，可移动酒精灯。待试管受热均匀后，再把火焰固定在放固体的部位加热。⑨给试管里的液体加热，也要进行预热。同时注意液体体积最好不要超过试管体积的1/3。加热时，试管要倾斜一定角度（45°左右）。在加热时要不时地移动试管，为避免试管里的液体沸腾喷出伤人，加热时切不可将试管口朝着自己和有人的方向。试管夹应夹在试管的中上部，手应该握持试管夹的长柄部分，以免大拇指将短柄按下，造成试管脱落。⑩应特别注意在夹持时从试管底部向上套，撤除时也应该由试管底部撤出。在以往的实验中，学生即使按照规范操作，依旧会有酒精灯难以点燃、盖灭后揭开酒精灯复燃、酒精灯灯帽再次打开困难等问题，这一类问题技术无法模拟，也同样无法预测。学生正是要通过这样类似的意外情况，从技能上得到完成实验和处理意外的能力，从情感上体会科学家研究成果的来之不易。实验室同样能够增强学生对仪器设备材质的直观感受，比如对玻璃管硬度、光滑度的直接感受，在仪器组装的过程中能够精准地用力，不至于导致玻璃仪器损坏或者带来潜在的伤害。

学界对技能的概念界定主要有三种。

第一种认为技能是活动或动作方式。《辞海》这样定义：运用知识和经验执行一定活动的能力叫技能[1]。《教育大辞典》则指出，技能具备三个特点，一是在已有知识经验基础上形成的，二是必须经过练习才能形成，三是对待某种任务的活动方式[2]。《心理学教程》则进一步指出，技能可以是智力或肢体的活动方式，具有自动化特征[3]。这些观点凸显了活动或动作是技能的表现方式，但未厘清技能与知识、能力的联系。

第二种认为技能是行为和认知活动的结合。在斯诺看来，技能不仅仅是行

---

[1] 夏征农、陈至立：《辞海》，上海辞书出版社，2011年，第758页。
[2] 顾明远：《教育大辞典》，上海教育出版社，1998年，第650页。
[3] 曹长远：《心理学教程》，山西人民出版社，1994年，第334页。

为，还与认知分不开，它由与行为及认知有关的事项的结构系列组成。《心理学大词典》强调，技能是一种复杂的系统，表现为智力运用和肢体动作方式有效结合，需要借助个体经验和一定量的练习才能形成①。这些观点突出了技能的形成过程，也说明了技能与认知的关系，但没有揭示技能的真正内涵。

第三种认为技能属于知识范畴。部分学者认为，知识、技能和策略都属于知识范畴，动作技能、心智技能和认知策略都只是程序性知识的不同表现。他们认为技能也是知识，强调技能对具体活动具有指导作用，但是没有说明技能的本质，更没有体现技能需要通过训练才能形成这一特点。

目前，学界比较公认的是皮连生对技能的界定，即技能是在练习基础上形成的按某些规则或操作程序顺利完成某种智慧任务或协调任务的能力②。笔者认为，技能指具有某种规则和操作程序的系统活动方式，是沟通知识与能力的桥梁，其实质是将陈述性知识转化为程序性知识，是学习者在特定目标指引下以智力活动和操作活动为基本活动方式，在一定形式和数量的有效练习基础上逐步形成的熟练的操作程序和能力的总和。

心智技能研究的代表人物加涅认为，心智技能指运用概念和规则对外办事的能力，是个体通过符号或观念的应用与自身的环境发生相互作用。他还提出心智技能的层次，把心智技能分为"知觉辨别""具体概念""定义性概念""简单规则""高级规则"五种，进一步指出这五种心智技能呈现出一定的递进性，即后一类型技能的学习通常以前一类技能的学习为先决条件，如"高级规则"学习以"简单规则"学习为先决条件，"具体概念"学习以"知觉辨别"为先决条件③。冯忠良认为，心智技能是按照一定的法则进行心智活动的方式，是调节和控制心智活动的经验④。这种界定受到较多学者的认可，但没有体现心智技能借助活动把客观现实反映到头脑中成为主观印象，又将自己的心理意识通过活动变为客观现实的本质。

简言之，心智技能是在人脑中进行的、借助内部语言和思维进行的内部认知活动方式，是从外部物质活动转向内部心理活动的智力活动方式，有三个基本特征：一是观念性，就心智技能对象而言，它是一种观念活动，如法则、规则运用自如，因此具有观念性；二是内潜性，就心智技能形式而言，它借助内部言语在头脑里默默地进行，因此具有内潜性；三是简缩性，就心智技能结构

---

① 朱智贤：《心理学大词典》，北京师范大学出版社，1989年，第300页。
② 皮连生：《教育心理学（第三版）》，上海教育出版社，2004年，第127页。
③ ［美］加涅：《学习的条件和教学论》，皮连生译，华东师范大学出版社，1970年，第86页。
④ 冯忠良：《结构化与定向化教学心理学原理》，北京师范大学出版社，1992年，第295页。

而言，它从完整到压缩、简化，因此具有简缩性。这种观点得到世界各国的认可，我国教育心理学研究基本也认为心智技能具有这三个基本特征。

在化学课堂中，要落实心智技能，仍然无法缺少化学实验的帮助，例如学生在进行实验室制氯气的实验中。从观念上，学生会发现实验装置与以往有所不同，学生在初中阶段只接触过液固不加热装置（过氧化氢分解制氧气）和固固加热装置（高锰酸钾分解制氧气），学生在以往化学实验知识的基础上，又增加了当固液混合装置需要加热时，应当使用类似于实验室制氯气这种装置，这其实就是心智技能中所强调的观念性，能够将规则运用自如。就内潜性方面而言，学生在设计实验和进行实验操作的过程中，已经在头脑中建构出了制取氯气和处理尾气的完整方案，甚至会想到制取氯气的纯净度，并通过内部语言建立起可能含有的杂质（H_2O、HCl）和除去杂质的方法。减缩性体现为学生会将其他化学实验（固液加热）套嵌于这一实验，使这一实验不仅仅承载制取氯气的作用，更成为一套装置模板，也就是说，将知识压缩和简化。

科学的发展离不开探究和创新，自然科学发展至今，是无数科学家探究物质世界与利用自然规律创新的结果。而今科学创新可以说是成了第一生产力，是增强综合国力的关键。为了培养具有探究精神和创新能力的社会主义接班人，化学实验是不可缺少的，因为实验探究是最重要的科学探究方式，也是最能体现化学学科特点的学习方式[①]。

学生在实验过程中能够将所学的知识进行综合利用，这是单纯的知识传授不能够实现的，而综合利用知识是创新的前提。学生在动手实验之前先通过心智活动，将所有有关问题解决的已有知识、技能搜索出来，将这些自己所熟悉的知识根据实际实验过程中的需要进行整合重组，以适应实验的需要。在实验过程中，遇到难以解决的问题时，学生会找出自己解决问题所欠缺的知识，并根据前面曾学习、训练过的思路先行通过查找资料进行知识补足，进而于实验中操作与心智技能并用，探索新知。学生将操作与心智技能并用、探索新知的过程就是重复了科学发展的历史，重复了与科学家相似的探究过程。而学生解决问题的过程，也就包含了学生创新的过程。鼓励学生综合运用各学科知识和生活经验积累，自主设计各种不同用途的实验或装置，于尝试创新、学习创新、享受创新中，激发学生的创新兴趣，培养创造性思维的萌芽。

在化学实验中，要对学生强调：尊重科学伦理，弘扬科学价值；必须严谨

---

① 冷燕平：《"实验化学"课程的地位、价值与制约因素》，载《课程·教材·教法》，2007年第7期，第45~46页。

求实、精益求精,做到操作有条不紊、观察细致入微、分析透彻到位;必须切实履行化学实验的安全责任,遵守化学实验的规章制度;必须要在和他人交往、协作、讨论,甚至是批判、否定中完成各项实验任务,建立集体意识、协作意识、共享意识;建立起对各实验要素的统筹和协调能力、与他人的合作与交流能力、对实验过程和结果的评价与反思能力。

7.2 化学实验能够提高学生能力

7.2.1 化学实验能够提高学生的观察能力

获取知识的最佳途径是自己的体验,因为自身体验最清楚也最容易得出其中的内在规律、性质和联系。化学作为一门研究物质组成、结构、性质和变化规律的自然科学,其本身正是建立在对自然、对实验的观察和研究基础之上的。实验观察是学生通过自身体验培养观察能力、全面提高化学素养的重要环节。化学教师应致力培养学生的实验观察能力,深入研究实验中影响观察能力培养的消极和积极因素,努力探索在实验中提升学生观察能力的新方法和具体措施。

观察是一种有目的、有计划、持久性的认知活动。观察是科学探究活动的基础,也是获取化学知识、掌握化学规律的重要途径。教师要让学生充分认识到实验中观察的重要性,积极引导学生主动观察,激发他们观察的自觉性。教师在实验之前可告知学生实验的目的,以及实验装置的安装、溶液的配制、药品的称量等步骤;实验中要提醒学生特别要注意的事项;实验后要求他们对实验结果进行记录、摆放好药品、处理废液等。只有在实验中不断增强学生观察的主动性、目的性,才能逐步培养他们形成良好的观察习惯。例如,在二氧化碳实验室制取实验中,教师可引导学生首先观察实验中选取了哪些仪器,使用了哪些药品,观察仪器的大小、量度,药品的性状、颜色、用量等;其次观察实验操作的具体过程与步骤,如试管夹取方法、药品取用方法、集气采用方法等。最重要的是要求学生观察实验过程中有哪些现象发生,生成物有哪些,它们的状态、颜色、性质是什么样的,与发生反应前有何变化。让学生带着目的

和任务去观察,就可避免观察的盲目性,避免观察时顾此失彼①。

学生观察实验的过程,同样也是学生记忆知识,或者说是学习知识的过程,特别是多种现象同时呈现是观察识记能力培养的好方法。比如,在学习焰色反应的这一实验中,能够很好地帮助学生记忆知识,焰色反应包含的金属燃烧的颜色众多,学生需要记忆:①镁燃烧是白色的;②钠燃烧是黄色的;③锂燃烧是紫红色的;④钾燃烧是浅紫色的;⑤钙燃烧是砖红色的;⑥锶燃烧是洋红色的;⑦铜燃烧是蓝色的;⑧钡燃烧是黄绿色的;⑨铷燃烧是紫色的;⑩钴燃烧是红色的。单纯要求学生记忆这些金属燃烧对应的颜色,学生很容易感到化学知识的枯燥乏味,产生逆反心理,就会有厌学情绪。即使对化学有浓厚兴趣的学生,单纯背记也是一种负担,也很容易让学生混淆,但学生经过自己亲身实验焰色反应之后,效果则大不相同,学生在亲眼见证那些绚烂的焰色之后,会对化学有着更为浓厚的兴趣,也更加喜欢用化学实验这种方式学习化学。学生在化学实验过程中还会感受到多种知识的呈现,例如在新版教材必修一后的实验习题中,谈到如何制取二氧化碳,并且除去二氧化碳气体中的杂质,与过氧化钠反应,最后验证产生气体,并收集尾气。这个过程涵盖了大量的化学反应现象,包括稀盐酸与碳酸钠反应产生小气泡、二氧化碳气体与过氧化钠反应时淡黄色的固态粉末转变为白色、二氧化碳气体进入氢氧化钠溶液中被吸收。学生在这一系列实验现象中,会在脑海中呈现包括酸与盐的复分解反应、酸性气体氯化氢与碱式盐溶液的反应、二氧化碳与过氧化钠的氧化还原反应、氧气的助燃性质、二氧化碳酸性气体与碱氢氧化钠的反应。学生在这种知识综合呈现中,既可将之前学习过的知识进行完整的回顾,也可对新的知识更加记忆深刻。知识的综合呈现能够帮助学生在反复冗杂的化学知识中找到能够学习记忆的方法,也能够加强学生对知识的理解。

7.2.2 化学实验能够增强学生的分析和协作能力

1. 归纳分析能力的培养

化学实验能够培养学生的归纳分析能力,其包括依据实验现象揭示实验现象本质的能力、根据多证据集中指向排除干扰信息的能力等。综合分析能力是

---

① 汪良燕:《工欲善其事 必先利其器——化学实验教学中学生观察能力的培养》,载《中学教学参考》,2019年第14期,第83~84页。

各种能力的集中体现,亦是培养和提高学生综合素质水平的关键所在。随着科学技术的飞速发展,培养学生成为社会各行各业有用之才,主要侧重的是对学生能力培养,其中,综合分析能力所占据比重越来越大。综合分析能力包括综合能力和分析能力。综合能力,即对各种现象和问题进行分析、思考、归纳、概括,形成整体认识,以认清其共同的本质特征。分析能力,即对产生各种现象、问题的主要影响要素进行剖析,认识各要素的主次关系及其相互之间的关系。从最近几年的大学生就业情况看,许多企业、事业单位及相关的研究机构越来越看重学生的综合能力,可见培养学生的综合分析能力显得越来越重要,综合分析能力的培养亦是生物化学实验教学质量提高的重要途径之一。

学生在实验过程中,不再像练习化学题目一样,仅仅只带动一个知识点,而是多个知识的融合,这必然需要学生具有一定的归纳分析能力,同时也是学生增强归纳分析能力的一个绝佳的机会。学生在进行化学实验——实验室制取氨气时,会联想到这一实验装置与实验室利用高锰酸钾分解制取氧气的装置是一样的,要点同样是:用酒精灯最外层火焰加热试管底部;试管要微微倾斜,试管口略低于试管底部;在试管内1/3处放置一团棉花;用向下排空气法收集氨气。两个实验都是加热固体制取气体的实验。同时,其中还蕴含着碱与铵盐反应能够制取氨气的知识,这个反应在水溶液中同样能够进行,在水溶液中进行时是一个典型的离子反应,学生在进行这一实验的过程中还能够回忆起氨气的相关物理性质,例如,氨气的密度比空气小,且氨气极易溶于水,因此只能用向下排空气法收集;氨气是一种没有颜色但有刺激性气味的气体。在对制取的氨气进行验满时,学生也能够回忆起氨气能使湿润的红色石蕊试纸变成蓝色,从而证明氨气是一种碱性气体。学生在这个过程中不仅仅对之前学习进行了回顾,还将头脑中比较松散的知识,通过一个完整的实验将它串接起来,使其成为一个完整的整体。尽管没有任何一个实验可以涵盖全部的化学知识,但学生在学习的过程中,学习的化学知识都来源于多种多样的化学实验,化学实验好比是陈述性知识和程序性知识的良好容器,让学生将所学的一切都能够进行有理有据地整理、归纳和总结。化学实验同样也能够培养学生的分析能力,在化学发展过程中,以制取氨气这一实验为例,是科学家们先发现氨气能使湿润的红色石蕊试纸变成蓝色,从而证明氨气是一种碱性气体,而不是先说明氨气是碱性气体,再证明其能使湿润的红色石蕊试纸变成蓝色,这才是化学学习的正常逻辑。

2. 协作能力的培养

化学实验能够培养学生的协作能力，包括组内及组间学生之间不同分工协调能力的培养。21世纪是一个大竞争和大发展的世纪。经济全球化发展使得信息、人才在全球范围内流动。国家之间的合作依存，东西文化的沟通交流，决定了人类共生的环境必须以合作为基础。在这一背景下，人的创新与合作精神将成为人生价值观的重要组成部分。

转变学生的学习方式是课程改革的基本要求。教师要更新教学观念，在教学中引导学生进行自主学习、探究学习和合作学习，帮助学生形成终身学习的意识和能力。作为教师，应努力为学生提供充分的学习活动机会，让他们在自主探究、合作交流的过程中理解和掌握基本的知识与技能。这样，不但能培养学生的探索创新能力，更重要的是能让学生学会和提高与别人合作的方法和能力。合作的意识和能力，是现代人应具备的基本素质。但是在以往的教学中，培养学生合作精神和能力的机会并不多。为此，今天的教育应加强对学生合作能力的培养。

20世纪70年代，合作学习在美国兴起，并在70年代中期至80年代中期取得实质性进展。学会合作已经成为现代人生存的必要条件，也是现代教育的基本目标之一。合作是指个人或群体相互之间为达到某一确定目标，彼此通过协调作用而形成的联合行动、社会活动的一种。参与者必须具有共同的目标、相近的认识、协调的互动、一定的信用，才能使合作达到预期的效果。其特征：行为的共同性，目的的一致性，甚至合作本身也可能变为一种目的。人类社会越发展，合作的范围越大[①]。

并不是每一个化学实验都能由一位学生单独完成，特别是一些使用药品较多、操作复杂的实验，更需要学生们合作完成，在这个合作的过程中，需要学生间合理地分工和默契地配合，才能够完成实验目标。学生在完成实验目标之后，相应地合作能力就会有所提升。在试验物质导电性这一实验中，学生需要分别测试氯化钠固体、硝酸钾固体、氯化钠溶液、硝酸钾溶液、熔融氯化钠、熔融硝酸钾的导电性，测试固体、溶液和熔融物质的导电性实验装置各不相同，如果由学生单独完成，则会使一节实验课上任务过重，学生的压力过大。像这种类型的实验，最好将学生分为4~6人的小组，由他们推选出一位小组

---

① 范雪：《高中学生在化学实验学习中合作能力的培养》，载《教学仪器与实验》，2011年第S1期，第126~127页。

长，将实验的各个关键部分根据该组成员的情况进行明确的分工，再由组员完成实验，由一人记录实验现象。学生在这个过程中，既能够各司其职，提高效率，保证实验能够顺利完成，也能够有计划地记录实验现象，将分工收集到的实验现象进行对比，共同讨论实验结果，给出每个人自己的看法和猜想，并最终得出结论。合作学习的意义在于让学生学会和提高与别人合作的方法与能力，培养学生的合作精神、合作的意识和能力，具备现代人应有的基本素质。

3. 交流汇报能力

化学实验能够培养学生的交流汇报能力，包括：实验结束后与老师、同学交流能力的培养。通常化学实验表达能力是由口头、书面和操作表达三个方面构成。这三个方面彼此相连，相互渗透。如某学生欲完成某实验时，必须利用实验操作表达，配以实验报告说明，必要时要加以口头表达，方能顺利完成这一过程。教师在课堂上，要根据教学内容，不失时机地提出启发性问题，让学生回答，以训练学生的口头表达能力。问题应针对实验方法、现象与结论合理设计，教师可作示范性表述。在提问过程中，教师要因材施教，使每个学生都有实践练习和发展的机会。

对于一些复杂的实验，学生不论是在实验过程中，还是在得出结论的过程中，都少不了人与人之间的交流。这种交流不单单指学生之间的交流，也包括学生与教师之间的交流、学生与实验指导员之间的交流。在现代社会，交流对于学生的社会化来说是十分重要的，能够将自己的看法准确地表达出来，并且能够准确无误地理解他人的意思，其实是一种不可缺少但又很少见的能力，虽然这与学生的交流天赋和性格有关，但也能够通过集体作业提升学生的交流能力。学生在实验中通过与同伴交流、与教师交流和与实验指导员交流，能够学习准确表达的实验用语，减少口头化的"这个""那个"之类的语言，使语言的指向性更强，简练清晰，表述的内容更多，时间更少。同时，让学生对实验结果进行汇报的过程，也是一个重要的交流过程，不仅如此，让学生能够适应在众人面前表达，能够有效提升学生的自信心，让学生获取归属感，与环境建立融洽的关系。对于学生主动分享的行为，教师要多多进行鼓励。

7.3 育人价值

化学实验教学的发展能够起到培养学生核心素养的作用。学生通过化学实

验能够进行微观的探析与宏观的辨识，通过模型的认知来进行证据的推理，通过科学的探究来衍生出创新意识，通过科学态度来明晰自身的社会责任[①]。化学实验教学能够让学生在巩固知识的同时也能够掌握化学实验器材的正确使用方式，充分培养学生的实验技能，并且克服学生动手的心理障碍，进一步挖掘实践潜能。化学实验中的宏观现象都能够用微观来解释，学生通过化学实验教学将宏观与微观的思维模式结合起来，形成化学核心素养。

在开展高中化学教学的过程中，必须有效对化学核心素养进行相应的渗透，但是要想从真正意义上发挥核心素养的渗透价值，教师应当明确化学学科核心素养中所包含的具体内容。对化学学科核心素养进行相应的分析，可以发现其主要包括以下几个方面：①发展和培养学生的探索能力和创新思维。对于化学学科来说，其本身属于一门探究性相对较强的学科，在具体开展化学教学时，必须让学生有效发展逻辑思维能力，以创新性思维方式对化学问题进行探讨与分析，进而让学生明确化学现象发生的本质，实现化学学习内容的优化。②化学变化及守恒定律。通过对化学学科进行相应的分析，可以发现化学知识之间存在一定的关联性，并且化学式的变化存在一定的守恒定律，能够实现化学变化的平衡。因此，学生在具体的化学知识学习过程当中，必须充分有效地对化学现象进行相应的研究与分析，明确化学的本质，了解化学物质之间变化的关联性。③发展学生对化学模型的认知能力。在具体开展高中化学教学中，教师应当为学生创设相应的化学教学条件，进而让学生在相对应的学习环境下，更好地对化学理论知识等进行相应的推理，并提高和发展自身的认知能力，更好地了解化学模型和化学现象的变化。④化学基础学习能力。在具体的化学知识学习过程中，学生必须不断强化自身的基础学习能力，并从多个方面对化学现象进行相应的探讨，进而深层次理解化学知识的具体概念，提高和强化自身的化学基础学习能力。⑤发展和培养学生对化学知识的认知态度和情感价值。化学现象与学生的实际生活存在着相应的关联，因此在化学教学中，教师应当对学生进行正确引导，让学生提高自身的认知能力并强化自身的情感价值，主动承担社会责任，形成正确的思想价值与意识。总之，在积极开展高中化学教学的过程中，教师应当明确化学学科的核心思想，并从多个方面渗透核心素养，实现核心素养与化学知识的有效结合，进而推动学生化学素养的根本

---

① 陈安军：《化学实验教学的价值及未来发展走向——评〈化学教育研究案例与实践〉》，载《化学试剂》，2021年第2期，第259页。

提升①。

通过化学实验教学让学生学会如何观察宏观现象并且使用客观的微观对宏观现象进行分析，最终演变为化学方程式这一表达方法。分析法是科学研究中最常用的思考方法，也是解决现实中问题的常见方法之一。

化学实验的设计与实施需要考虑物质变化及其平衡过程的基本特点，化学实验现象本身也是表征物质变化及其平衡过程的重要手段。化学实验中的颜色变化、物质状态变化和温度变化，能够帮助学生直观地感受化学反应中的物质变化和能量变化，有助于学生形成正确的化学变化观念，即化学变化是包含物质变化和能量变化的。在化学实验中，变化是绝对的，但同时存在着平衡。在观察实验现象的过程中，反应达到平衡时的静止和平衡被破坏之后的再平衡，也经历了一个变化的过程，这些在传统的化学课堂中是无法实现的，只有在化学实验中才能够实现。因此，化学实验有助于学生变化观念与平衡思想的核心素养的发展。

首先，化学实验的科学设计和精准实施是准确、完整、系统地获取事实性证据的保障，是评价科学证据是否科学合理的关键性指标。其次，通过化学实验研究各类化学原型的组成要素和影响因素，能够为识别化学模型的要素和要素间关系提供经验基础。最后，用化学实验也能够为探究化学模型的预测性和解释力提供重要的事实依据。

化学实验在学习基本的一般实验思路和方法、培养科学探究精神和创新意识、形成应用化学实验解决问题的实践能力及发展学习兴趣等方面，具有更强的功能和作用。化学实验不仅在于全面提高学生的科学素养，有益于学生将来自身的继续发展，在实践课改、探究学习理念、探索实施策略方面，也具有不能替代的作用和价值。

通过化学实验，学生能够感受到化学科研工作的杰出贡献，形成科学精神、科学态度和科学价值观，树立安全责任、生态理念、忧患意识，发展良好的个性特征、处事能力和交往方式。化学实验可使学生涵养科学精神、养成科学态度、弘扬科学文化、建立科学价值观。另外，教师要让学生正确认识科学对人类和社会发展的意义和价值。

---

① 关莉莉：《学科核心素养视角下的高中化学教学策略》，载《新课程》，2022年第25期，第94~95页。

7.4 巩固与发展兴趣

中学生对世界充满好奇，拥有探索世界的想法，喜欢动手去实际操作，这是中学生的天性。作为教育工作者，不能够扼杀学生的这种天性，强制要求他们只满足于眼前的知识，剥夺他们进行探索的想法。化学实验可以帮助学生实实在在地接触到物质，观察、研究并利用物质，因此化学实验本身对于学生来说是有吸引力的。教育工作者应该充分利用实验，激发学生兴趣。化学实验可以帮助学生巩固已有的化学知识和技能，并且能够传授学生新的知识和技能，在化学实验教学中，教师要充分利用实验教学，促进学生知识与技能的融合。在实验结束之后，学生会对实验结果进行讨论、评价和反思，在这个过程中，能够提高学生的反省认知能力。这种反省主要体现为学生在实验学习完成后的一种回顾和反思，能够有效地提升学生对知识的认知水平。

绝大多数学生都会对化学产生浓厚的兴趣，这主要是被化学实验吸引。最初化学实验很容易吸引学生，调动起学习积极性，这是化学教学的有利因素。但是化学实验对学生最初的吸引大多是低级的。这类吸引来源于化学实验现象的绚烂、化学实验仪器的多样与化学实验操作过程的神秘。这类吸引在学生逐渐接触化学实验后会很快减退，并不能持续地保证学生对化学学习的兴趣。要让学生对化学学习保持高度的兴趣，还要从化学的本质入手，利用学生对物质世界的好奇和物质世界尚未解决的各种问题，让学生对其进行不停的探索和研究。这样的兴趣才能成为引领学生不断学习化学、进行创新的高级的兴趣。

化学实验教学能够充分激发学生的求知欲，通过深入探究科学来展现自我，进而培养优秀的品质。学习，就是要有兴趣、有激情、有价值、有意义。化学的实验现象能够让抽象枯燥的学习变得多姿多彩，化学实验也能够让学生更加直观地感受到理论知识形成的过程，加深对知识的理解和掌握，拓展课外的学习内容[①]。

---

① 陈安军：《化学实验教学的价值及未来发展走向——评〈化学教育研究案例与实践〉》，载《化学试剂》，2021年第2期，第259页。

7.5 思想意识

传统的化学实验，教师采取的是学生观摩的方式，即教师做实验，学生观察，由于学生不能亲手操作，只是按教师的实验过程发现一些现象，所产生的体验处于较浅层次，学生不能很好地经历知识形成过程。而化学实验是一种体现学生主体地位的实验教学模式，学生乐于动手，验证相关化学原理，根据化学现象探究相关知识点。因此，化学实验为学生提供了动手操作的空间与时间，学生参与实验的主动性得以激发，可为实验效果的提高以及实验思想意识的形成打下坚实的基础[①]。

新课标倡导自主探究与合作学习教学模式，而在化学教学中需要学生独立思考，思考化学知识的内在联系与规律，积累相关知识体验，完成知识建构，同时化学实验通过采取小组合作的方式展开探究，在小组中学生需要密切协作，彼此交流与分享，集思广益，从而可以引导学生从多个角度思考问题。学生合作设计化学实验，通过化学实验过程中观察、记录、总结等环节，发挥合作探究的作用，促进学生对知识的理解与内化。

紧张畏惧心理是学生在化学实验过程中由于外界刺激与主体预期不符、心理准备不足或知识经验缺乏而引起的大脑机能的反射性变化。中学生在做化学实验的时候，会遇到很多问题，有的实验试剂气味难闻，个别实验会出现引发事故的可能，也有的实验操作过程复杂。所以中学生在独立操作实验时，会因为害怕气体"中毒"而捂住鼻子，害怕出现"爆炸"事故伤害到自己而心惊胆战、堵住耳朵，这样的心理让他们在操作时候手会因为害怕而不由自主地颤抖，不小心将玻璃类实验仪器打坏。实验中有的学生不小心将酒精灯打翻着火了，其他的学生会惊声尖叫、紧张慌乱、无法处置等。

恐惧是由客观造成并伴随认识过程发生、发展的一种惧怕心理现象。实验事故引发学生的恐惧心理，而恐惧心理往往导致实验失败，挫伤中学生的自信心，造成做实验时紧张畏惧。因此在实验教学中，对于有危险的实验先借助多媒体展示错误的操作导致的实验事故，运用语言魅力渐渐让学生感悟到规范的实验操作是不会发生事故的，最后教师在演示实验中以自身规范、敏捷、娴熟

---

① 孙艳凤：《趣味化学实验在初中化学教学中的应用》，载《数理化解题研究》，2022 年第 14 期，第 134 页。

的操作技能来感染学生，以此消除恐惧心理。营造一个良好的实验氛围是消除恐惧心理的重要因素，教师可以请动手能力强、操作规范的学生到实验台演示，这样能减少不良的外部刺激，让胆小的学生放下忧虑接受实验。对于在实验过程中出现的偶然问题要学会泰然处之，以免给周围学生造成紧张。心理负担消除，动手机会增多，实验成功的概率就会提高，久而久之就能消除紧张畏惧的心理。

中学生通过化学实验，能够认识到化工厂与人类的生产生活息息相关，与国家的经济息息相关，认识到化学能为人类提供巨大的便利，不能够因为环境问题，就对化学围追堵截。而环境问题，仍然要从化学的角度去着手解决，学生根据化学实验，能够学习如何处理化学实验中产生的废气、废水与废物，并将这类废弃物处理的方式运用到生产生活中来，这类思想可以提高学生的环保意识。而学生在设计实验的过程中，也会有意识地选取污染更小的物质和器材，探索新的生产工艺，从根源上减少环境污染。

纵观化学科学发展的历史，几乎每一项科学发现都离不开化学实验，化学实验是化学科学得以产生和发展的基础。化学实验是指根据一定的化学实验目的，运用一定的化学实验仪器、设备和装置等物质手段，在人为的实验条件下，改变实验对象的状态或性质，从而获得各种化学实验事实的一种科学实践活动。中学化学实验的目的主要是培养学生的动手能力和实践能力，通过实验检验化学理论、验证化学假说，为学生全面认识化学科学知识提供实验事实。因此，化学实验是中学生学习化学知识必不可少的内容。而中学生在化学实验中存在着的不良心理，会严重影响他们对化学知识的掌握。心理因素对学生实验操作的影响不容忽视，是全面提高学生实验素质不可缺少的课题。因此探索中学生在化学实验中的不良心理及其克服方法，对于学生学好化学课程和培养良好心理素质都有积极作用。

7.6 劳育功能

在过去传统的课堂中，因为课业压力、学校设施设备等，学生缺乏动手的机会。化学实验的过程也是培养学生动手能力的劳育过程，化学实验不仅仅要依靠学生的体力劳动，更需要学生的智力劳动。二者相互联系，相互交融，共同体现在化学实验中。在化学实验的过程中，学生会领悟到化学对于人类社会生活的贡献，体会到化学实验的意义，同样这也是劳动的意义，劳育作为五育中不可缺少的一环,不应当独立于学科知识与技能之外,仅仅体现在学生的体力劳动上。学生自己设计实验、实施实验和评价实验结果的过程能够使劳育不独立于学生日常学习之外,又能够让学生深刻地体会到自己劳动创造的价值。

参考文献

《中国化学五十年》编辑委员会. 中国化学五十年：1932—1982 [M]. 北京：科学出版社，1985.

曹桂喜. 为课堂实验"瘦身"[J]. 课程教学研究，2013（10）：49-51.

曹长远. 心理学教程 [M]. 太原：山西人民出版社，1994.

陈安军. 化学实验教学的价值及未来发展走向——评《化学教育研究案例与实践》[J]. 化学试剂，2021，43（2）：259.

陈芬. 课堂观察在初中化学课堂教学中的应用 [J]. 吉林教育，2016（40）：139.

陈慧茹，颜桂炀，郑柳萍. 基于3C-FIAS的优秀化学教师课堂教学语言分析——以"从铝土矿到铝合金"为例 [J]. 化学教育（中英文），2018，39（17）：26-31.

陈慧茹. 基于3C-FIAS分析系统的优秀中学化学教师课堂教学语言分析 [D]. 福州：福建师范大学，2017.

陈瑞雪. 以微粒观促进学生对化学知识的深入理解——以"弱电解质的电离"教学为例 [J]. 化学教育，2013，34（1）：19-21.

陈烁. POE教学策略在高中化学实验教学中的应用研究 [D]. 开封：河南大学，2021.

陈燕红. "问题—探究—反思"教学模式在初三化学课中的运用——以"质量守恒定律"为例 [J]. 成功（教育），2011（16）：53-54.

陈瑶. 高中化学项目式学习的教学设计研究 [D]. 洛阳：洛阳师范学院，2022.

陈志宁. 核心素养导向下高考化学实验题命题特点及复习策略 [J]. 数理化解题研究，2022（4）：130-132.

程广斌，杨帮翔. 德国高等化学化工类教育模式及启示 [J]. 南京理工大学学报（社会科学版），2008（1）：95-99.

邓逸晨，蒋大川，苏林，等. "离子迁移"实验的改进及其实验条件优化［J］. 化学教育（中英文），2022，43（13）：109−113.

范雪. 高中学生在化学实验学习中合作能力的培养［J］. 教学仪器与实验，2011，27（S1）：125−127.

冯雪琦. 中学生活化学实验开发及教学应用研究［D］. 南京：南京师范大学，2012.

冯忠良. 结构化与定向化教学心理学原理［M］. 北京：北京师范大学出版社，1992.

伏劲松，张艳华，王丽丽，等. 对"铁与水蒸气反应"实验中供水剂共性的研究［J］. 化学教育（中英文），2017，38（21）：68−72.

高瑛，林康立，马宏佳. 研究现代化学课堂教学行为的量化工具——3C-FIAS［J］. 化学教育，2016，37（5）：18−24.

高瑛. 苏教版高中化学必修教材中"活动与探究"所涉实验的研究［D］. 南京：南京师范大学，2006.

关莉莉. 学科核心素养视角下的高中化学教学策略［J］. 新课程，2022（25）：94−95.

何振海，王璇. 学派勃兴与学科崛起——李比希学派对吉森大学化学学科兴起的历史贡献及现实省思［J］. 河北大学学报（哲学社会科学版），2020，45（1）：71−79.

侯芳. 对中学化学实验教学现状的调查与分析［D］. 西安：陕西师范大学，2014.

胡尚生，赵玉珍. 认知心理编码对化学实验优化的启示［J］. 中学化学教学参考，2018（Z1）：31−33.

黄华玲. 例析使用化学教材的层次［J］. 化学教学，2012（1）：10−12.

黄鹭强. 基于实验创新的初中化学教学研究［D］. 上海：华东师范大学，2019.

黄婷. 运用化学学科思想培养初中生实验能力的实践研究［J］. 读与写（教育教学刊），2020，17（2）：92.

蒋大川，邓逸晨，苏林，等. 探究锌与硫酸亚铁置换反应中无气泡产生的演示实验方案［J］. 化学教育（中英文），2023，44（7）：105−108.

蒋腊梅. 高中化学微课教学的问卷调查与分析［J］. 教育研究与评论（中学教育教学），2019（3）：67−71.

蒋小钢. 立足实验素养考查的高考"评价型"实验题的命题特点［J］. 化学教

育，2014，35（1）：41-43.

焦彩珍，武小鹏. FIAS 在课堂教学评价中的应用研究［J］. 教育测量与评价（理论版），2014（9）：34-38.

靳佩. 基于实验创新与改进的初中化学实验教学案例研究［D］. 重庆：西南大学，2020.

课程教材研究所. 20 世纪中国中小学课程标准·教学大纲汇编：化学卷［M］. 北京：人民教育出版社，2001.

冷燕平. "实验化学"课程的地位、价值与制约因素［J］. 课程·教材·教法，2007（7）：45-49+60.

李丽丽. 基于化学核心素养的 PBL 教学设计探讨——以《二氧化碳制取的研究》为例［J］. 高考，2021（18）：149-150.

刘静. 浅谈化学探究实验能力的高效培养——以"催化剂"为例［J］. 化学教与学，2015（4）：22-23.

刘知新. 化学教学论［M］. 4 版. 北京：高等教育出版社，2009.

卢宏茜. 高中化学实验教学现状及优化对策研究［D］. 西安：陕西理工大学，2018.

卢雨蓉. 城市公园的多维可达性评价方法研究［D］. 重庆：重庆大学，2021.

陆周华. 初中化学实验教学案例——以"二氧化碳的制取"为例［J］. 新课程，2022（2）：110-111.

马有军，赵会荣. 中学化学实验教学作用与价值［J］. 考试周刊，2018（31）：162.

潘康亚，余霖晰，苏林，等. "食品中的铁元素检验"教学实验条件的优化［J］. 化学教育（中英文），2022，43（5）：91-95.

彭玉娇，刘碧泉，赵怀勇，等. 粉笔分离菠菜色素实验条件优化［J］. 化学教育（中英文），2021，42（13）：75-78.

皮连生. 教育心理学［M］. 3 版. 上海：上海教育出版社，2004.

盛林娟，李雪萍，伍晓春. 溴乙烷的水解和消去反应对比实验改进研究［J］. 化学教学，2020（1）：59-62+66.

孙佳林，郑长龙. 发展学生化学学科核心素养离不开化学实验［J］. 化学教育（中英文），2019，40（5）：59-63.

孙小芳，王世存. 基于高考评价体系的 2021 年河北省新高考化学试题评析及启示［J］. 教育测量与评价，2021（8）：35-44.

孙晓琴. 高中化学教学中微型实验的改进开发与实践研究［D］. 呼和浩特：内

蒙古师范大学，2019.

孙艳凤. 趣味化学实验在初中化学教学中的应用[J]. 数理化解题研究，2022 (14)：134-136.

王方波. 基于模型认知与建构的高中化学深度教学策略——以选择性必修课程"走进电池的内部世界"为例[J]. 化学教学，2021 (5)：40-45.

王后雄，黄郁郁. 人教版化学新课标教科书新增实验的要素分析[J]. 化学教育，2007 (4)：13-16+21.

王俊祺，杨明生，徐浩年. 化学学科核心素养为导向的课堂实录——探究原电池的发展[J]. 化学教育（中英文），2020，41 (3)：33-37.

王祥海. 教师教学情境设计力的养成策略——以化学学科为例[J]. 基础教育课程，2022 (Z1)：116-120.

韦娟芳. 新课程背景下，初中化学教科书中结构不良问题及其教学启示研究[D]. 西安：西北大学，2016.

魏巍，左坛飞，黄小华，等. 整合生物化学检验技术相关实验，提高学生综合能力[J]. 中国实用医药，2012，7 (19)：268-269.

文丰玉，李雪琴. 铜和稀硝酸反应实验新设计[J]. 中学化学教学参考，2020 (1)：55.

吴蕾，罗欣. 基于真实情境的问题解决在教学中的实践——以"化学反应与热能"为例[J]. 化学教与学，2022 (7)：61-65+36.

吴立发. 化学实验教学是激发学生学习兴趣的有效手段[J]. 新课程学习（基础教育），2010 (12)：14-15.

肖彬. 人教版中学化学教材中部分演示实验的实验探究与教学设计[D]. 黄石：湖北师范大学，2019.

肖锋. 课堂语言行为互动分析——一种新型的课堂教学研究工具[J]. 辽宁师范大学学报，2000 (6)：40-44.

熊言林，周倩. 近代化学教育的圣地——德国吉森实验室[J]. 化学教育，2012，33 (3)：76-78+81.

徐建英，王小娟. 以课堂观察量表为依托的化学学科教研改进行动[J]. 现代教学，2021 (5)：56-57.

徐路遥. "海带提碘"灼烧过程中酒精的作用探究[J]. 中学化学教学参考，2017 (18)：62.

徐文俊，谭茂玲，谢贞建，等. 生物化学实验综合能力量化考核实践与探讨[J]. 教育与教学研究，2014，28 (8)：89-92.

严智伟，颜桂炀，郑柳萍. 基于高考评价体系视角的北京市新高考化学试卷分析［J］. 化学教与学，2021（20）：61－66.

颜石珍，张晓艳. 基于科学本质和化学核心素养的教学——以"质量守恒定律"为例［J］. 中学化学教学参考，2022（4）：56－59.

杨光辉，陈光敏. 高中化学课堂观察量表的制作研究［J］. 吉林省教育学院学报，2017，33（11）：1－4.

叶红，何苏萍，陈云，等. "线上线下"结合的化学实验教学模式改革［J］. 化学教育（中英文），2018，39（22）：37－41.

殷小茹，陈泽慧，马镜，等. 铜与浓、稀硝酸反应一体化实验的改进［J］. 教育与装备研究，2022，38（5）：52－55.

尹骁. 新疆通用航空有限责任公司专业技术人员绩效考核研究［D］. 石河子：石河子大学，2014.

于斌. 探究高中化学课堂教学中趣味实验的应用［J］. 数理化解题研究，2021（9）：85－86.

于雷. LICC课堂观察模式在高中化学听评课中的应用研究［D］. 福州：福建师范大学，2017.

于美爱. 基于"证据推理"的中学化学探究性实验教学案例设计与实施［J］. 合肥：合肥师范学院，2021。

俞佳，曲喜欢. 利用生活用品测定空气中氧气的含量［J］. 实验教学与仪器，2018，35（10）：36－38.

袁晓娟，禹萍. 巧用注射器优化"比较过氧化氢在不同条件下的分解"实验［J］. 中学生物教学，2018（17）：53－54.

张翠华，王晶晶，刘伟. 中学化学实验改进与创新研究［J］. 沧州师范学院学报，2014，30（1）：114－118.

张伟. "前测与后测"教学模式在高中有机化学教学中的应用［J］. 中学化学教学参考，2014（22）：29－30.

张玮. 基于3C-FIAS的中学化学探究式教学行为研究［D］. 哈尔滨：哈尔滨师范大学，2021.

张智勇，朱文祥. 发展中国家化学实验教学的现代化——挑战与机会［J］. 化学教育，1994（1）：36.

赵旭东. 对标高考评价体系 拓展化学实验活动——以"酿制麦芽糖、甜米酒，'品味'反应条件控制"为例［J］. 实验教学与仪器，2022，39（4）：22－23.

赵引涛，马琳，程安然，等. 化学互动实验视频的设计与应用——以"氯气的实验室制法"为例［J］. 化学教育（中英文），2022，43（11）：93－98.

郑娜. 新课程高考化学实验题的特点及备考策略［J］. 试题与研究，2022（14）：19－21.

郑玉娇. 拓展性阅读对高中生化学核心素养培养的实践研究［D］. 漳州：闽南师范大学，2019.

郑长龙，林长春. 论化学实验的教育教学功能［J］. 中学化学教学参考，1996（3）：1－4.

郑长龙. 化学实验教学情景及其创设策略研究［J］. 化学教育，2004（12）：17－20+24.

朱征. 英国中学化学实验教学的体会与启发［J］. 化学教育，2014，35（15）：76－80.

邹爱鑫. 课堂观察在中学化学课堂教学中的应用研究［J］. 亚太教育，2016（29）：157.

左勇. 初中化学探究性实验的设计与教学研究［D］. 济南：山东师范大学，2007.